絵が語る知らなかった幕末明治のくらし事典

本田豊 著

遊子館

まえがき

「降る雪や明治は遠くなりにけり」（中村草田男）といわれてから久しい。この名句は、今では前半部が省略されて「明治は遠くなりにけり」とだけいわれる機会が多い。

しかし実際には、都市・農村を問わず、幕末・明治の遺物や遺跡は数多く残されている。けっして明治は遠くなってはいない。すぐに目に付くのは、やはり日露戦争のときの遺物であろう。この戦争は国民全体が「負けるかもしれない」と、かなり緊張した戦争であったから、それだけ残されている遺物も多い。

建物にしても、明治に建てられている洋風建築物がかなりある。各地でよく見かけるのは市町村役場だった建物や、郵便局や銀行、警察署や学校などの公共施設である。今日では貴重な明治の建築物として名所になっているところも珍しくない。港町には巨大倉庫なども残されている。こうした建築物の他に、眼科や外科といった病院や写真館といった洋風民家も多く残されている。

地方でまず洋風の建物を建てたのは、文明開化の時代の先端をいく職業の人たちであったことが、このような建物からも窺われるのである。数は多くないが、キリスト教会の建物が残されている地方もある。キリスト教も、明治になってからの新宗教の一つであった。人々には好奇の目で見られていたのはいうまでもない。

顕彰碑も圧倒的に明治の石碑が多い。政府や県庁から史跡や文化財として認定された記念碑とか、道路が新しく開《かい》鑿《さく》されたとか、用水路ができたとか、学校が建てられたとかの理由で、すぐに顕彰碑が建てられている。寺子屋とか蚕業学校の指導者の顕彰碑もよく建てられた。

歴史学でいえば、一九八〇年代から次第に顕著になったのが、単行本や総合雑誌でも、細切れの論文がかなり増えたことだ。これは歴史学に限らないように思う。七〇年代にはまだ、全体状況を俯瞰《ふかん》した論文が書ける人がかなりいたが、八〇年代以降は少なくなった。

当初は、「一人で書けるものを何人かで分担して書いて、それぞれの人が持っている客（愛読者や学生）を呼ぶため」に論集が出されているといわれていた。だが、実際にはそのような論拠からの細切れ論文の出現ではなく、明らかに書き手の能力が落ちてきたことが背景にあるとみられる。細切れ論文だと、どうしても物事を俯瞰し、判断するという視点が乏しくなる。ようするに「何が書かれているのかわからない」刊行物が増えたのであった。そのような状況を超えた人が司馬遼太郎さんであろうか。司馬遼太郎さんの書いた物は人気があるという背景には、物事が鳥瞰《ちょうかん》して書かれていて、わかりやすいという理由があるからであろう。

だが一方では、「司馬史観にはかなり問題がある」と以前からいわれていた。筆者もそう考える一人である。ただ、他人様の批評は誰でもできる。研究者は、他人様を批評するならば、モノを書いて論拠を示して批評をしなければならないと考えている。筆者はそのように考えて本書を書いたつもりである。また、現在からそれほど遠くない明治という時代は、どのような時代であったのかを、考えてみたかったからである。

同時に、先に刊行されている文献の内容に対する批評も行った。それらの一つひとつについての文献名は挙げていないが、本書のなかで史実の訂正はしておいた。たとえば岩波文庫にはビゴーに関する刊行物があるが、絵の内容解説には明らかな間違いが何箇所もあった。

本書の執筆にあたっては、各地の農村や漁村などを多く歩いてきたことが大いに参考になった。とりわけ、自分たちの祖父や祖母といった村の古老が、実際に見たり聞いたり、やってきたりしたことを、つい昨日の出来事のように話してくれたことが、文献では探れない生身の体験として裏付けられたことは大きな収穫であった。「歴史は足で理解するものである」ということを痛感した。さらにいえば、幕末・明治に起きたさまざまな事件や出来事のうち、まだ解決せず問題をひきずっていることがいくつも残っているのである。虐げられ、無念のままに歴史に埋もれていった人々も数多くいるのである。本書では、そうした点の解明も可能な限り行ったつもりである。

まだ「明治は遠くなりにけり」というわけにはいかないのである。

さて、末尾ながら、本書を書くために渡辺陸さん、堀池眞一さん、角田律子さんからは多くの資料や文献をいただいた。小林万基子さんや佐野正一・立江さんからもご支援をいただいた。有名な作家や物書きが、「優秀な資料秘書がいると、原稿の大半は書けたようなもの」といっているのをどこかで読んだことがある。まさにその通りで、山のように集められた文献や資料が横にあれば、原稿を書くのもかなり早くなる。皆さんに感謝申し上げる。

また、このような出版物の刊行を快く引き受けてくれた遊子館の遠藤茂社長には、本当に感謝している。さまざまな資料の点検や整理という、めんどうな作業も煩をいとわずに完成してくれた言海書房の水野さんにもお礼申し上げる。本当にお世話になりました。

この他にも多くの人たちから声援を受けた。皆さん、どうもありがとうございました。引き続き、「大正・昭和編」も書きますからご期待ください。

絵が語る　知らなかった幕末明治のくらし事典

【目　次】

凡　例

1　本書は、幕末・明治時代の人々のくらしについて、現代人の理解が史実と異なっている点に注目し、往時の歴史絵を読み解きながら解説したものである。
2　歴史絵の出典は、それぞれの絵に添えた。なお、出典年は、原則として西暦表示とした。
3　漢字表記は、原則として常用漢字を用い、それ以外のものは旧字体を用いた。送り仮名は現代仮名遣いとした。

協力機関・協力者
本書の編集にあたって、左記の機関・皆様のご協力をいただいた（順不同・敬称略）。
国立国会図書館、東京都立中央図書館、米熊・慎蔵・龍馬会、扇子忠、笹間由紀子、渡辺睦、堀池眞一、角田律子、小林万基子、佐野正一、佐野立江

第1章　幕末から明治への探訪

気前がよすぎた西郷隆盛

東京の上野公園にある西郷隆盛の銅像（図1）を、知らない人はないであろう。西郷像は、犬をつれている。また着物姿ではあるが、腰にはちゃんと刀を差している。西郷像ほどには知られていないが、差している刀は、和泉《いずみの》守《かみ》兼定《かねさだ》作刀の脇差である。ちなみに着ている着物は薩摩絣《かすり》である。よく日本刀は、刃を下に向けて腰に差していたと思われているが、実際には刃を上に向けて、左腰の帯に差すのである。

西郷隆盛は、生きていたときには所有欲があまりなく、刀などは持っていると他人にあげてしまったといわれる。それも、他人から借りたものや一時的に預かったものまで、差し上げてしまったというのである。坂本龍馬に名刀陸奥守《むつのかみ》吉行《よしゆき》を進呈した話は有名である。

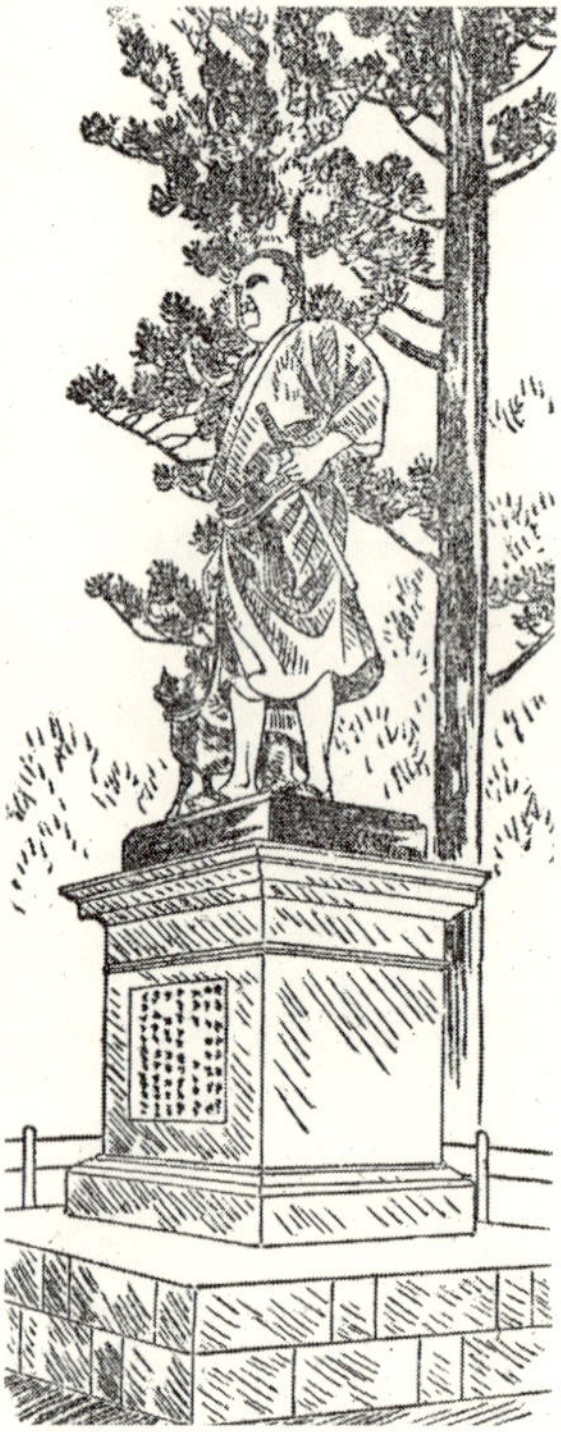

1　西郷像（『小学国史』）

明治政府の中心人物として官僚機構を整備したり、岩倉具視《ともみ》らとともに欧米を視察した大久保利通《としみち》は、刀の装飾に凝った人としても知られている。西郷は、その大久保から借りたサーベルを、自分の書生に与えてしまったことがある。大礼用に金銀で装飾が施されたサーベルで、大変に華美なものだったという。西郷がこのような行動に出たのは、刀に華美な装飾を施す大久保を苦々しく思っていて、その行為を止めさせようと忠告のためにやったのだといわれる。ちなみに、奈良県にある藤の木古墳や各地の古墳から出土した刀や、兜や沓《くつ》の復元品を見た方もいると思うが、古代の権力者の所蔵していたと思われる刀は、実にきらびやかに装飾が施されている。

2　田原坂激戦の図（『絵本明治太平記』1888 年）

3　官軍、城山で西郷隆盛の首級を得る図（『絵本明治太平記』1888 年）

西郷隆盛が気に入っていたのは、来国光《らいくにみつ》、手掻包永《てがいかねなが》、志津三郎兼氏《しづさぶろうかねうじ》といった刀である。来国光は刀身が二尺四寸（約七二・七センチ）、手掻包永は二尺三寸六分（約七一・五センチ）、志津三郎は二尺五厘（約六〇・八センチ）だった。明治維新後、西郷は三条実美《さねとみ》から小烏丸《こがらすまる》といわれる新刀を貰い受けている。この刀は二尺（約六〇・六センチ）あった。他に、幕末動乱の時代には、西郷も名刀の誉れ高い村正《むらまさ》の大刀と小刀を差していたといわれる。ただ、村正は贋物が多かったことでも知られるが、小刀は本物だった。

4　田原坂の西南戦争戦場跡（『小学国史』）

西郷は、その刀を仕込み鉄扇に仕立てた外装にして、秦の始皇帝を暗殺しようとしたことで知られている荊軻《けいか》を賞賛する漢詩を彫り込んでいたといわれる。西郷が漢詩に詳しかったのは、通算すると五年にもわたって南島に遠島になっていたときに、漢籍を読んでいたからであろう。

一八七三（明治六）年、陸軍大将に就任した西郷は、「源《みなもと》左衛門尉《さえもんのじょう》信国《のぶくに》」銘の刀を洋刀の金メッキに仕立てて腰に下げたのであった。この刀を洋刀に仕立てたのは、フランスに留学中だった義理の弟である大山巌《いわお》の仲介だった。この刀を下げた姿が、鹿児島市に残っている大礼服姿の西郷隆盛像である。

信国の刀は、刀の身幅が狭く、切っ先が大きかった。信国という刀工は、中世の応永年間（一三九四〜一四二八年）に活躍した人物で、山城国の出身である。

その後、「征韓論」を主張して政府に拒否され、日本で最初の陸軍大将を辞任した西郷は鹿児島に帰り、私学校を開校する。そして、一八七七（明治一〇）年に西南戦争（図2〜4）を起こし、同年九月二四日、五〇年の生涯を閉じた。

坂本龍馬の靴と刀

いつの時代でも坂本龍馬（図1）は人気がある。まるで坂本龍馬が一人で維新を成し遂げたかのような扱われ方である。しかし実際には、明治新政府の中でも、維新以後に龍馬の名前を覚えていたのは陸奥宗光《むつむねみつ》くらいしかいなかったのが真相である。

龍馬といえば、西洋靴を履いた写真がよく知られている。高知市の桂浜に建てられている坂本龍馬の銅像が、龍馬がいつも西洋靴を履いていた、というイメージを拡大している一つの原因、ともいえようか。漫画に描かれても、いつも靴を履いている。だが、龍馬がいつも靴を履いていたと考えるのは、とんでもない間違いである。

龍馬は、写真を写すためにわざわざ西洋靴を履いたのではないか。撮影される時は、かなり構えるものである。世情騒然としていた幕末の社会で、たとえ外国人や外国の文物を見慣れている長崎であっても、日常的に靴を履いて歩いていれば、かなり目立ったはずだ。外国人嫌いの武士たちに対して、私は危険人物ですから命を狙って下さい、といっているようなものなのである。

ところで、今も高知県に行くと、たとえば地名でも高校の名前でも、「土佐」と「高知」が混在している。江戸時代の高知の藩主だったのは、山内一豊《かずとよ》に始まる山内氏である。山内氏は自分の家臣団を大量に引き連れて土佐国へ落下傘降下した。

ところが、土佐には江戸時代以前の支配者であった長宗我部《ちょうそかべ》氏の家臣団が各地に存在していた。山内は高知を名乗り、それ以前からの人たちは土佐の名称を主張した。江戸時代の高知は一国二制度のような感じになり、長宗我部の家臣は軽んじた扱いをされることになった。

龍馬は、高知藩から疎外された側の「郷士」の出身である。郷士というのは、山内氏が高知へ入ってくる以前からの武士だった家のことである。

龍馬は、自分が命を狙われていると感じてからは、才谷《さいたに》梅太郎という名前を名乗ったりしていた。才谷というのは、龍馬の本家筋の家の屋号である「才谷屋」から取ったものである。才谷屋は、「浅井金持ち、川崎地持ち、上の才谷屋道具持ち、下の才谷屋娘持ち」といわれていたほどに、高知城下では知られた豪商であった。

その「上の才谷屋」の分家筋の家で生まれたのが、龍馬である。才谷屋は最初は酒造業で財をなしたが、幕末には上層武士を相手に、武士の家禄を担保にした金貸しとして「仕送り屋」を経営していた。そのために、武士たちが上方や京都、江戸で仕入れた名品の道具類が、いとも簡単に才谷屋の蔵に流れ込んできたという。ようするに質流れ品が多かったわけである。龍馬の本家筋の家は、最初は町人だったが、六代目の時、長男のために郷士株を買って武士の仲間入りをしたのであった。だから、藩政初期からの武士というわけではない。

龍馬が脱藩したのは、自分の立場が関係していたと考えられる。一八五三（嘉永六）年三月、元服をすませた一七歳の龍馬は、初めて江戸へ行き、一八六二（文久二）年に脱藩し、とにかくあちこち動き回っている。それも、当時の先端技術の先頭をいく蒸気船で東奔西走しているのである。このような動き方をした者は、当時の人たちでも龍馬くらいである。

たとえば、脱藩した年の一月には、軍艦奉行に任命された勝麟太郎《りんたろう》（勝海舟）（**図2**）と、幕府の艦船で兵庫から江戸へ入っている。二月には東海道を京都へ行き、三月には再び江戸へ戻っている。四月には再び幕府の艦船で大坂へ行き、五月には勝麟太郎の使者として福井藩に松平氏を訪ね、月末には京都に戻り、すぐに大坂入りしている。

さらに六月には、大坂から兵庫へ行き、京都へ入った。七月には大坂に行ってから福井藩に行き、そこから陸路を江戸へ向かっている。九月には勝麟太郎と幕府の艦船で大坂へ向かい、一〇月には兵庫に行っている。そこでは勝麟太郎が進めていた海軍操練場の開設を手伝っている。

この月の末、勝と幕府の艦船で江戸に入っている。一二月には再び幕府の艦船で将軍家茂《いえもち》の京都行きに随行してい

1　坂本龍馬坐像（「米熊・慎蔵・龍馬会」提供）　坂本龍馬の同志であり、寺田屋事件のときにも共にいたとされる長州藩支藩の長府藩士三吉慎蔵の子孫に伝えられた坂本龍馬の坐像。慎蔵の長男の米熊が長野県の官員となり、上田市の三吉家には、慎蔵の日記や龍馬の手紙など、幕末・明治の貴重な史料が残る。龍馬は背筋を伸ばし、愛刀を差し、洋靴を履いた姿で写っている。一八六七（慶応三）年に撮影されたものとされる。

るのである。

龍馬が、当時の学問研究の先端を走っていた長崎の土を踏むのは、一八六四（元治元）年の二月である。この年、軍艦奉行を解任された勝も、龍馬とともに長崎に入った。

長崎は、いうまでもなく江戸時代を通じて海外に開かれていた貿易地として発展した幕府の直轄領である。出島が開設されると、鎖国体制下ではヨーロッパに対するわが国の唯一の窓口となった。江戸時代初期、出島の管理はかなり厳しく、日本人は出島の周辺からは遠ざけられていたが、幕末になると規制もかなり緩められていたから、外国人を見学しようと集まってくる人たちも多かった。

おそらく龍馬は、勝麟太郎から西洋靴や西洋の軍隊についての話や、文化についてのさまざまな知識を得ていたはずである。それに自分自身でもいろいろな文献を見ていたのではないか。幕末になると、一般民衆でもおどろくほど長崎や、海外事情に詳しい知識を持っていた。近世の日本は、けっして鎖国ではなかったのである。

龍馬がどこで西洋靴に接したのか、あるいは西洋靴を履いたのか、残念ながら正確な事実はわからない。ただ、長崎で西洋靴を初めて履いたのではないかという推測は充分に可能である。

さて、高知では郷士といわれた坂本龍馬は、刀を差すのをやめてリボルバーの拳銃を持っていたといわれるが、最初はちゃんと刀を差していた。暗殺される前には拳銃を持つこともやめて、『万国公法』という文献を持ち歩いていたともいわれる。

今日、龍馬が差していたといわれる刀の銘は源《みなもと》正雄《まさお》、陸奥守吉行《むつのかみよしゆき》、相州正宗《そうしゅうまさむね》、備前長船《びぜんおさふね》の四振りがわかっている。刀剣の研究者や刀工にいわせると、いずれもかなりの名刀であるといわれる。

江戸で千葉周作の開いた北辰一刀流の道場で剣術の修行をしていた龍馬は、自分の身長五尺八寸（約一七五・七センチ）に比べて長い刀の源正雄（二尺八寸二分（約八五・七センチ））も扱えたのだろう。まだ二一歳でもあったし、幕末の江戸では長い刀が流行っていたことあり、手に入れやすかったとみられる。

ただ、源正雄という刀は実践用の刀であった。刀身に細工がしてあり、重さを軽くする工夫がされていたという。戦国時代に作られていた刀でも実戦用の刀というのは、かなり長くて、刀身も細身で振り回すのに適した作りになっていた。

今日、美術品として拝見できるのは、刀身が広くて太い拵えになっている刀がほとんどである。このような刀は、最初から権威の象徴として、あるいは観賞用に製作された刀なのである。日本刀にもいろいろな種類がある。

刀は、時代劇でよくやっているように、バッタバッタと人は斬れない。人間を一人斬ると血糊《ちのり》がついて切れなくなり、槍《やり》のように刺す武器としてしか使えなかったのである。

陸奥守吉行という刀は、西郷隆盛から譲られたといわれて、一八六七（慶応三）年、龍馬が京都の四条にあった近江屋で暗殺されたときに持っていた刀だといわれている。長さが二尺（約六〇・六センチ）で、反りが浅くて、刀身も短めであった。幕末には外での斬り合いよりは屋内での戦闘が多かったから、振り回すのに適した刀であったといえよう。龍馬のように、暗殺を警戒する身にとっては、長い刀は簡単には振り回せないから、短い刀を差していたとみてよい。護身用には実戦を意識した刀の方が必需品となる。

相州正宗と備前長船は、いずれも形見として龍馬の遺族に残された刀である。相州正宗は当時でもよく知られた銘刀であった。龍馬の死後、友人の長州藩士である三吉慎蔵《みよししんぞう》が持っていたといわれるが、現在は行方不明であるらしい。

備前長船という刀は、龍馬の姉である乙女が嫁いだ岡上家に伝えられた刀であるという。大刀の方は二尺四分（約六一・八センチ）あり、備前長船修理亮盛光《しゅりのすけもりみつ》の作、小刀の方は備前長船吉光《よしみつ》の作といわれている。この二本の刀は、長州藩主からの拝領品と伝えられている。

2　勝海舟（伯爵・勝安芳公）（『海軍歴史鈔』1891 年）　明治に伯爵となった勝海舟の肖像。

江戸のおもかげを残す明治の長谷寺

鎌倉の長谷寺（図1）は、海光山慈照院長谷寺という浄土宗の寺院である。奈良県桜井市にも同名の寺があるが、こちらは真言宗豊山派の本山である。七三六（天平八）年に藤原房前《ふささき》らによって建立されたといわれている。巨大な十一面観音像があることでもよく知られている。この十一面観音は、高さが約九メートルあり、奈良県にある長谷寺と同木の楠を使用している、といわれている。

徳川家康は関ヶ原の合戦に臨んで、鎌倉の長谷寺で戦勝祈願したといわれる。江戸時代には坂東三十三観音の第四番札所として賑わった。

寺や神社に参詣者が多くなると、その門前は自然の成り行きとして村人の移住地ともなった。道路が開かれ、そこには、農家の次男や三男はもとより、煮売り屋商売、酒を扱う商売をしようとする者などの店が立ち並ぶようになる。それだけではなく、絵にも見られるように草鞋《わらじ》や草履《ぞうり》、簡単な玩具を商ったり、自分たちの土地で採れた農産物とか海産物を家の前に並べたりしたのである。こうして、門前町が形成される。

ちなみに、かなり古い時代には、街道とか往還と呼ばれた往来の維持管理を専門に行う家が、宿ごとに置かれたりした。これが後の時代には、東日本各地で被差別者となった長吏《ちょうり》の仕事の一つになった。

1　鎌倉の長谷寺（『風俗画報』山本松谷画）毎年六月の法会には、多くの参詣人で賑わった。右下の家屋内では、お櫃から子どもにご飯をよそっている女性が描かれており、日常生活が垣間見える。

2　長谷寺の観音堂（図1の拡大）

ただし、長吏が配置されたのは官道だけであり、民衆の必要に迫られて開発された地方道にまで配置されたとはいいがたい。

この絵（**図1**）では、手前に描かれている子どもたちは、下帯もしていないし、江戸時代以来の姿であるスッポンポンだったらしい。それに、みな裸足である。明治時代になっても子どもたちの格好は変わらなかったようだ。手前に描かれている子どもたちは、互いに犬を抱えている。これは犬同士を戦わせて勝敗をつける闘犬の遊びだったと考えられる。

絵の中央には鍬《くわ》を担いで、背中には赤ん坊を背負った女性が描かれている。手には鉄瓶か薬缶《やかん》を提げている。小川や清水といったきれいな水が流れていない農地に行くところであろうか。あるいは帰ってきたところか。

ところで、鍬を担いだ女性の前には、籠を背負った子どもが描かれている。この籠に、農作業の間は、赤ん坊を入れていたのではないか。

女性が鍬を担いでいたからといって、女性が畑や田んぼの土起こしをやったとみるのは早計である。女性はそのような重労働はしなかったものだ。漫画や時代劇では女性も重労働の仕事をしていたように描かれているものがよくあるが、間違いである。

絵の奥に見えるのは、草葺きの観音堂（**図2**）か。今日の壮大な建物からは考えられない姿である。

そういえば、草葺きに限らず、藁葺き屋根の家は、現在では地方の農山村を探しても、なかなかお目にかかれなくなった。消防法の規定により、農村であっても藁葺き屋根には覆いをかけたりして、防火に努めなければならなくなったからである。現在残されている藁葺き屋根の民家は、ほとんどが観光用や町起こしのため、意図的に残されたものである。

この「鎌倉長谷寺の図」を見ていると、大人がパラソルではなく蛇《じゃ》の目《め》傘を持ち、かんかん帽ではなく頭にちょんと髷《まげ》を載せていれば、明治時代の絵ではなく江戸時代風俗を描いたもの、といっても充分に通用する。

公然の秘密だった幕末の牛肉屋

明治時代以前には、わが国では肉を食していなかったとよくいわれるが、江戸時代には、武士も庶民も肉食はしていたのである（図3）。

明治になり、新政府は文明開化の一環として肉食を奨励した（図1・2・4・5・6）、というよりは庶民に強制したのである。しかし、強制されなくとも、日本人は古くから牛肉を食べていた。明治時代以前には、それを公然と話したり、文章にして書き残さなかっただけである。

現在は一万円札の顔としてよく知られている福沢諭吉の著作として有名なのは、『学問のすゝめ』であろうが、そのほかにもさまざまな著作を残している。その一つ、『福翁自伝』のなかには、大坂の牛鍋屋の様子が出てくる。その店は次のように描かれている。「それから少し都合のよいときには一朱か二朱もってちょいと料理茶屋に行く。これは最上の奢《おご》りで容易にできかねるから、まず度々《たびたび》行くのは鶏肉屋《とりや》、それよりモット便利なのは牛鍋屋だ。そのとき大坂中で牛鍋を食わせる所はただ二軒ある。一軒は難波橋の南詰、一軒は新町の廓《くるわ》のそばにあって、最下等の店だから、凡《およ》そ人間らしい人で出入する者は決してない。文身《ほりもの》だらけの町の破落戸《ごろつき》と緒方の書生ばかりが得意の定客だ。どこから取り寄せた肉だか、殺した牛やら病死した牛やらそんなことにはとんじゃくなし、一人前百五十文ばかりで牛肉と酒と飯と十分の飲食であったが、牛はずいぶん硬くて臭かった」。

なんとも凄い店だったらしい様子が伝わってくる。肉は硬かったというから、年取った牛の肉だった可能性が高い。臭かったともあるから、ニンニクとか長ネギ、生姜などの匂い消しの野菜が使用されていなかったとみられる。

この牛鍋屋の記録は、安政年間（一八五四〜一八五九年）の様子である。ところが、このような牛鍋屋は、どこでも似たような状態だったらしい（図1）。

文久年間（一八六一～一八六三年）、京都の鴨川のほとりでは、四条から三条にかけて、小屋掛けの飲食店が軒をつらね、さながら市《いち》のような状況であったという。そのなかに「其の末端に間を隔てて三条の橋の袂に偏した所」に牛鍋屋が赤提灯を掲げて三、四軒かたまって営業していた。この光景を見たのは、蘭学者の大槻玄沢《げんたく》の孫の如電《じょでん》である（『彦根市史』）。『滋賀の部落』や『彦根市史』によると、大槻如電が京都の牛鍋屋でみた牛肉は、近江国彦根在の村で屠蓄《とちく》されたものであるといわれる。天下に名高い彦根牛は、京都に進出していたほか、一八五五（安政二）年には彦根城下の魚屋町の者が、江戸の町の四箇所で彦根牛を売る牛肉屋の看板を掲げたといわれる。一八六八（明治元）年には、近江国・高野瀬村の二人の者が、神戸に牛肉屋を開いたともいわれる。近江商人の伝統がここにも生きている。

牛肉屋とか牛鍋屋が開かれるとすれば、肉を供給する屠蓄場（**図2**）がなければならない。江戸時代には、長崎の出島にだけ幕府公認の屠蓄場があった。しかし実際には、江戸時代でも牛馬の解体は一〇〇坪ほどの河川敷や、地方道の傍の、荒地などで行われていた。解体作業には、主に非人《ひにん》があたった。明治時代になると、東日本の各地では、そのような場所が火葬場に転用されたり、伝染病隔離病舎になったりした。また、日赤病院が建てられたり、まれにではあるがハンセン病隔離施設になったりした。土地にまつわる「ケガレ」意識のためであろう。病院がなぜ建てられたかというと、手術などで人間の血が流れるためである。

京都や江戸に進出していた彦根牛であるが、牛の屠蓄許可に関する藩の公文書は今でも見つけられていない。ようするに出されなかったらしい。彦根藩から将軍家に牛肉が献上されていたのは有名な史実だが、誰が牛肉を生産していたのかは、詳しくはわからないのである。

『彦根市史』には次のような記録が載せられている。「屠蓄場は犬上郡晋賢《ふげん》寺村と愛知郡高野瀬村にあって、中筋奉行の支配下にあった。そこで年間千～三千頭を屠殺したと言われる。それらの牛馬は藩・宿駅・農家の老、死牛馬を始め、尾張・三河・信濃・飛騨・越中・能登・加賀・越前などから買集めたものを、高宮宿の博労《ばくろう》川口屋長兵衛が買取り、月一回市を開いた」。

1　商法《あきうど》個の胸会計《むねかんじょう》（『安愚楽鍋』）「この前、腹が減ったので入った店で出された牛肉は筋ばかりで食べられたものじゃなかった。やはり肉は横浜に限る」牛鍋をつつきながら商売について話すちょん髷《まげ》男。男の後ろ、背中あたりにコウモリ傘の柄が見えている。

2　屠牛場（『安愚楽鍋』）大きな肉切り包丁を持った西洋人が左手で牛の足らしきものを持っている。

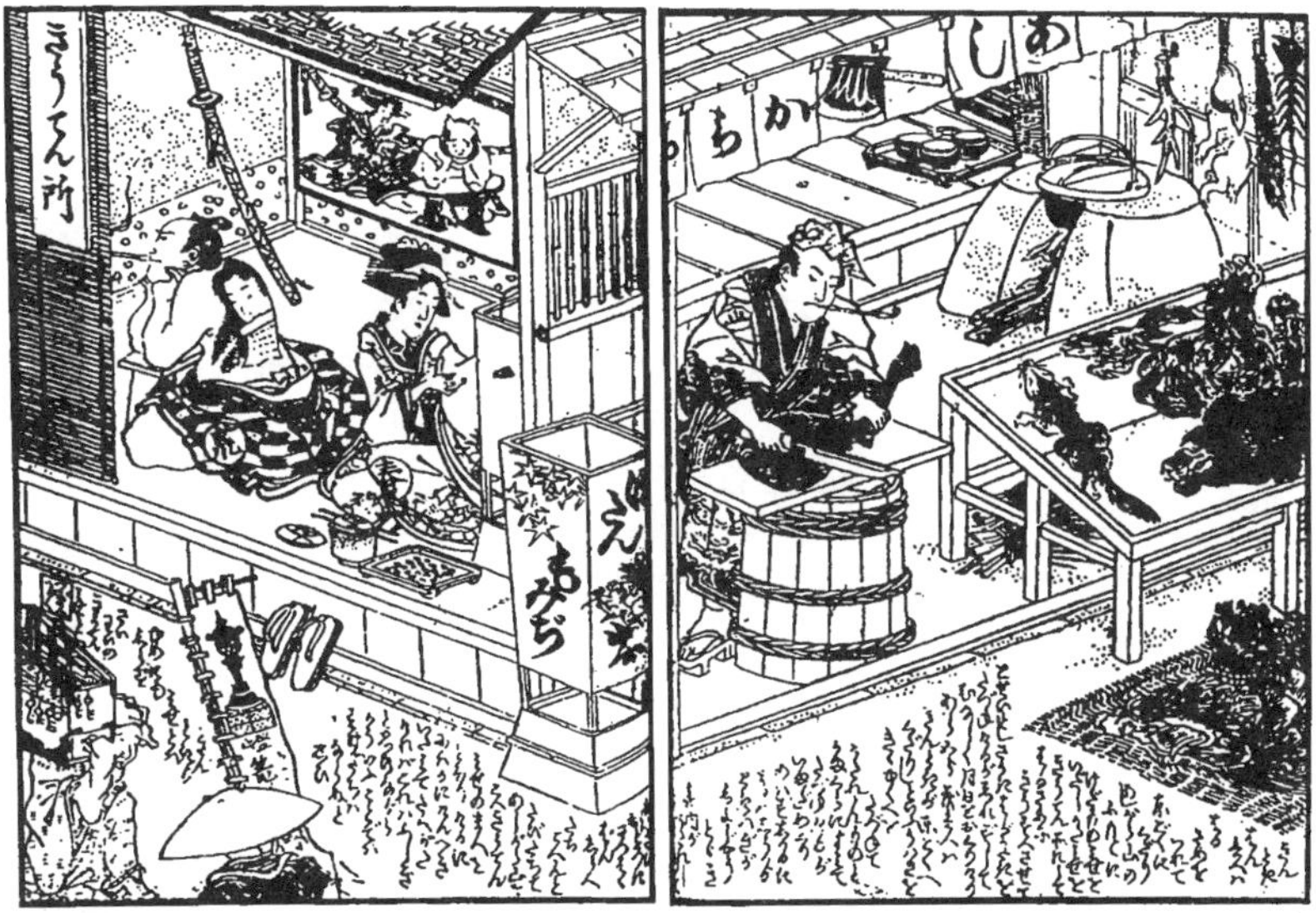

3　江戸時代の獣肉屋（『志道軒往古講釈』）行灯型の看板には「ぼたん・もみぢ」とある。紅葉（鹿肉）の吸物も売っている。店頭にはカワウソやウサギらしき動物が置かれている。男は何かの動物をさばいている。

4　当世牛馬問答（『安愚楽鍋』）　キセルを吸っている馬が、グラスを手にしている牛に話しかけている。馬は「てんとうさまから、にんげんのしょくもつになるよう、このせかいへおうみつけになったのを、にんげんがひらけねえところから（中略）これまでこめだわらをつみこんだり」させられていたと牛に愚痴っている。

5　牛肉屋の店頭（ビゴー画、あさ、一八八三年）　頬被りをして肉を切っている男の左側には、「牛肉十八銭、ロース二十七銭」と書かれた紙が下げられている。

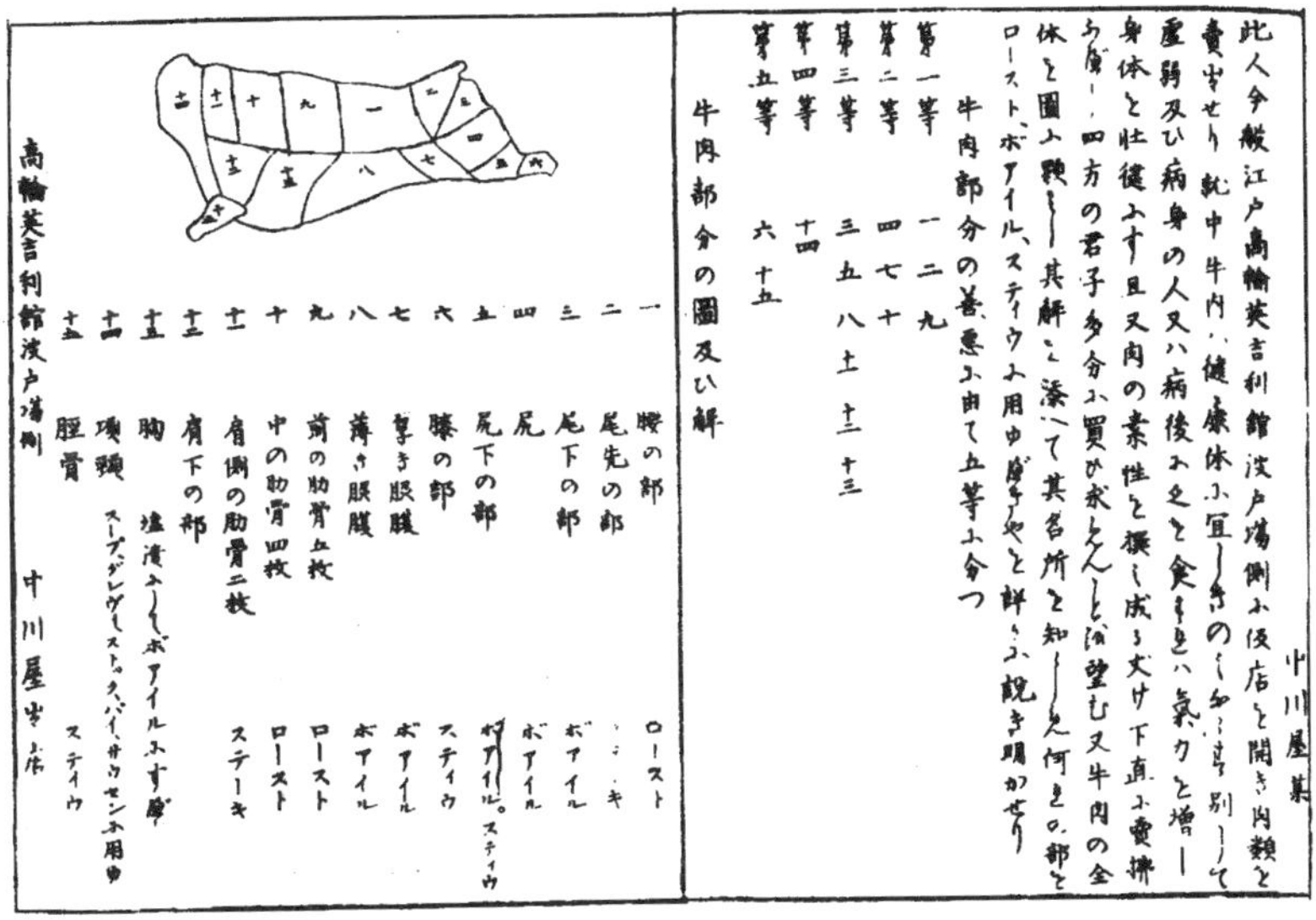

6　中川屋出店の広告（『万国新聞紙』1867年）「江戸高輪イギリス館波戸場側に仮店を開き、肉類を売出せり」とある。広告左は、「牛肉部分の図及ひ解」が書かれている。

晋賢寺村と高野瀬村に関しては、『滋賀の部落』にも記述がある。このうち高野瀬村の成立については、一七世紀の中頃、大和国（現在の奈良県）から皮革職人が荒地に移転させられて住まわされたことに始まるという伝承がある。

明治時代になり、日本最初の屠畜場は横浜の居留地に作られた。幕府は、一八六五（慶応元）年に外国の要求を受け入れて、北方村に屠牛場を開き、その年の五月から一〇月にかけてイギリス・アメリカ・オランダ・フランス・プロシャの五カ国に貸与したのであった（図6）。

この屠場は、後の一八七四（明治七）年七月に本牧村に移転が決まり、翌年から一八七九（明治一二）年にかけて移転したが、一八八二（明治一五）年頃には閉鎖された（『横浜市史稿』）。屠場の職人は、新潟県の出身の人だといわれている。江戸時代には、一七〜一八日ほどかけて、東海道を彦根から江戸まで牛を引き連れて移動した。

戦国時代に、豊臣秀吉は一五八七（天正一五）年に「伴天連《ばてれん》追放令」を出し、十一ヶ条の「覚」の最後に「牛馬を売買し殺し食する事、是又曲事となすべき事」という条目を入れた。徳川幕府の政策も、秀吉の政策の延長上にあり、肉食禁止はキリシタン弾圧の一環として制度化されたのであった。

なぜ、「すき焼き」と呼ばれたのか

普通、すき焼きといえば、肉を薄切りにして、ネギ、三つ葉、豆腐、シラタキなどとともに浅い鉄鍋でぐつぐつ煮ながら食べることをいう。関東風の食べ方は、調味した割り下を利用するが、関西風はしょう油や砂糖、みりんなどで味付けするのである。肉は、牛のロースやモモ、豚、羊とかも使われることがある。白身魚による魚すきという食べ方もある。魚すきは、別に沖すきともいわれる。

このような食べ方をするのに、なぜ「すき焼き」と呼ばれるようになったのかというと、その昔、動物や魚や鳥の肉を農具の鋤《すき》の上で焼いて食べていたからである。鋤は幅が二〇センチ以上はあるし長いから、一枚の鉄板状の調理道具にもなったのである。農業が、今日のように、巨大戦車とみまちがうようなトラクターやコンバインといった機械化がなされる以前には、牛や馬をその代わりに用いて、農耕や牽引に利用していた。田起こしなどは人力であったことはいうまでもない。農業にとって面倒なのは、種や肥料、そして鋤や鍬《くわ》といった農具類を持っていったり持ち帰ったりという、家と田畑の往復の時間である。そのために田畑に朝からでかける時には、農具やその他の道具類も、水などの飲み物や握り飯などと一緒に持参してしまうのである。

現在ではかすみ網は使用禁止であるが、一九七〇年頃までは、小川をまたぐように仕掛けられていたり、ススキの原の中に仕掛けられているかすみ網をよく見かけたものである。かすみ網を使うと、スズメだけではなく、ツグミや山鳩なども捕れた。かすみ網がなかった時代には、鳥もちを用いた。鳥もちを利用すると、小鳥のほか小動物も捕獲できた。捕れた小動物の肉を薄く切って、鋤の上で焼いて食べていたのである。鳥は特に胸の部分が美味なのである（**図1**）。猿も捕獲していた。猿の脳は、とくに漢方薬の原料として珍重された。鳥もちやかすみ網が利用できないような大型の動物を捕獲するときには、ワナを仕掛けたのである。

今でも、「日本では昔から肉食はしていなかった」という俗説が信じられている。仏教のいう「血のケガレ」から身を守っていたといわれる。そういう教えを忠実に守っていた民族である、ともいわれる。

たしかに、「血もしたたるビフテキ」が好物である、という日本人はそれほど多くはないようだ。薄切りの肉がわが国で普及した背景には、ブロック肉や厚切りの肉の場合には、赤い血を見る機会が多いから敬遠されたらしいのである。農具の鋤の上で焼く場合でも、薄切りの方が早く焼けるし、おびただしい血が流れるのを見ないでも済む。また、牛や馬といった獣肉は、煮て食べるよりも焼いて食べる方がおいしいといわれる。

1　戎橋付近の鳥料理屋〈鳥松〉（『商工技芸浪華の魁』一八八二年）

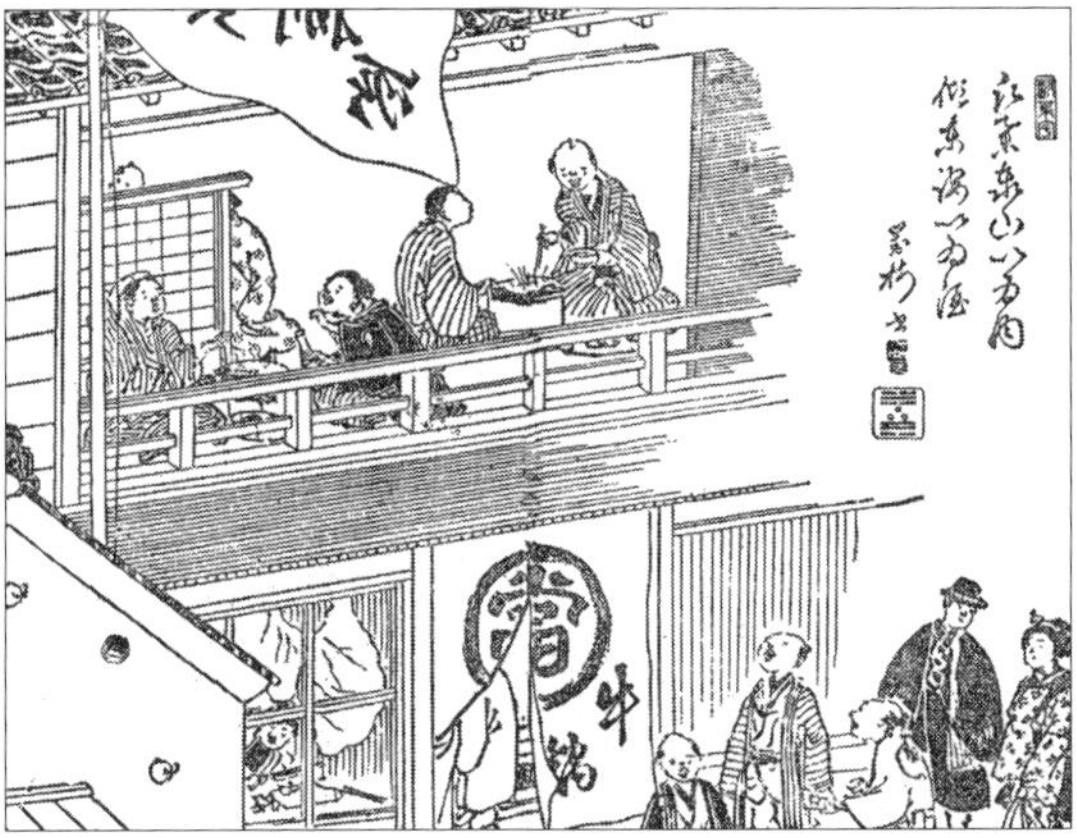

2　牛鍋屋（『東京開花繁盛誌』）店の一階、暖簾の左手では、包丁を手にした男性が肉をさばいているのか。二階では、複数の客が牛鍋をほおばっている。

明治維新までは、武士や庶民も表向きは肉食禁止、という法令を守っていたが、実際はそうではなかった。犬や猫、兎、鶏、狐狸《こり》の類などは、よく食べられていた。肉食をしないでも四方を海に囲まれたわが国では、豊富な魚介類や大豆加工品、品質の良い米が人々のたんぱく質の補給に役立っていた。

戦後すぐに関東地方の農村では、大型の牛が盗まれる事件が頻発した。山の中やススキ

3　牛鍋を食べるザンギリ頭の男（『安愚楽鍋』）　右上には「ビイル十八匁、上酒二百三十文」とある。

の原で、牛の頭だけが発見されたりしていたのである。あの牛をどうやって盗むのか疑問に思う読者もいるだろうが、農家というのは、だだっ広い屋敷を構えており、どこからでも自由に出入りできるのだ。用心に犬を飼っていたとしても、犯人は事前に手なづけて、吠えられないようにしてから事に及ぶのである。牛小屋はたいていの場合、母屋からは離れているから、犯人は牛小屋に行き牛の鼻環に針金を結びつけて、二〇メートルくらい先から牛を引っ張るのである。これだけの距離があると、万一家人に見つかっても、逃げられるのである。戦後初期はまだ肉が統制品だったから、闇ではかなり高額で取り引きされた。そのために農家で飼っている牛が狙われたのである。

だが、一八七二（明治五）年一月二四日と推定されているが、肉を食べることが公然と行われるようになった。明治天皇による牛肉の試食がその始まりといわれる（加茂儀一『日本畜産史』）。明治政府が肉食を解禁したというよりは、文明開化の一環として上から民衆に強制したのである。そして解禁された肉食は、まず牛肉食として一般的に普及していく（図2〜5）。

よく、「仏教が殺生を禁止しているのに、その戒律を破って動物を殺したり、その肉を食べていた一部の人たちが差別された」といわれるが、明治以前の社会では一部の人たちだけではなく、すべての人たちが肉食をしていたといっていい。それを禁止するということは、人々に「何も食うな」というに等しい。それでは人間は飢えてしまうではないか。肉食禁止というお触れが出される背景には、それに代わる食材が充分に提供できるという前提がなければならない。江戸時代には、肉食に代わる魚介類の水揚げが充分だったから、表向き、肉食禁止を受け入れていただけなのである。

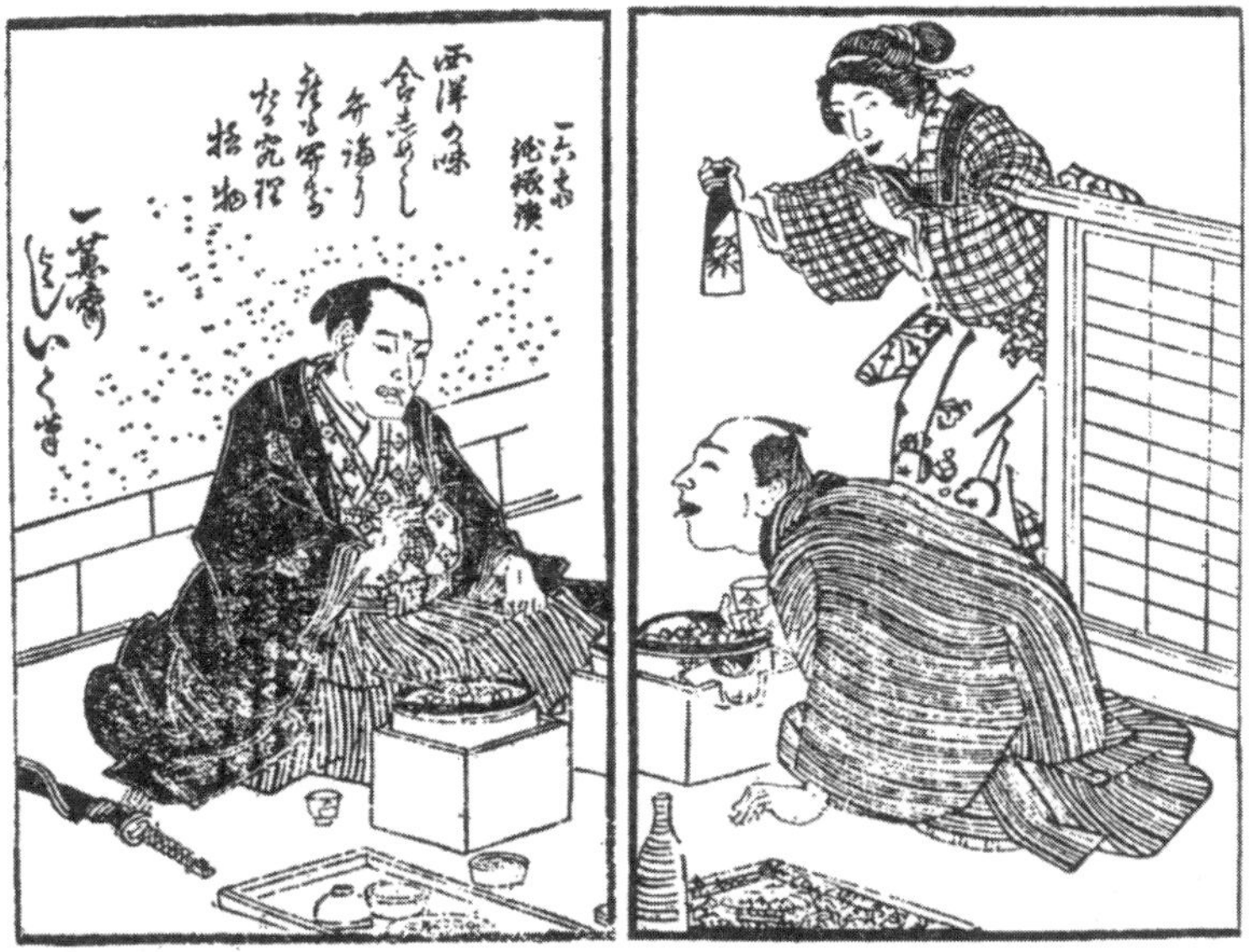

4　惣髪の士と町人の肉食談義（『安愚楽鍋』）　町人は「肉食はけがれなるものと」思ったが、肉のおいしいのを知ったらやめられなくなったと話し、惣髪の士も「常食」していると言う。

5　茶店女の隠し食（『安愚楽鍋』）　徳利を手にした女性と、おちょこを持った女性が、牛鍋を囲って「猪や鹿、豚よりも牛肉ばかり食べている」と話している。

参考に、石井研堂の『明治事物起原』（一九〇八年）に収録された「牛肉食用の始」という項目よりの抜粋を次に掲げる。

「米国大使ペルリ来朝後、外国人横浜に来り、第一に不便を感ぜしは牛肉にして、之を内地に求めがたく、遠く米国又は支那より輸入し、横浜と横須賀にて之を屠《ほふ》り其需要を充《み》たせしが、当時アメリカ八十五番は、大牛肉店として有名なるものなりし。……

此の如く、外人の嗜好ありたれば、神戸横浜の内地人にも、自然其風俗移り、肉の密売も、後には公然の売買となり、横浜には、慶応初年、すでに二三軒の肉屋開店するに至れり。然れども江戸にては猶頑固にして、屠牛の地を貸す者さへ無かりし。時に、荏原《えばら》郡白金村の郷士に、堀越藤吉といふ者ありし、――今の淡路町中川主人の祖父に当る――屠牛場の地面を貸したれば、これよりは、江戸にて屠ることを得たり。これ東京に於ける屠牛場の始めなり。……藤吉謂《おも》ふに、肉を販《ひさ》ぐのみにては行末《ゆくすえ》面白からず、一つ牛肉鍋を売りて見たしと（尤も、猪鹿《ししか》の肉と葱とを煮、鮑貝にたとへて売ることは、文久ころより特に盛んなりければ、それより思ひつきなるべし。）……芝の露月町に、一軒の貸家あり、……早速借り受けて「御養生牛肉」と赤く書きし旗を樹《た》て、牛鍋屋を始めしが、即ち永く牛鍋屋の元祖として知られたる、露月の中川なり。時に慶応三年なり。……

中川屋主人談に拠《よ》れば当時の客といふは、大名屋敷か旗下《はたもと》屋敷の仲間《ちゅうげん》折助《をりすけ》、又は浪人の如き物好が、強がりの者に限り、普通人は、近づくことさへ不快に感じ居たりし。当時芝新銭座に慶應義塾出来、塾長の福沢先生や、光妙寺三郎氏などは、客筋なりし。されども、牛肉佃煮を同塾へ持ち込むに、公然食堂へ入るることを禁ぜられ、窓の口よりコツソリ売買したりきとなり。……

五年正月廿四日、天皇陛下膳宰《ぜんさい》に勅し、始めて肉饌《にくせん》を進めしは、肉食史中の注目すべき一事なり。

又同年四月廿五日、令を発して、僧侶の肉食妻帯《にくじきさいたい》を許せしが如きは、政府の肉食を奨励せし一端を知るべし。されば地方官亦、諭達書を発して、之を勧奨する者あるに至れり。」

第2章 文明開化の探訪

ザンギリ頭を叩いてみれば……

明治という新時代の幕開けといえば、よく知られているのが「ザンギリ頭」（図1）である。高校で用いられる日本史の教科書『詳説日本史』には、次のように記述されている。「文明開化の風潮は、東京など都会の世相によくあらわれた。洋服の着用が、官吏や巡査からしだいに民間に広まり、ざんぎり頭が文明開化の象徴とみられた。また、新聞のほかに以前からの錦絵もさかんに発行された」（山川出版社、二〇〇九年）。

ザンギリ頭の根拠になったのは、一八七一（明治四）年に出された「散髪・脱刀勝手令」である。しかしこの法令が出される以前にも、和歌山藩や他の藩県の役人から、「役人がちょん髷《まげ》を切って、仕事をしても良いか」という問い合わせが、明治政府には寄せられていた。このような問い合わせの一つの結論が「散髪・脱刀勝手令」であったようである。

明治の文明開化（図2）は、天皇や皇族を中心とした上からの文化の浸透、という側面が強かったことが指摘されている。ザンギリ頭もその一つである。一八七三（明治六）年三月、明治天皇は「天皇髷を断ちたまわんの叡慮《えいりょ》ありしが、遂にこれを断行あらせられ散髪となしたまう」（『明治天皇紀』）と、断髪を敢行したのである。

皇后も、江戸時代以来の風俗である「鉄漿《おはぐろ》」の慣習を止めたのだった。鉄漿は、鉄くずを焼いて濃いお茶に浸し、酒などを加えて発酵させた黒い液で歯を染める習俗である。中世の武家の間では九歳前後からつけ始めたが、江戸時代になると女性の身だしなみの一つとなった。主に成女式（成人式）につけるようになり、後には結婚前後につけるようになった。何事も一度生活習慣として定着すると、それを変更するのはかなり難しいものである。地方では、戦

1　新聞を見ながら牛鍋料理を食べるザンギリ頭の男（『安愚楽鍋』）

2　明治20年代の庶民風俗（『郵便報知新聞』1894年）

「不相称」（ふさわしくない当時の世相）との題目で募集した漫画。社会の矛盾を指摘している。図の上には托鉢姿の僧侶が二人いるが、その後ろでは、女性と杯を交わす別の僧侶が取り上げられていたり、その絵の下には法官のが法を犯していたり、図の左下には、手に扇子を持ち、煙草をくわえた令嬢が描かれている。

前の昭和の時代でも、女性の高齢者の間では、鉄漿の習慣が残っていたという調査報告がある。

ところで、詩人の高村光太郎の父親であり、彫刻家の高村光雲《こううん》は、かなりへそ曲がりというか、反権力の人だったようだ。夏などはわざとちょん髷を結って褌《ふんどし》一つで歩いていたり、裸で外を歩いてはならないという「裸体禁止令」が出された後でも、蚊帳《かや》で着物を作り、その姿でわざと交番の前を歩いたりしていたという。蚊帳というのは細かい網目状のネットのようなものだから、そのような物で着物を作っても、素通しでほとんど裸同然なのである。なかなか面白いことを考えるものである。

このような思想の人であるのにもかかわらず、高村光雲は、明治天皇がザンギリ頭にしたことを知ると、あっさりとザンギリ頭にしたというのである（高村光太郎『回想録』）。高村光太郎は、このような父親について、「ちょんまげ」という次のような内容の詩を書いている。

「おぢいさんはちょんまげを切った。／旧弊旧弊と二言目にはいやがるが、／まげまで切りたかあねえんだ、ほんたあ。／床屋の勝の野郎がいふのを聞きゃあ、／文明開化のざんぎりになってしまへと、／禁廷さま（天皇陛下のこと）がおっしゃるんだ。／官員やおまはりなんぞに／何をいはれたってびくともしねえが、禁廷さまがおっしゃるんだと聞いちゃあ、／おれもかぶとをぬいだ。……」（「暗愚小伝」）。

散髪令が出されても、全国各地の実情はかなりまちまちであった。たとえば若松県（現在の福島県）では、髪結《かみゆ》いの店には地方税を賦課《ふか》する一方、断髪店は無税にしている（図3〜5）。滋賀県ではちょん髷を結っている者に納税させたりしている。東京では、内務卿の大久保利通《としみち》がザンギリ頭で出府すると、翌日には省内全員が断髪していたといわれている。愛知県にいたっては、巡査が各地に出張して、ちょん髷姿をみつけると姓名・住所・生国を質《ただ》して、管内の者ならば法令の内容を理解させたりしていた。

ザンギリ頭はこのように、かなり強権的・暴力的に実施されて広まっていったのである。「文明開化」に反対する者は、「固陋《ころう》」とか「陋習《ろうしゅう》」といわれて、無用なモノとして排除の対象となった。

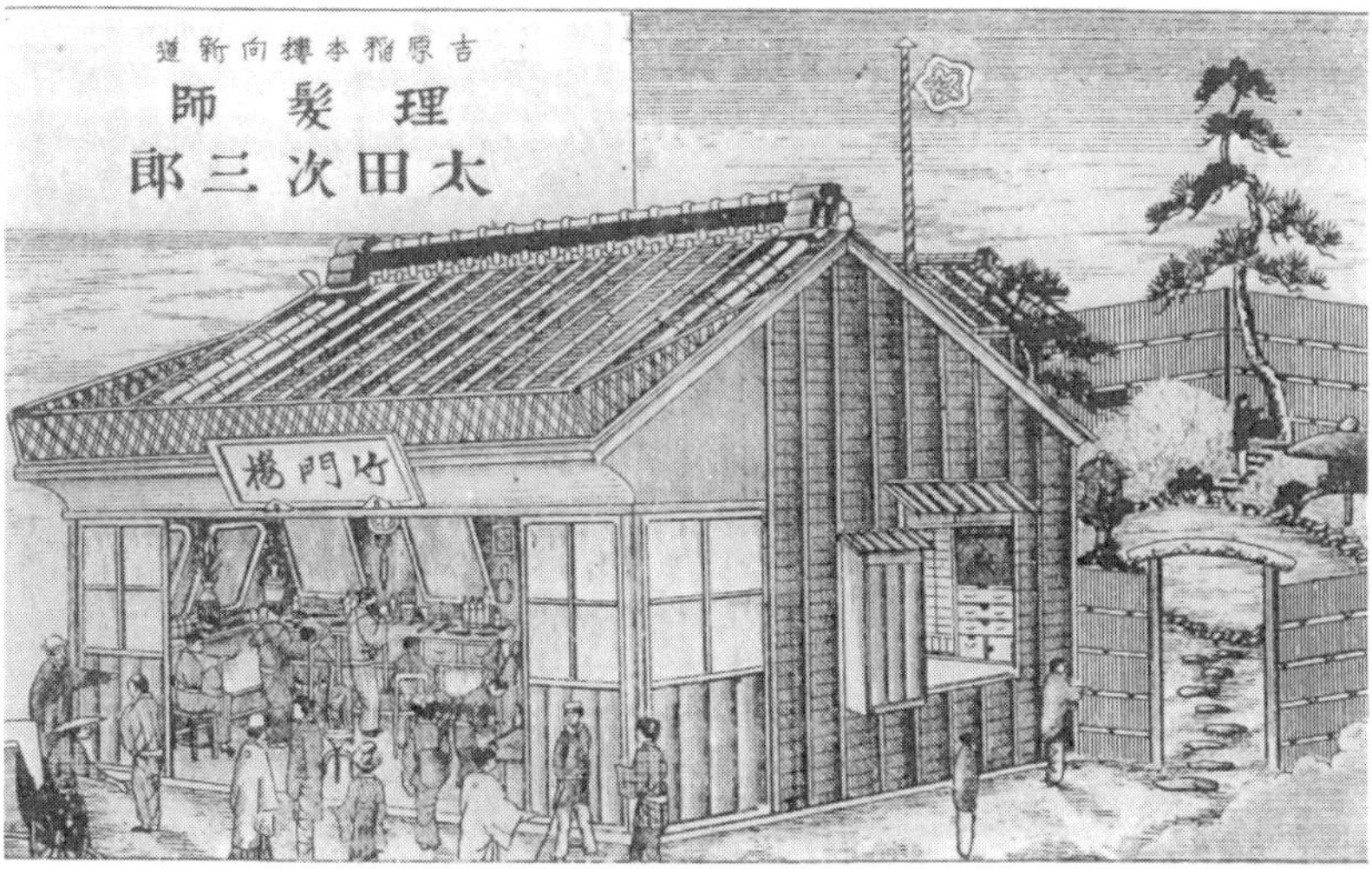

3　東京の吉原にあった理髪店（『東京商工博絵』1885 年）　店内には大きな鏡が四面壁に掛かり、理髪師が数人の客を散髪している。

5　アンベールが描いた床屋の様子

4　ビゴーが描いた髪結い（クロッキ・ジャポネ、1887 年）

洋風建築は文明開化の牽引役だった

各地に残っている明治時代の洋風建築は、もともとは学校であったり警察署であったりと、ほとんどが官公署である。なかには病院とか郵便局などもある。ここに描かれているのは、そうした建物の一つの山形県済生館（病院）である（図2）。

地方におけるそのような建物は、文明開化の象徴として新時代の観光名所となったところが多い。たとえば、福井の学校に赴任してきた教師が住んでいた建物もその一つである。

その家には、石の煙突があり、屋根瓦や壁などは最良の材質が使われていたとある。アメリカ製品の金具、格子、暖炉、ガラス窓、洋服ダンスなども設えられていた。どのような形かはわからないが、伸縮自在のテーブルや椅子、本棚もあった。これらはみなケヤキでつくられていたという。

その福井県の家は、市民の見学が許可された。そのときに、周辺の人々が大勢見学に訪れて、黒山の人だかりになったという。飲み物や食べ物を売る男や、下駄・草履《ぞうり》・傘を一時預かる男は、大もうけができたようだ。家を見学に来たのは、三日間で二万人だったらしい。物見高いわが国民性を表わしている話である。それだけ洋館は珍しかったのである。

余談になるが、江戸時代も終わり頃、地方では、磔《はりつけ》とか首切りなどの処刑が行われると聞くと、五里四方の人たちがうわさを聞きつけて集まり、黒

1　明治時代中頃の日本の中流住宅（『日本のすまい』1887 年）

2　山形県済生館（『山形県下名所図会』1896 年）　1879（明治 12）年竣工の病院。4 層の楼閣で、高さは 20 メートルあったという。

3　明治時代初めの新橋駅（広重画、1877 年）　1872（明治 5）年に東京～横浜間が開通。1 日 8 往復していた。

山の人だかりになったと、名主の『萬覚』などに記録が残っている。そこでは、「おせんにキャラメル」ではないが、食べ物や飲み物も売られたらしい。よく時代劇や漫画では、「あんなひどいことを」と言って、民衆は傑になる犯人や首を斬られる人に対して同情し、刑を執行する側が強く非難されることになっているが、実際はどうも違うようである。

伝統的日本建築といえば、木造の家である（**図1**）。だが明治時代になると、石造や煉瓦作りの建物、鉄造りの建物も現われた。煉瓦は、東京駅の駅舎にみられるように、次第に国内で生産されるようになっていった。明治時代初期の錦絵をみると、銀座の煉瓦街や新橋・横浜間の鉄道、新橋ステーション（**図3**）、第一国立銀行などの洋風建築が、たくさん描かれている。ちなみに、錦絵は、東京土産として買われ、地方に伝えられていった。

明治時代の文明開化の象徴としては、建物だけではなく、石油ランプ、ガス灯、人力車などもある。人力車などは、またたくまに全国各地に広がっていった。建物に洋風建築が多かったというのは、まず官公署から文明開化を牽引しようという維新政府の政策に沿ったものといえようか。個人として建設するには大変に金がかかった洋風建築物は、明治になって威張り散らすようになったナマズ髭やウナギ髭の連中（たいていは役人だが）の、権威付けの象徴ともいえるのである。

伝統的日本建築は、プライバシーという考え方がなく、大変に開放的で、個人の生活が丸見えである、という特徴がある。この点は明治になってからやってきた外国人にも、かなり奇異に映ったらしい。

一つひとつの部屋が壁で区切られて、ガラス窓があり室内の明るく開放的だった洋風建築は、次第に日本建築にも取り入れられていった。とくに教会や学校の窓にはめこまれたステンドグラスは、当時の人たちにはもの珍しかったと考えられる。だが、キリスト教会では洋風建築にはつき物の、椅子と机というスタイルを捨てて、日本の仏教寺院と同様に、畳の部屋で、床に座って礼拝を続けていたところも、あちこちにあった。布教するときに、かなり妥協していた様子がわかる。このような例外はあるが、洋風建築は、地域のなかでは珍しい建物であった。

文明開化と近代化は横浜・神戸から始まった

横浜といえば、現在では、ランドマークタワーや中華街や外人墓地、三渓園《さんけいえん》やキリスト教系の学校などがすぐに思い浮かぶ名所であろう。これらの名所は、いずれも横浜の近代史に関係のある場所だ。

江戸時代には、海外に開かれていたのは長崎だけだったが、井伊直弼《いいなおすけ》が結んだ日米修好通商条約によって、兵庫や新潟、長崎、神奈川の開港が決定した。後に兵庫は神戸（**図5**）に、神奈川は横浜（**図4**）に変えられた。横浜が開港すると、下田港は閉鎖された。貿易は、函館・横浜・長崎の三港で始まったが、横浜の輸出入額は圧倒的に多かった。そのために、ここに掲げたような洋風の会社や工場が林立することになったのである。

日米修好通商条約では、神奈川が開港場として決められていたが、実際には横浜になった。この点についてはさまざまな説が流布している。東海道に面した神奈川宿は交通量も多く、外国人との間で事件や犯罪が起きやすい、という理由がもっともらしい説としてある。

違式詿違《いしきかいい》条例には、外国人を無届で宿泊させてはならない、外国人と雑居してはならない、という項目が設けられている。一見すると外国人を尊重しているようにも思えるが、幕府は外国人の考え方や風俗が日本人に浸透すると、支配体制が崩れるのではないかと懸念していたとみられる。だから、外国人の動向には神経を尖らせていたのである。

その点、横浜は背後が山に囲まれ、外国人の監視には適していた。それに、海岸に沿って田圃が開けていたから、開発するにも好都合だった。外国の代表団の間では、神奈川宿開港を迫る声も根強かった。神奈川宿の沖合は、遠浅であり、天然の良港だったのである。だが、幕府は神奈川宿開港の声を押し切って横浜を開港し、大工事を行ったのである。

幕府が横浜開港にこだわった理由は、神奈川宿には被差別部落があり、その部落の存在を外国人に知られたくなかったからであるという説もある。たしかに神奈川宿の被差別部落は海岸に沿ってあったが、そのような問題は横浜にはなかったのである。

　日米修好通商条約の締結交渉のとき、アメリカのハリスが挙げた日本の輸出品目は、絹と漆器と銅、それにお茶だった。横浜が開港すると、その地にすぐに店を開いた日本人がいる。漆器問屋と呉服問屋が多かった。絹問屋や生糸検査所（図3）も開業した。絹商人は、当初は養蚕地帯である山梨県や群馬県出身の豪農が多かったとみられる。甲州屋忠右衛門や中居屋重兵衛といった商人の名前が知られている。

　甲州屋忠右衛門は、甲州という名前からもわかるように山梨県出身の商人だが、八代郡東油川村の豪農であった。中居屋重兵衛も群馬県吾妻郡中居村出身の豪農である。生糸を買い付ける資金力もあり、在村の農民に比べて情報収集能力も高かったから、開港と同時に逸速く開業できたのであろう。

　このような豪農出身ではない絹商人もいた。たとえば埼玉県出身のある商人は、横浜開港と同時に生糸商人として開業、その後は巨大な財を築くに至ったが、

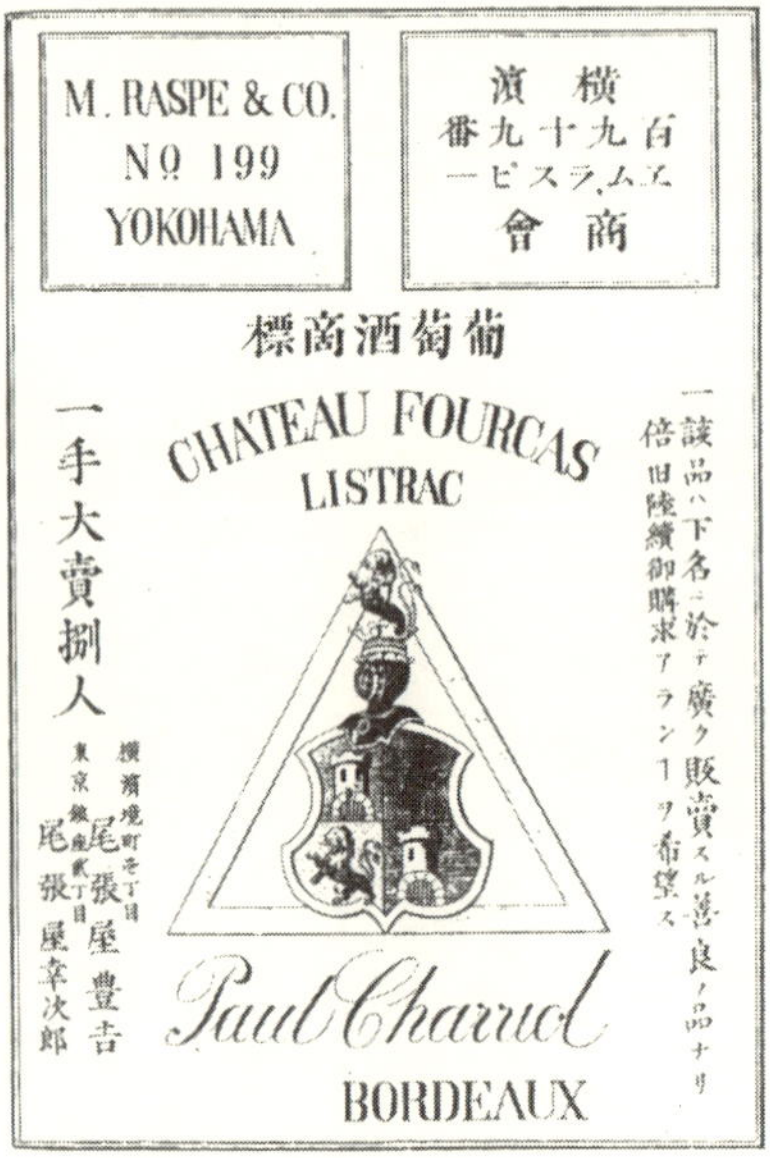

1　葡萄酒販売の商標、エム・スラピー商会〈横浜〉（『日本絵入商人録』1886年）

2　ビール販売の商標、ルカス商会〈神戸〉（『日本絵入商人録』1886年）

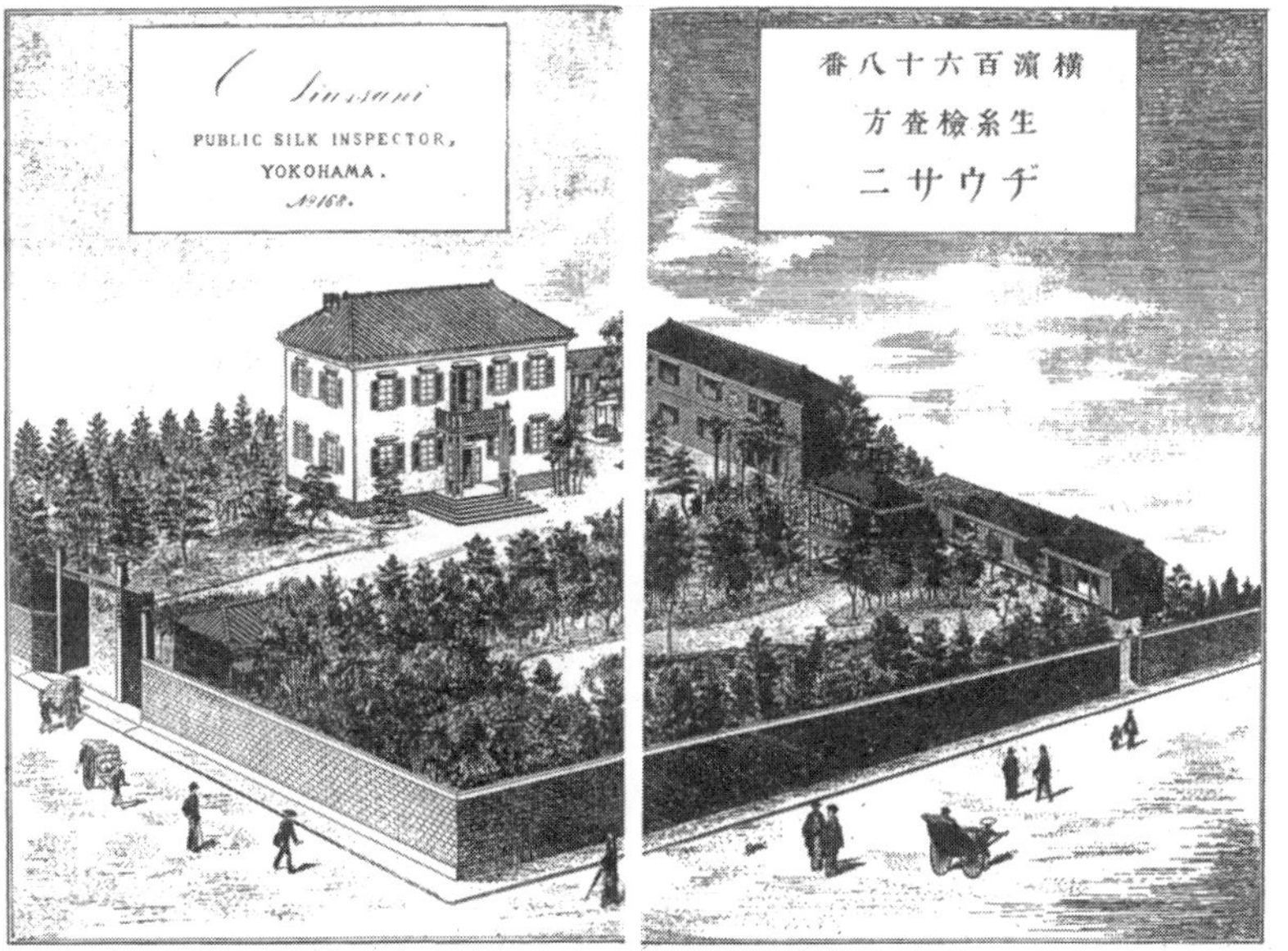

3　生糸検査所〈横浜〉（『日本絵入商人録』1886年）

在村の当時は、村内での地位は高くなかった。その村は、現在でも二七代続いているという家がある、古くから開けた地域である。村の秋祭りのときには神社境内に、古くから住んでいる家の順に座るのだが、その人の家は末席である。つまり、後世になってから土着した家であることがわかる。横浜で成功した商人の中には、このような「一旗組」といわれる人たちもいたのである。先見の明があったということであろう。

ここに掲げた横浜と神戸の絵をみると、アメリカやイギリスなどの、欧米風の建物や工場が多くみられる。開港してからの横浜と神戸は、国際性豊かな都市となったのである。工場の中には「瓦煉瓦石製造所」（図4④）や「精米所」（図5④）などがある。

この絵にある動力を伝える幅の太いベルトが何本も架けられている光景は、団塊の世代の方なら、一九七〇年頃まで村や町によくあった精米所を連想されるのではないか。動力を伝えるベルトは皮製であったと考えられる。帯革のベルトは、少し前までは農耕用や工業用に広く使われていた。この帯革を製作していた会社は、愛媛県出身の人が経営していた。

4　横浜外国人居留地の企業など（『日本絵入商人録』一八八六年）

①保険会社代理店、エーダブリュー・グレニー商会　洋装の少女が描かれている。

②海運会社、ICHIBAN & NEEBAN

③機械製造所、E・キルドイル。壁面にCREEK-SIDE ENGINE の字が見えるので、発動機などの機械の製作所である。

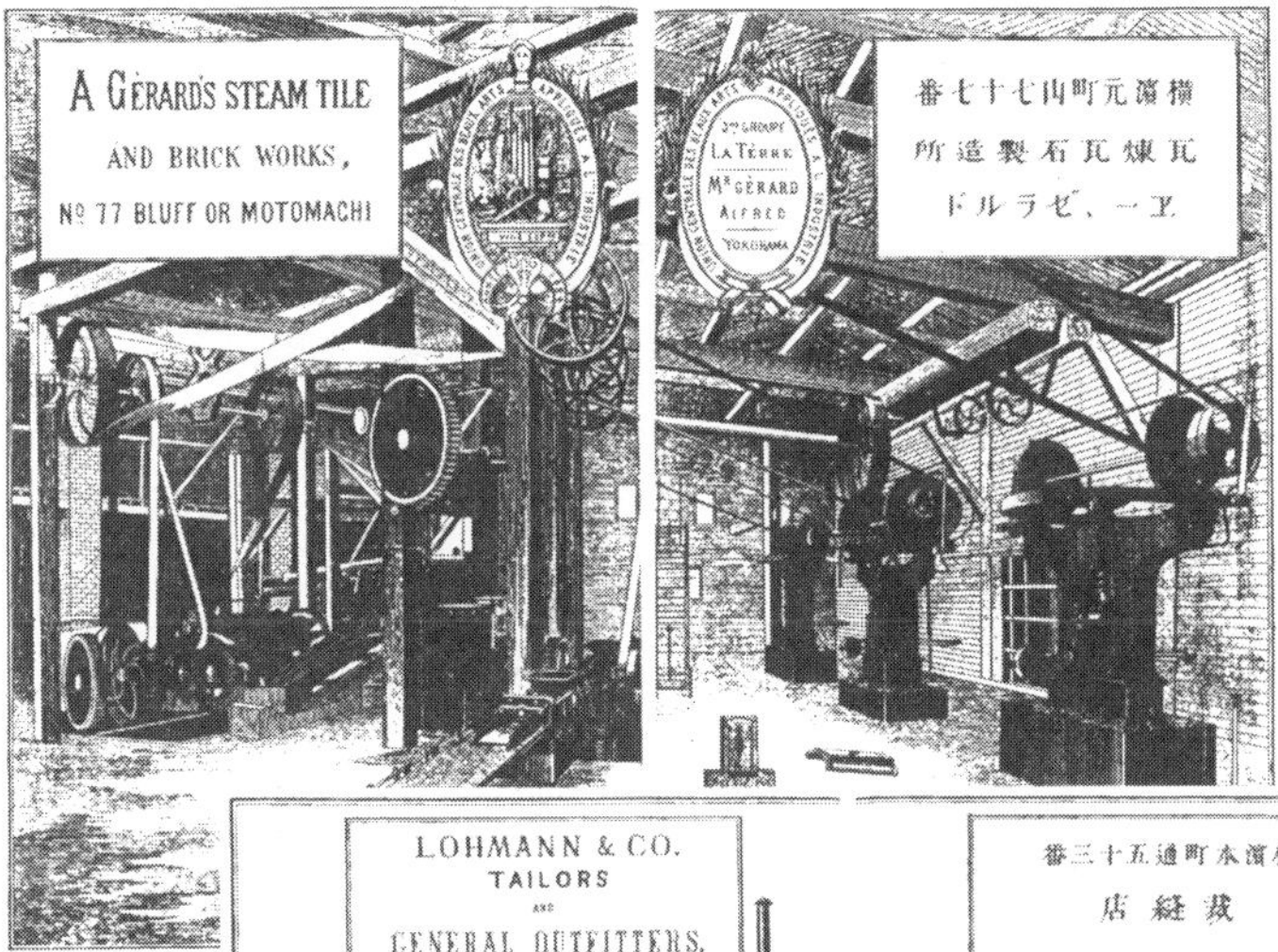

④瓦煉瓦石製造所、エー・ゼラルド。当時の洋式建築には煉瓦は欠かせない建築資材であった。

⑤裁縫店、ローマン商会。GENERAL OUTFITTERSとあるので、紳士用品を主とした店である。

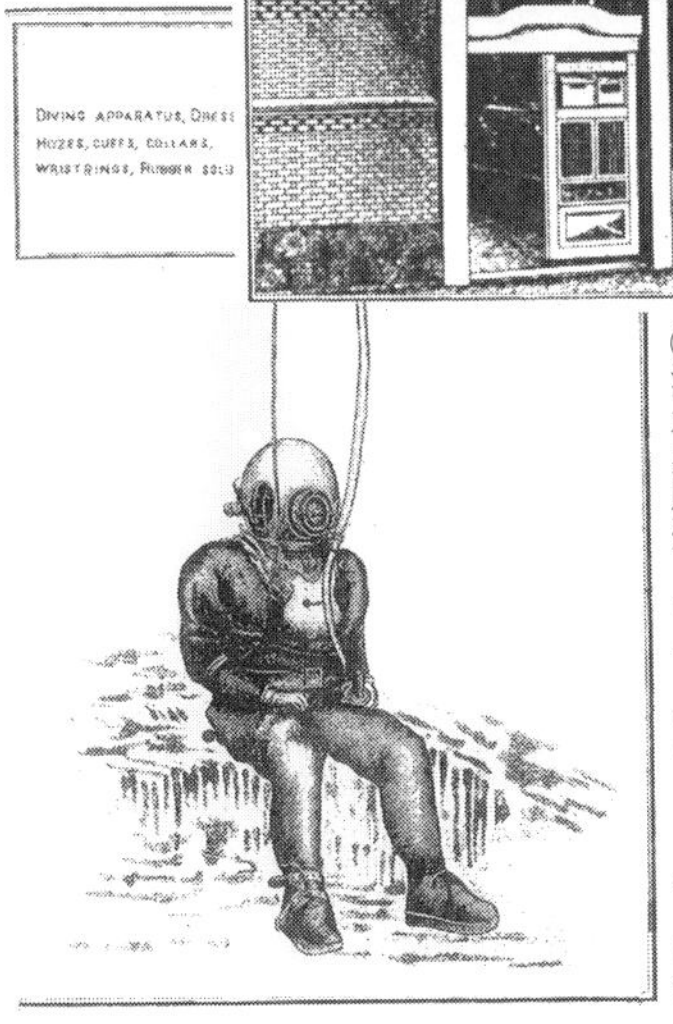

⑥共立女学校　現在の横浜共立学園中学・高等学校。日本最古のプロテスタントキリスト教の女子教育学校である。

⑦潜水具販売、ウイッチフィールト商会

5　神戸外国人居留地の企業など（『日本絵入商人録』一八八六年）

①輸出入商社、アイゼキス兄弟商会。

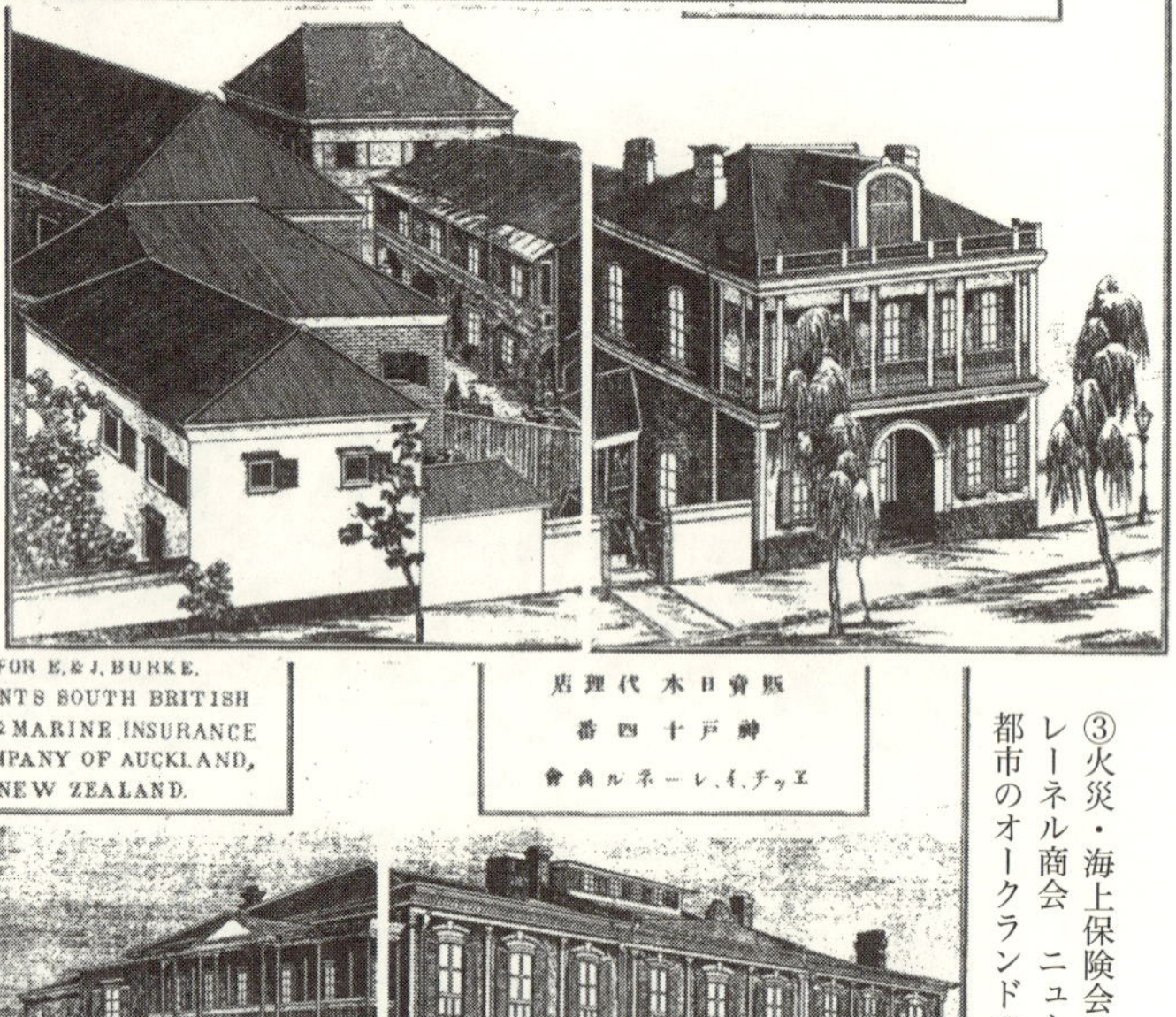

②ランガルト・カラインヲルト商会　規模の大きな輸出入商社である。

③火災・海上保険会社代理店、エッチ・イ・レーネル商会　ニュージーランド北部の港湾都市のオークランドの会社である。

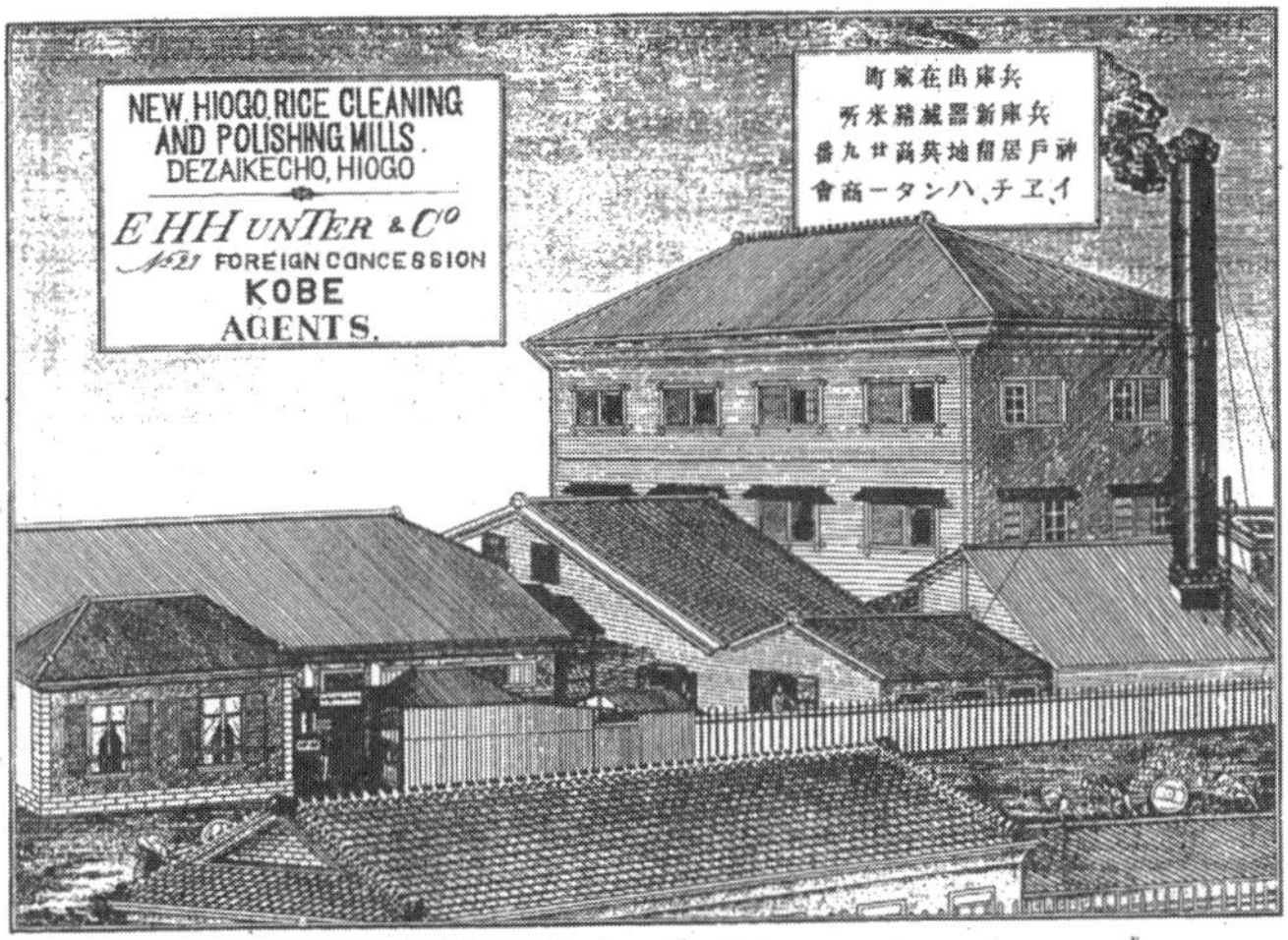

④兵庫新器械精米所、イ・エチ・ハンター商会。RICE CLEANING AND POLISHING MILLSとあるので、精米、製粉所である。

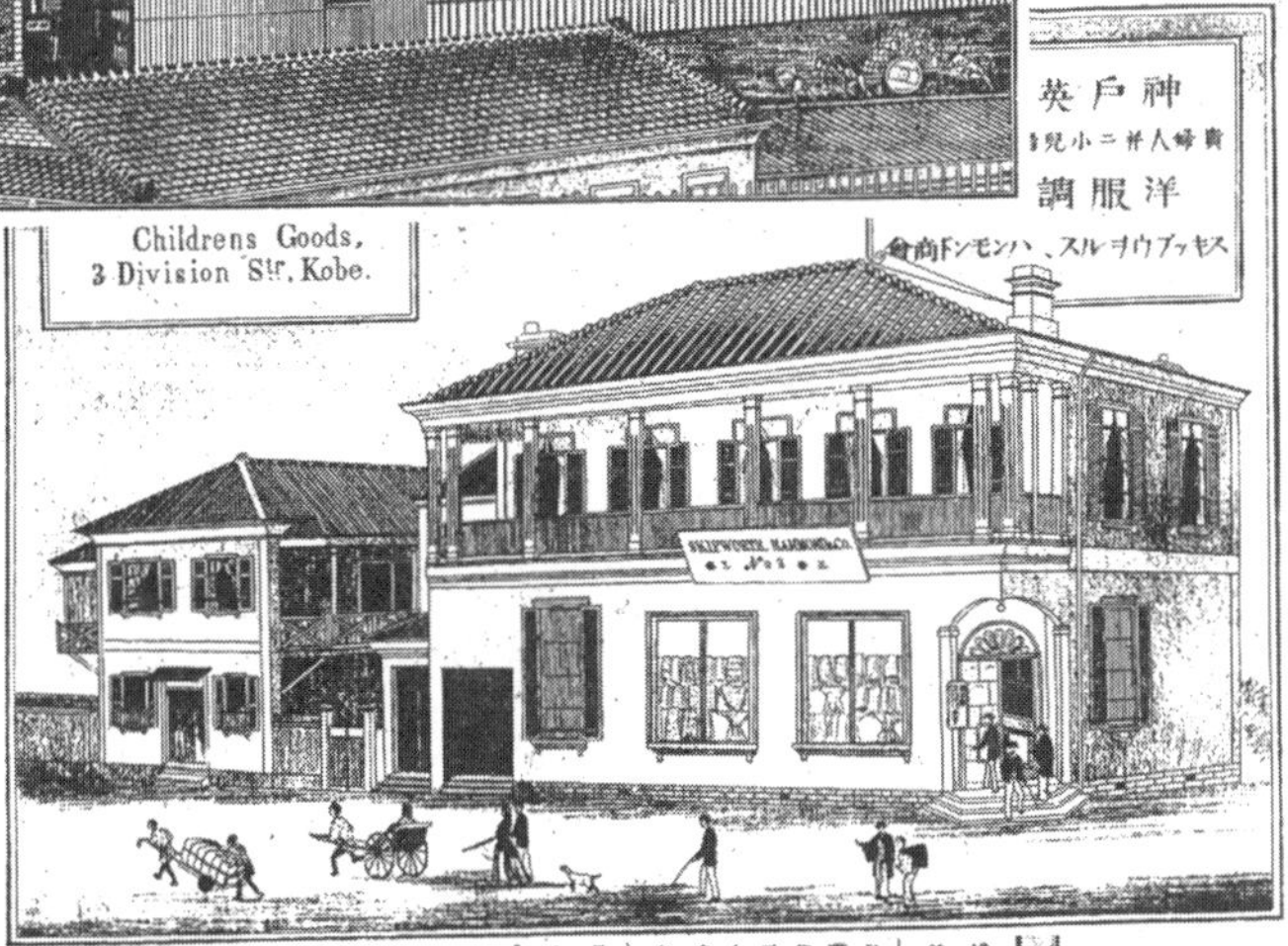

⑤洋服調進所、スキップウヲルス・ハンモンド商会。洋装姿の人が入口に見える。

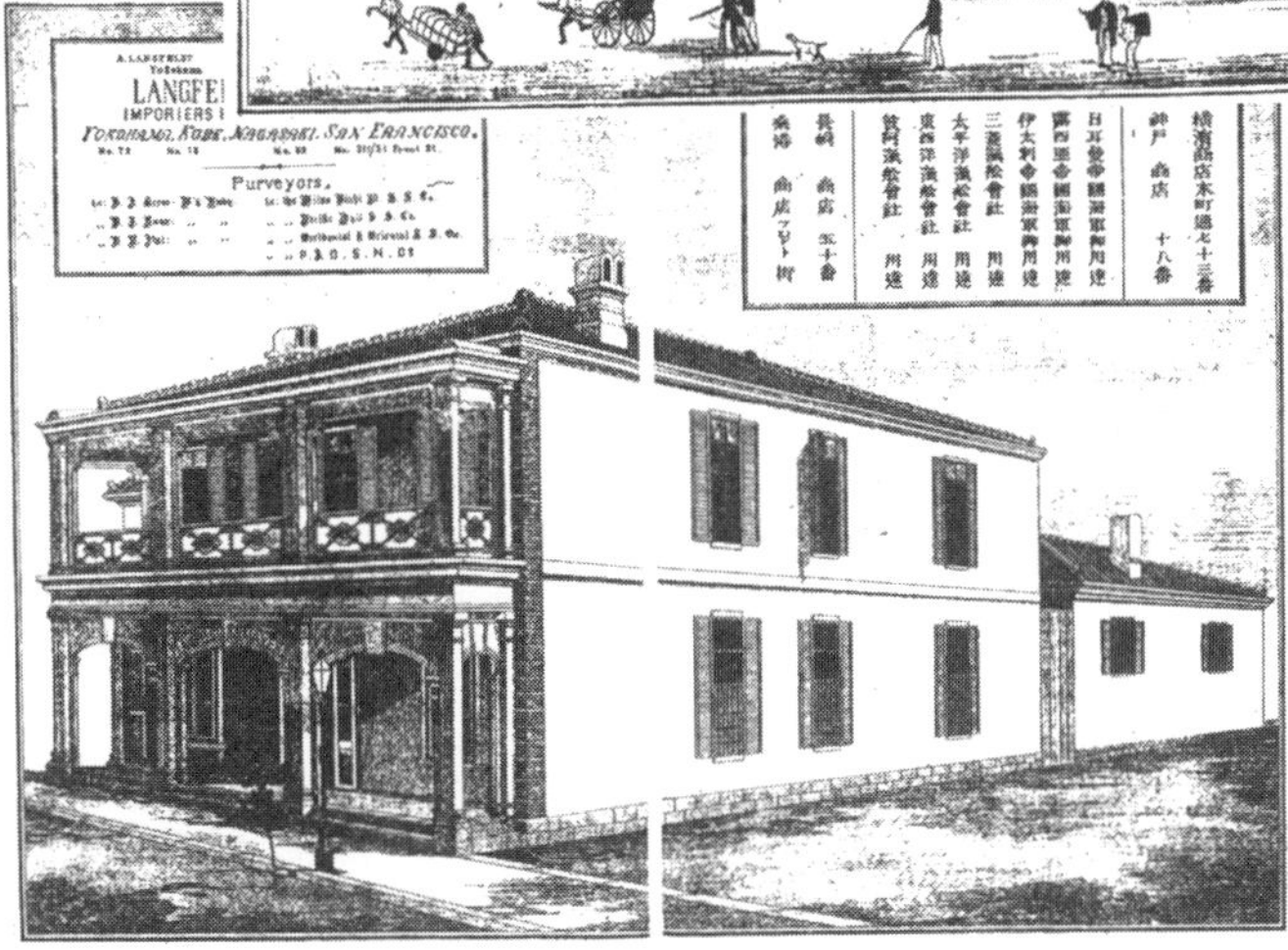

⑥食物輸入販売商社、ラングフェルド・メーヤルス社 ドイツ、ロシア、イタリアや日本の海運会社御用達の文字が見える。

人気を博した日本人発明の人力車

明治時代の錦絵とか挿絵などを見ると、よく人力車が描かれている（図1〜3）。明治時代の末になっても、「車」といえば人力車を指していた。この事情は地方都市でも同様であった。

人力車は、現在の自動車と同じように、車体番号が割り振られ、しかも一台につきいくらと、税金も取られていたのである。また、走っていた車がすべて個人営業というわけではなくて、一般的にはどこかに人力車を多く持っている経営者がいて、車だけ貸していた場合もあった。現在のタクシーと同じだから、どこでも乗り降りができた。ちょっとした経済力のある家では、お抱えの車があった。

新聞記事には、元士族が人力車曳きになったとか、大店《おおだな》の主人が身をやつして人力車を曳いていた、といった記事もよく出ている。ようするに、ある程度の体力さえあれば、誰にでもできた商売だったらしい。ただ坂の多い都市や、泥んこ道といった道路事情の悪いところでは大変だったに違いない。

文明開化の時代には、何でもかんでもいろんなモノを外国から輸入していたが、この人力車だけは純国産だったといっていい。発明者は東京の和泉要助という人らしい。人力車は後に外国にまで輸出されるようになって、「リキシヤ」という言葉で英語辞典にも採録されている。

一八六九（明治二）年に馬車とか荷車にヒントを得て、和泉が人力車の設計をして、翌年に試作車を完成させて東京市中を走り回ったという。するとなかなか良好だったので、和泉は鈴木徳次郎、高山幸助の二人を加えて、三月二二日に営業願を出した。そのときの東京府の営業許可は、次のような内容であった。

箔屋町　　要助
呉服町　　徳次郎

1　「浪花道頓堀五芝居前の風景」（『風俗画報』）　明治二七年頃の様子。人混みの中を進む人力車が、右下に描かれている。笠を被った人夫は、乗客を探しているのか、それとも自分も芝居を見たいと思っているのだろうか。

2　４人引きの特急便の人力車（『明治奇聞』）　一孟斎芳虎の『東京往来車尽』(1870 年）には、この人力車を始め、一人車、異人馬車、往来馬車、三階馬車など明治に登場したさまざまな乗り物が描かれている。明治は交通の革命期でもあった。

3　婦人を乗せる人力車（『日本奥地紀行』）

本銀町一丁目　幸助

其方共儀、人力車渡世の儀仕度願出候儀に付、聞届候儀には候得共、器械成丈丈夫に製造致し、車日覆等素朴に補理美麗箇間敷儀不相成、勿論車を引掛、人を殺し我等於為致て者、可及厳科候事、

一、往来之者、諸人迷惑不相成候様専一に心掛け可申事、

一、賃金之儀は成丈下直に可致候事、

一、高貴之方並に巡邏兵隊等へ、途中行逢候節は、下車致又は脇道へ除け可申候事、兎角不敬之儀無之様心掛可申候事、

一、出火の節は、決して乗廻し候儀不相成候事、

人力車は大変な人気を集めたらしい。この三人の後からも、営業を希望する者が続出したという。ところが、この頃はまだ特許法というものがなかった。和泉要助らの発明は、特許法が施行されてから改めて出願したが認められなかった。すでに広く世間に利用されているからという理由だった。そのために和泉らは、一時かなり裕福になったというが、すぐに没落してしまった。神奈川県下でも、一八七〇（明治三）年一一月には、神奈川と川崎間に人力車を創業する者があった。翌年の一月には横浜から川崎、横浜から藤沢の間に営業する者があり、二人乗り以上のは四輪車だったらしい。この人力車は、大八車《だいはちぐるま》とかに近い形であったか。この四輪の人力車にかぎらず、各地で人力車というのは、形体にかなり変化があった。この人力車、今日では観光地の名物としてリバイバルしている。

さて、またたく間に全国を席巻《せっけん》した人力車であるが、東南アジアに輸出されると、身分差別の象徴になった。インドを始め、東南アジアの諸国に行くと、現在でも「リキシヤ」は健在である。そのリキシヤを曳いている人たちは、まず間違いなく被差別カーストの出身者である。丸々と太った人間がリキシヤに乗り、痩せこけた若い男がそれを曳く光景は、インドなどでは実によく見られる。かの国で、太っている人間は食べる物には困っていない階級であることを示している。インドでは、貧困者はイコール不可触賤民《ふかしょくせんみん》であり、その日の食べ物にも事欠く階級なのである。

開業当初の山手線

一八七二（明治五）年、新橋・横浜間で、日本初の鉄道が運行された（図2〜4）。その一三年後、東京を象徴する鉄道である山手線が開業した。その山手線、最初から今日のような環状線として計画された鉄道ではなかったのである。

山手線は一八八五（明治一八）年に新宿を経由して品川・赤羽間を結ぶ路線が始まりとされている。これは当時の私鉄であった日本鉄道会社が、上野駅と新橋駅を結ぶために開業した路線である。日本鉄道会社は、後に東北線・高崎線となる鉄道を上野駅から発着させていた。新橋駅は東海道本線のターミナル駅である（図2、29頁図3）。その後一九〇三（明治三六）年に池袋・田端間が開通し、一九〇六年には国有化された。一九二五年に至り神田・上野間が開通し、東海道本線と東北本線の両線にも乗り入れて、池袋・新宿・渋谷といった山の手の駅と上野・東京・秋葉原といった下町の駅を結ぶ環状運転が実現したのであった。

山手線は一九七一（昭和四六）年三月からは「やまのてせん」と改称した。その後七二年に赤羽・池袋間の路線を分離して現在の路線に変更された。山手線は緑の電車だが、赤羽線は黄色い電車で、池袋駅の一番西側のはずれから発着していた。赤羽駅も、駅全体が高架になるまでは、一番西側のはずれから発着していた。

山手線が環状運転を開始する頃になると、小田原急行鉄道（小田急線）とか帝都電鉄（京王線）、東京横浜電鉄（東横線）、京浜電鉄（京浜急行線）なども、主なターミナルを山手線の駅に直結させるようになった。このような私鉄線は、集客の手段として、発着駅にデパートを作るのを常とした。

大阪と違って、東京の私鉄線は山手線の内側には入ってきていないという特徴がある。大阪環状線の内側にある難波に乗り入れていないのは、長く阪神電鉄だけであったが、現在では相互乗り入れの形で難波に行けるようになって

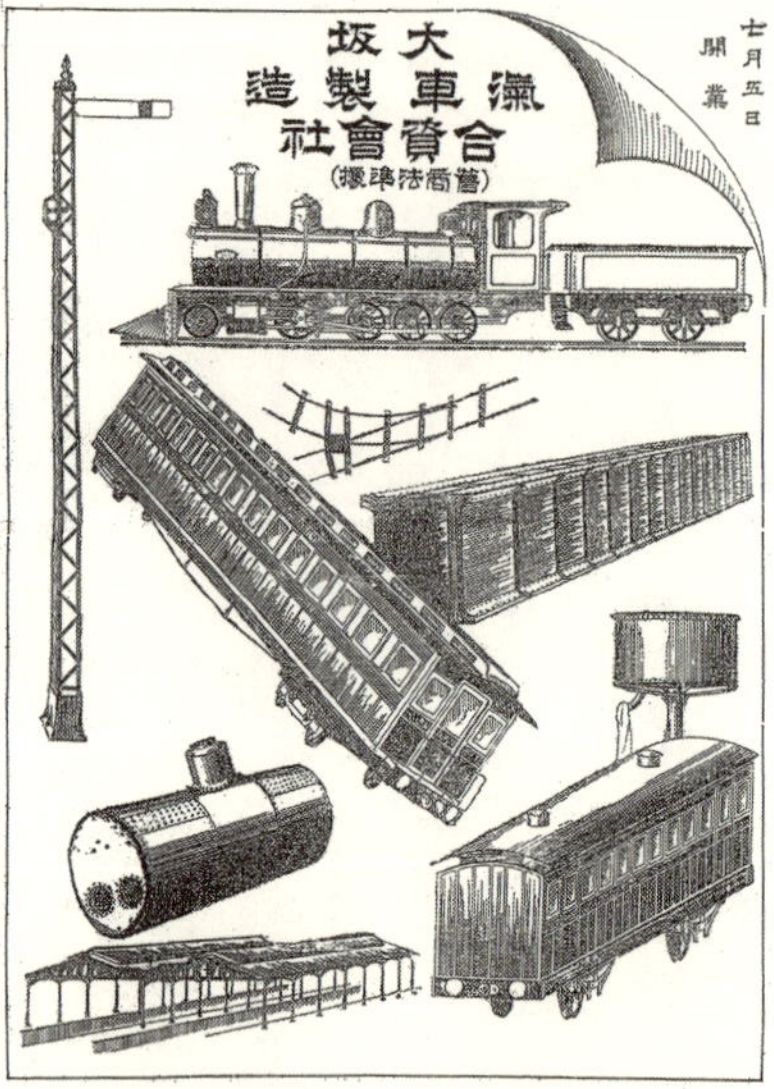

1　汽車製造会社の広告（『東京日々新聞』1899年）

いる。難波は南海・近鉄・阪急が、それぞれ直接か相互乗り入れの形の違いはあるが、発着駅となっている。

だが、私鉄線でターミナル駅に来て、いちいち山手線で乗り換えて各地へ移動するのは不便である。それなので、東京の場合には私鉄と相互乗り入れという形で、地下鉄線が山手線の内側に入り込むようになった。

地下鉄は、一九二七（昭和二）年一二月三一日、上野・浅草間で開通した。当時の浅草は東京の娯楽・歓楽街の中心だった。一八七三（明治六）年にイギリス留学中の学生の手紙が、ある雑誌に掲載された。その中に「地下に乗合蒸気車ありて、二、三〇〇銭にて、諸町にいかれ」るとあった。これはロンドンの市街の様子であるらしい。外国には地下鉄というものがある、と初めて紹介された記事である。

汽車という乗り物について日本人が認識したのは、一八五三（嘉永六）年、ロシアのプチャーチンが日本に来て、長崎港で当時の佐賀藩主に蒸気車の模型を見せたのが最初といわれている。この翌年、ペリーが日本に来て、幕府にアメリカ大統領からの土産として電信機と模型の汽車を献上している。日本初の私鉄線というのは、大阪の阪堺鉄道である。この鉄道は一八八四（明治一七）年六月に資本金二五万円で工事を開始、翌年の一二月、大阪から堺までの路線が開業している。この阪堺鉄道より一年前に開通していた私鉄が、上野と埼玉県の熊谷までの区間を走っていた日本鉄道会社線であるが、この会社、半官半民で、純然たる私鉄線というわけではなかった。

山手線では、運転を開始して以来、新しくできた駅は西日暮里だけである。変転極まりない東京の風景の中で、山手線だけは、その昔から姿が変わらずにいる。

2　新橋駅（『東京府地誌略』一八七九年）　一八七一年に汐留に落成した新橋駅。手前に客待ちの人力車が描かれている。→29頁図3参照。

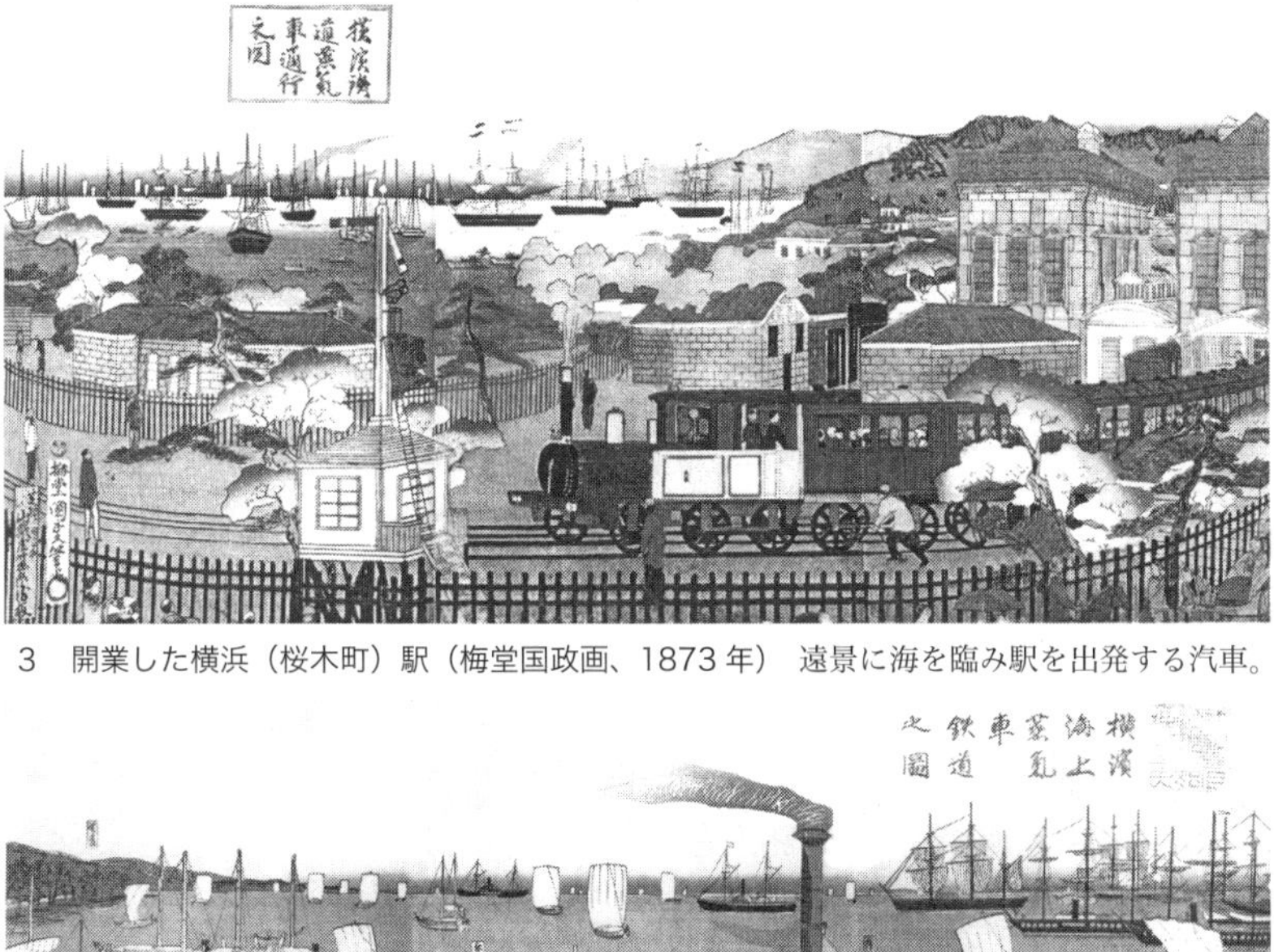

3　開業した横浜（桜木町）駅（梅堂国政画、1873 年）　遠景に海を臨み駅を出発する汽車。

4　横浜付近を走る汽車（三代広重画、1871 年）　機関車を挟んで客車が連結されている。

RAILWAY TARIFF

TABLE I.

Shimbashi-Yokohama Line.

		Shimbashi.	Shinagawa.	Omori.	Kawasaki.	Tsurumi.	Kanagawa.	Yokohama.
Shimbashi.	1st class		15 sen.	30 sen.	50 sen.	65 sen.	85 sen.	1.00 sen.
	2nd ,,		10 ,,	20 ,,	30 ,,	40 ,,	50 ,,	60 ,,
	3rd ,,		5 ,,	10 ,,	15 ,,	20 ,,	25 ,,	30 ,,
Shinagawa.	1st ,,	15 sen.		15 ,,	35 ,,	50 ,,	70 ,,	85 ,,
	2nd ,,	10 ,,		10 ,,	20 ,,	30 ,,	40 ,,	50 ,,
	3rd ,,	5 ,,		5 ,,	10 ,,	15 ,,	20 ,,	25 ,,
Omori.	1st ,,	30 ,,	15 ,,		20 ,,	35 ,,	55 ,,	70 ,,
	2nd ,,	20 ,,	10 ,,		10 ,,	20 ,,	30 ,,	40 ,,
	3rd ,,	10 ,,	5 ,,		5 ,,	10 ,,	15 ,,	20 ,,
Kawasaki.	1st ,,	50 ,,	35 ,,	20 ,,		15 ,,	35 ,,	50 ,,
	2nd ,,	30 ,,	20 ,,	10 ,,		10 ,,	20 ,,	30 ,,
	3rd ,,	15 ,,	10 ,,	15 ,,		5 ,,	10 ,,	15 ,,
Tsurumi.	1st ,,	65 ,,	50 ,,	35 ,,	15 ,,		20 ,,	35 ,,
	2nd ,,	40 ,,	30 ,,	20 ,,	10 ,,		10 ,,	20 ,,
	3rd ,,	20 ,,	15 ,,	10 ,,	5 ,,		15 ,,	10 ,,
Kanagawa.	1st ,,	85 ,,	70 ,,	55 ,,	35 ,,	20 ,,		15 ,,
	2nd ,,	50 ,,	40 ,,	30 ,,	20 ,,	10 ,,		10 ,,
	3rd ,,	25 ,,	20 ,,	15 ,,	10 ,,	5 ,,		5 ,,
Yokohama.	1st ,,	1.00 ,,	85 ,,	70 ,,	50 ,,	35 ,,	15 ,,	
	2nd ,,	60 ,,	50 ,,	40 ,,	30 ,,	20 ,,	10 ,,	
	3rd ,,	30 ,,	25 ,,	20 ,,	15 ,,	10 ,,	5 ,,	

Children under four years old will be carried free, and above that age and under twelve years old, will be charged half fare. No free luggage is allowed, except such bags or packages containing personal luggage only, as can be carried in the passenger's hands, and at their risk. All other luggage conveyed will be charged for as per published scale. No passenger will be allowed a greater weight of luggage than 60 *kin*. These rules are applicable to passengers on all other lines hereafter to be mentioned.

Return Tickets.	Shimbashi / Shinagawa	1st class	28 sen.	Shimbashi / Kanagawa	1st class	1.28 sen.
		2nd ,,	15 ,,		2nd ,,	70 ,,
	Shimbashi / Yokohama	1st ,,	1.50 ,,	Yokohama / Shinagawa	1st ,,	1.28 ,,
		2nd ,,	90 ,,		2nd ,,	75 ,,

5　外国人向けの鉄道運賃表（「日本絵入商人録」1886年）　新橋と横浜間の外国人向け鉄道運賃表である。座席は一等から三等まであり、4歳以下の子供は無料、12歳以下は半額とある。無料で持ち込める荷物は乗客個人のもので乗客が持てるもの、などと記載されている。また、下段の表は往復運賃表で、片道より安い値段になっている。

6　赤ゲットと呼ばれた地方の人々の東京見物（〈縦一列目〉小杉未醒画『漫画と紀行』一九〇九年、〈二〜三列目〉小杉未醒画『東京四大通』一九〇七年）　見物などのため地方から都会へ旅行する人の多くが、外套のかわりに赤い毛布を着用したことから、都会見物の田舎者を揶揄《やゆ》する代名詞となった。

日比谷のベンチ

お生憎さまお座敷がふさがって居りますので

雑誌店頭（右端の人が赤ゲットらしい）

油絵を描く画家を眺める

帰路の停車場（青森行）

上野へはどう参ります？

力士の帰京

文明の「速さ」がもたらした代償とは?

文明開化を迎えると、都市では、人力車や馬車、鉄道といったスピードを競う商売が次々と始まった。それまでは、のんびりとテクテク歩いて、先を急ぐ人には「そんなに急いでどこへ行く」という思想だったのが、いきなり「速いことは良いことだ」、という思想に変わったのであるから、人々が面食らったのも仕方のないことだった(図1~5)。

多くの人々は、このようなスピードの変化についていけなかったらしい。江戸の昔のように、事故といっても火災や地震といった以外は、一挙に何人もの人たちが怪我をする、あるいは死亡するという事故は起こらなかったのだが、明治時代の新聞を読んでいると、全期を通じてよく交通事故の記事が出てくる。絵にもあるような馬車や人力車と人間の衝突記事である。馬車がひっくり返って多数の怪我人がでたとか、馬車が濠や田圃《たんぼ》に突っ込んで動きがとれなくなったとかの記事もよく出ている。

明治初期には、子どもが馬車に飛びつこうとして失敗して、馬車に引きずられて大怪我をしたとか、人力車を避け損なって怪我をしたとかの記事がよくある。馬車や人力車を遊び相手にしていた子どもたちがいたのである。この遊びは、戦後各地に自動車が入り込むようになって、車の荷台に飛び乗ろうとして遊んでいた子どもたちの姿と重なるものである。やはり失敗して大怪我をした。農村では、耕運機が流行り始めた頃に、荷台に飛び乗ろうとして遊んでいた子どもたちもいた。やはり時たま失敗して足を骨折した、腕の骨を折ったという事故が起きたものである。

各地に鉄道網が伸びていった明治時代の中・後期になると、列車と人間の衝突事故の記事が増えてくるのである。事故なのか、あるいは自殺なのかよくわからない場合もあった。というのは、目撃談によれば、走ってくる列車に飛び込むような格好で轢かれたということもよくあったのである。子守奉公をしていた一二歳くらいの女の子が、列車に轢かれた記事もよく目にする。踏切や踏切でない所を渡っていて列車にはねられた、線路際で遊んでいて逃げ遅れ

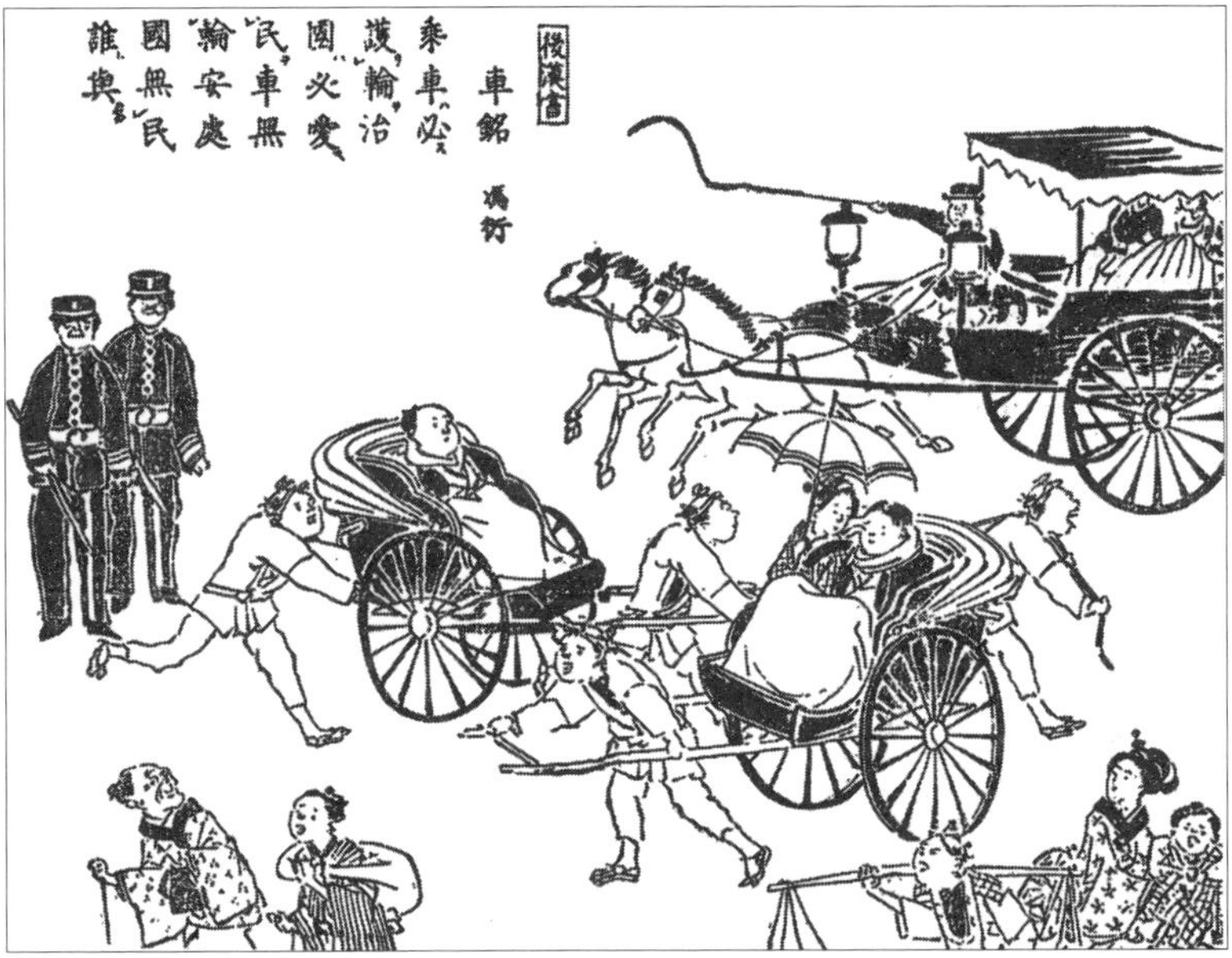

1　往来をいく人力車と馬車（『東京開化繁昌誌』）　警官や天秤棒を担ぐ人たちが歩く中を、馬車や人力車が、忙しそうに走り抜けていく。これでは、事故を起こしても当たり前というべきか。

2　幕末の横浜を走る馬車（『横浜開港見聞誌』1865 年）　ご婦人がたを乗せ、ブリンカー（馬の視線を制限する馬具）を付けた馬を繰る御者。犬が併走している。

3　自働馬車（『東京日々新聞』1897 年）「1 時間の速力は、汽車に匹敵。しかも自在に操れる・ワシントンでは、郵便物の集配に使っている」との文章が添えられている。手前の男性が握っているのは、ハンドルだろう。ちなみに、座席下には「OIL MOTOR」と書かれている。

たという場合もあったようだ。列車のスピードがどれくらいなのか、わからなかったらしい。

地方の場合には馬車がひっくり返り、多数の怪我人が出たという事故がときたまあった。悪路が多かったから、馬車を巧《うま》く操れなかったためである。

スピードについてのエピソードを一つ。一八八四（明治一七）年、高利貸しや郡役所、警察署などを襲撃した農民蜂起、いわゆる秩父事件のときに、蜂起した農民の鎮圧には群馬県高崎鎮台の軍隊が出動した。このときは開通したばかりの鉄道（今日のＪＲ高崎線）で兵士を運び、埼玉県の旧児玉町の金屋で、農民軍と高崎鎮台の兵士が遭遇し、銃撃戦を展開している。

金屋には、江戸時代の「シルクロード」であった秩父往還が通っている。両軍が秩父往還を通っているのは、ここが秩父に通じる重要な街道だったからである。農民軍は、まさかこんなに早く高崎鎮台の軍隊が秩父に迫ってきているとは思ってもみなかったようだ。開通したばかりの鉄道の速度を計算できなかったのである。それに大量輸送できるということも計算外だったらしい。やはり鉄道の開通というのは、物流にとっては革命的な出来事だったのである。

4　自動車（『東京日々新聞』一九〇〇年）東宮殿下に献上された自動車。

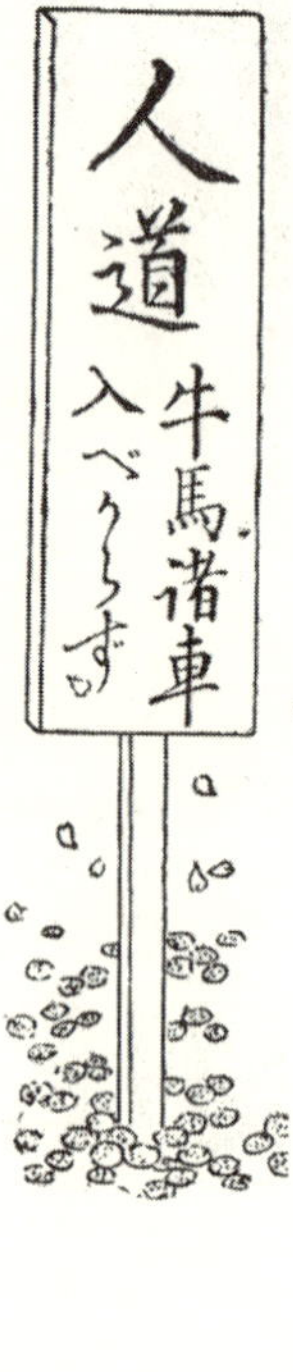

5　歩道を示す立て札（『東京開化繁昌誌』）道の真ん中を馬車道とし、人はその脇を歩くように注意が促されている。

火打石からマッチへ。民有林から官有林へ

これは、現在の滋賀県の大津追分での相場旗振りの図と、官林巡回の絵（図1）である。相場の旗振りというのは、当時、京都市で開かれていた相場会場での値段の上下を、旗振りによっていち早く知らせる人たちのことである。旗の色で相場の値段の上下を知らせたり、旗を右に二回振ったらいくら下がったとか、いくら上がったとかの暗号表を持っていたとみられる。

絵の中心に描かれている男は、色違いの旗を、腰にもう一本挿しているようだ。縁台に腰掛けて、台帳に数字を書き付けているのであろう。脚絆《きゃはん》に草鞋《わらじ》履きの姿から、早や駆けに思われる。

腰掛けている男の横の縁台の上には、マッチ箱らしい物が置かれている。草鞋を履こうとしている男は、腰に煙管《きせる》と刻み煙草を入れた小さな袋を提げている。これは布の袋ではなく皮製のバッグのようになっている煙草入れのように見える。

日本では、明治時代の初めには、マッチを「アメリカ付け木」とか「摺り付け木」、「唐付け木」などと呼んでいた。一八五二（嘉永五）年に刊行された『方庵日記』という文献に「紅毛付木一袋づつ」をあげたという記述があるが、これがマッチのことだろう。その頃の日本では、火打石が使われていたのはいうまでもない。

日本でマッチを製造するようになったのは、一八七五（明治八）年である。フランスへ留学していた金沢の清水誠が、ある日ホテルで、吉井友実という宮内次官と会談していた。その際、テーブルの上にあったマッチを手にした吉井が、「わが国はこんな物まで輸入しなくてはならないから、金がいくらあっても足りない。誰かマッチくらい作れないものか」と嘆くのを聞いて、清水は帰国後にマッチ製造に乗り出すのである。「新燧社《しんひうちしゃ》」という会社を作り、二年後の明治一〇年には、上海に輸出するまでになった。その結果、マッチ産業は、外貨獲得の花形商品になるまで成長した

1　大津追分（『風俗画報』福島星湖画）

のである。

マッチには、どこで摩擦しても軸木が発火する摩擦マッチと、箱に軸木をこすり付けて発火させる安全マッチの二種類がある。この安全マッチを発明したのは、スウェーデンの会社だといわれている。この絵に描かれているマッチは、箱があるから安全マッチとみられる。この安全マッチの製造方法がわからなかった清水は、スウェーデンまで行き、苦心して技術を盗み出したという話が残っている。

日本でマッチの輸出が最盛期を迎えたのは、一八九〇年代である。それから三〇年間はアジア市場を席巻《せっけん》するが、一九一七年頃、スウェーデン・マッチ・トラストが世界的な支配を確立し、中小企業・個人企業によって生産されていた日本のマッチ業界はその波に飲み込まれた。現在は、大多数のマッチ製造工場は、兵庫県下に集中している。

この絵には、右上の丸い円の中にもう一つの物語が描かれている（**図2**）。「官林巡邏」とあるから、明治以後に官有地になった山林の警備をしていた男たちである。地租改正の際、諸国の村々には、山林原野などを自分た

2　図1の拡大　薪を取ったとの罪で警察署へ護送されそうな子どもを背負った老婆。

ちの村や町で所有するか、権利を放棄して国の所有にするかの問い合わせが行われた。

このとき多くの村や町では、管理が大変だからと、共有地・共有山林の権利を放棄して、国に所有権を無償で譲り渡したところが多かった。官有林になったところは、山林管理のための番人を置いて警備をするようになった。

絵には、六尺棒を持った着物姿の男が描かれているから、この男が山林警備の番人であろう。江戸時代には、長《ちょう》吏《り》や非人《ひにん》が、番人の役を務めた。幕府の直轄地である天領の山林の警備は、この絵にあるように、六尺棒を持った長吏や非人が毎日受け持ち地域を巡回して、警備していたのである。六尺棒の材質は樫の木だった。樫の木は大変に硬くて丈夫だった。ケヤキは重くて戦闘に使用するには不便だった、という話を聞いたことがある。

民衆は、江戸時代、村の近くの山林に入って、毎日使用する薪《たきぎ》や松の落ち葉を拾ったり、キノコや山菜を採ったりしていたのである。それが明治時代以後には、番人に見つかると警察に訴えられて窃盗罪になった。しかし長い間の生活習慣は、急には変えられないものである。この絵に描かれている高齢の女性は、慣れ親しんだ習慣で、いつものように山林に入って薪とかキノコとかを採ったのであろう。それが罪に問われてさかんに弁明しているように見える。

文明開化の世の中でも、行灯《あんどん》が使われ続けた理由

「文明開化」と世の中が騒いでいた明治時代の初め、しかし地方の農山村（図1）では、江戸の昔と変わらない日常生活が営まれていた。たとえば照明器具。明治時代には、ランプが、蝋燭《ろうそく》とか行灯《あんどん》という照明器具にとって変わっていくのだが、行灯（図2）や蝋燭がすぐに絶滅したのではない。

行灯が利用され続けた理由は、いくつかある。石油を燃料としていたランプに対して、行灯は植物油を燃料としていたため、経費が安かった。また、石油ランプは芯をよく切っておかないと、いきなり大きな火が出て火災になる危険があったが、植物油を利用している行灯は、そのような心配がほとんどなかった。

しかし、行灯は、ランプの明るさに比べると、かなり薄暗かった。実際、ランプの明るさは知っていても、石油を買える所がなかった地方の事情もあったのであるが、地方の農山村でも、練炭《れんたん》とか炭の他に石油が容易に手に入るようになると、行灯は次第に使われなくなった。

行灯が使われていたのは、小さな子どもがいる部屋などである。子どもは夜泣きをしたりするから、手元が明るくないと困るのである。また、大きい家ネズミは、小さな子どもの手をかじったりすることがあるので、薄暗い灯りでも行灯をつけておけば、ネズミ避けにもなった。冬、屏風《びょうぶ》を立てて、その角のところに行灯を置いておけば、隙間風があっても火が消えるようなことはなかった。

農山村では、それでも経済的にも地理的にも石油を買うのが大変だった時代が長く続いたから、できるだけ石油を使わないようにしていた。養蚕や女性の針仕事も、かなり薄暗い部屋の中で行われていたのだ。

このような中にあっても、勉学の意思に燃えた人々の暮らしがあった。『倉渕村誌』（群馬県倉渕村、一九七五年）は、次のような体験談を記録している。「当時私の村（第三区、今の四区）に少年益友会というのがあり、小学生が集まって

1 明治時代初めの秋田の農家の様子（『日本奥地紀行』）

2 江戸時代の行灯（『絵本花葛蘿』鈴木春信画、1770年）

鍛冶屋《かじや》にある不動様の堂を使い、夜学で勉強したり談話会・音楽会をしました。その日の当番になった人は早く行ってランプの掃除をして皆んなの集まるのを待ちました。うす暗いランプの下でよく勉強したものです」。

明治時代後期から、全国各地でさかんに行われるようになった青年夜学会や、このような子どもたちの夜学校は、先生のいる場所や黒板のある所だけが明るくて、そこから遠ざかるほど暗くなった。しかし、手元が見えれば勉強はしていられた。書くことよりも耳学問の比重が大きかったのである。

石油ランプは意外と明るかった

石油ランプ（図1）は、明治村や上層農民の家が移築されて博物館の付属施設になっているような所では、まだみることができる。残されているランプの大きさは大小さまざまである。よく見られるのは、大きな傘を被ったひょうたん型のランプであろうか。

二葉亭四迷の小説『浮雲』に、ランプについて「天井に円く映る洋燈《らんぷ》の火燈」という記述がある。ランプは、ほとんどが輸入品であったが、一八七二（明治五）年頃から国内でも製造されるようになっていた。福沢諭吉が東京の築地で開いていた家塾（慶應義塾の前身）では、一八五八（安政五）年には、ランプが使用されていたといわれる（石井研堂、『増訂明治事物起源』）。全盛期を迎えるのは、『浮雲』が書かれた明治二〇年代以降になってからである。

「金沢式改良石油白熱燈」という新聞広告（図2）では、「改良」という言葉が使われている。

ランプを点けていると、その火を覆う火屋《ほや》にものすごく煤《すす》が付き、頻繁に掃除をしなければならない。火屋の掃除には、主に綿とかボロ布が利用されたが、農村では藁とか麦藁の灰が利用された。藁の灰は今日でいうクレンザーと同じで、粒子が細かくて火屋のガラスに傷がつきにくかったのである。藁の灰をボロ布や古縄につけて火屋をみがくときれいになった。農村では、ボロ布や古縄一つでもむやみに捨てたりはしないのである。農山村の家の物置の中が、ゴミ捨て場のようになっているのは、いつか利用できる、利用しなければならないいろんなモノを捨てないで置いているからである。実際に、あれがない、これがないというときでも、物置にいけばたいていの困りごとは解決したのである。いわば、「ドラえもん」のポケットみたいな場所なのである。

その火屋の掃除当番は、たいてい子どもだった。ところが煤がなかなかきれいにならなかったらしく、しかも火屋が大変に壊れやすかった。だから、壊れにくい改良がされていた。

ちなみに、この「ほや」に「火屋」という漢字を宛てたのは、香炉とか手あぶりの蓋が火屋と呼ばれていたためである。柳田国男の著作に『火の昔』がある。この中には、火屋について次のような記述がある。「和製のホヤはこはれ易いと言つて居ましたが、それでも初期の硝子《ガラス》工場は、殆どこればかり吹いてをつたといつてもよい有様でした」。

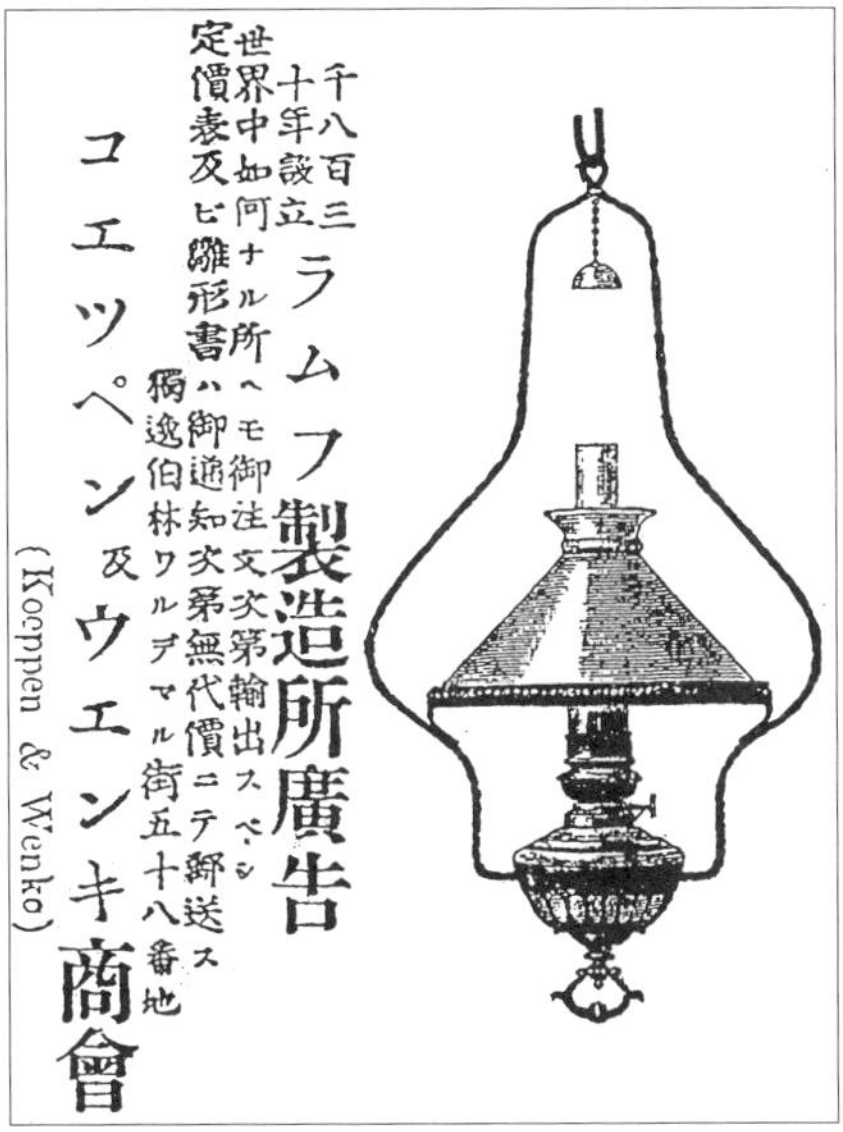

1　一八三〇年設立のドイツ製のランプ広告（『東京日々新聞』一八八六年一〇月一四日付）「世界中如何ナル所ヘモ御注文次第輸出ス」るとあるが、この会社の所在地は「獨逸伯林ワルデマル街五十八番地」。注文して日本に到着するのは、いったいいつになったのだろうか。

2　「金沢式改良石油白熱燈の広告」（『東京日々新聞』1908 年 6 月 4 日付）　キャッチコピーは「見よ !!!　燈光界の革命児」。リードには、「石油……一夜僅かに一合有れば充分」とある。

改良されたのは、火屋だけではない。ランプが火災の原因になったりしたから、いきなり火が大きく燃え上がらないように、芯の部分も常に手が加えられていた。ランプの火は、芯がしっかり入っていないと、急に大きく燃え上がったりしたのである。ランプの芯には、巻き芯と平芯とがあった。巻き芯は丸芯とも呼ばれていた。一般に平芯ランプは石油の消費が少ないから、明るさもさほどではなかった。

この絵（図2）に見られるように、巻き芯のランプは芯の幅が広く、石油の消費量が多いから、明るさも格別であった。居間や客間、官吏や教員などが書斎で使った。

『金色夜叉』（尾崎紅葉）には、ランプの明るさについて次のように描かれている。「広間の十個処に真鍮《しんちゅう》の燭台を据ゑ、五十目掛の蠟燭《ろうそく》は沖の漁火《いさりび》の如く燃えたるに、間毎の天井に白銅鍍《メッキ》の空気ランプを点《とも》したれば、四辺は真昼より明に、人間も眩きまでに耀き遍《わた》れり」。この場面は、当時の男女の社交の場の一つであったカルタ会に、宮が参加した時の様子である。

このようなランプの利用方法は、多少とも金があって、石油を買うのも何とかなっていた人たちの間での話である。現金収入に乏しかった農山村などでは、明治時代になっても松の木の芯の赤い部分を利用していたところもあった。群馬県内のある村の史料には次のような記述がある。

「夜の仕事をする時の照明にこんなのがありました。シデ（松の芯の赤いところ）を五、六寸位に切り、石、金などを台にして三本位おきそれに火をつけて明りにしました。ところがその炎の先から真黒の油えんが立つので、鼻も目も黒くして働いているのを見た覚えがあります」（『倉渕村誌』一九七五年）。

全国各地に電気が通るようになると、次第にランプは使われなくなるが、地方の農村では、一九六〇年代でも使用されていた。もっとも、この頃には家の中の照明器具としてではなく、お盆や年忌などの仏事に、仏壇や盆棚に置いて常に点灯させていた。線香を上げる際、火をつけるのに便利だったのである。一九六〇年代には、明治は遠くなかったのである。

自転車の普及は庶民の足を変えた！

駅の周辺に放置されている自転車が、どこでも問題になっている。パンク修理を二回か三回やるのなら、新しい自転車を買った方が安いのであるから、気軽に乗り捨てるのであろう。それでも個人営業の自転車屋さんにいわせると、「自転車の修理は全然儲からない」そうである。

自転車を気軽に買える時代になったが、一八八九（明治二二）年にはアメリカ製の自転車が一台二〇〇円（『値段の明治大正昭和風俗史』下）、イギリス製の自転車は少し安くて一二〇円から二〇〇円（前掲）だった（**図1**）。日本銀行作成の企業物価指数（卸売物価指数）によれば、一八九三（明治二六）年の指数が〇・三二九で、二〇〇六（平成一八）年が六九八とあり、約二〇〇〇倍だから、一台二〇〇円の自転車は、現在の値段で約四〇万もする高額商品であった。

一九一九（大正八）年になると国産自転車が出回るようになり、一台四五円から六〇円という価格になった。昭和恐慌期の一九二九（昭和四）年になると一台四五円から七〇円という価格になっている。少し無理をすれば、個人でも何とか手に入る値段になった。それだけ、自転車の利用者が増えたということでもある。

一九八〇（昭和五五）年には一台あたり三万五〇〇〇円が平均価格だった（前掲）。このような自転車の値段の推移を見ていると、少し前まで、自転車は、やはり財産の一つだったといえよう。

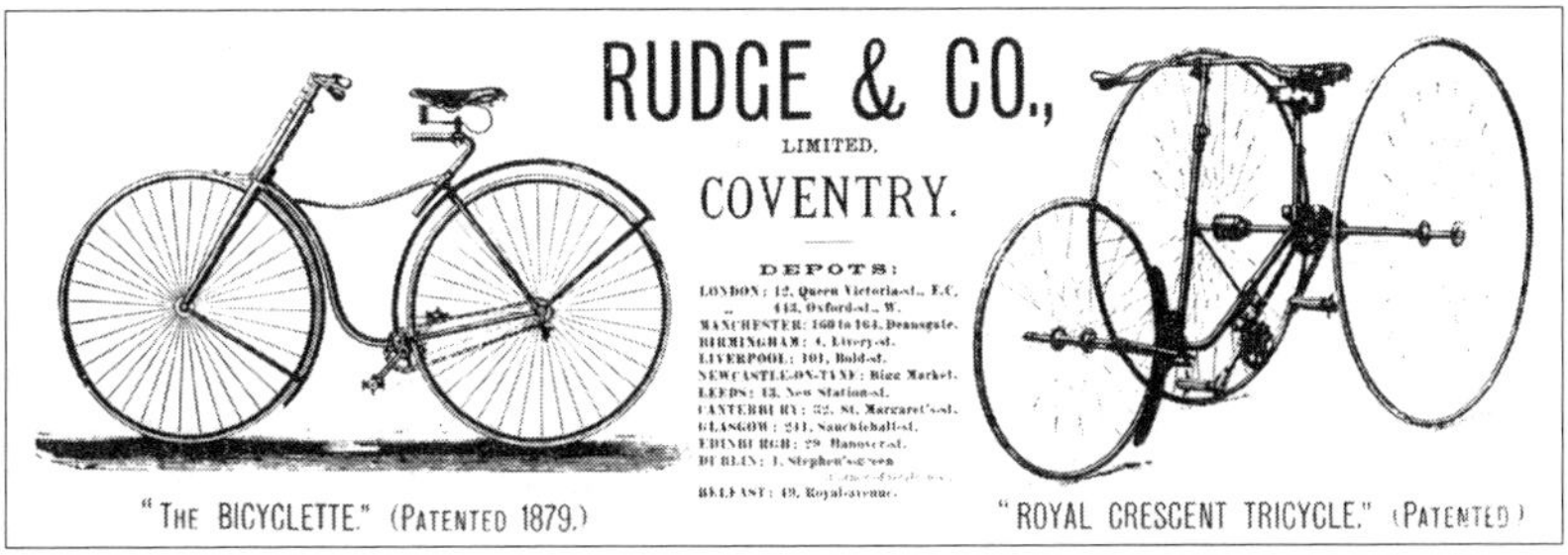

1　二輪車と三輪車の広告（『絵入りロンドンニュース』1886 年）

明治時代後期の新聞記事を見ていると、地域の地主や商工業者といった有力者の若旦那が、自転車の遠乗り倶楽部を作っている。片道二〇キロや三〇キロくらいの道のりで遠乗り会をやっていたようである。半径五キロや一〇キロくらいの名所巡りは、かなり頻繁に行っていたという記事もある。

大正時代になると、民衆にとっても自転車はかなり便利な乗り物として利用されるようになった。高齢者に聞き取りをすると、埼玉県や群馬県といった北関東の農村からでも、自転車の荷台に繭《まゆ》とか絹織物や野菜を積み込んで、東京までくらいなら、日帰りで自転車で往復したという。都内でも三多摩地域から都内まで、自転車で物を運んだという市町村史などの記録はよく見かける。汽車賃は高いが、自転車ならば必要なのは自分の体力だけである。

東京朝日新聞の一八九九（明治三二）年九月六日付の絵（**図2**）の自転車は、今日みられるような形式の乗り物である。だが、『横浜開港見聞誌』に収録されている自転車（**図3**）や、ワーグマンが描いている「一八六九年一月の江戸」に掲載されている自転車（**図4**）は、三輪自転車で、どちらかといえば自動車に近い。この自転車、自分でハンドルを動かしたりペダルを踏む形式らしいから、坂道を登るのも大変で、遠乗りはあまりできなかったであろう。ワーグマンの描く自転車は、いわゆる自転車という乗り物が発明された、ごく初期の乗り物である。明治期の広告には自転車も多く見られる（**図5・6**）。

自転車という乗り物については、かなり古くから世界中で「これが一番古い」という伝承があり、一五世紀後半にはダビンチ形式が作られたというし、一七九三年にはセレリフェール形式の乗り物が作られたらしい。『横浜開港見聞誌』に載せられている、いわゆる「三輪自転車」は、これにモーターでも付ければ自動車になる代物である。一八九七年一月一日付の東京日々新聞の「自働馬車」は三輪自転車の進化した形式とみられる。

しかし最近になって、自転車は、日本人が発明したという説が、歴史学の立場からではなく、工業系の人たちからなされるようになった。徳川八代将軍の吉宗は、現在の埼玉県本庄市生まれの門弥という農民が製作した「陸船車」という乗り物について、実際に検分したらしい。この陸船車は坂も登れ、時速一四キロほどで走れる乗り物だったよ

2　二輪車に乗る男性（『東京朝日新聞』一八九九年）止まっているように見えるが、地面に両足をついていないから、走っているのだろう。少し自転車が小さいようにも思える。

3　幕末の三輪車（『横浜開港見聞誌』1865年）図の左上には「此車ハ自りんの物にして、前の車をめぐらせバ、自然として大車めぐり出し、走るの図」と書かれている。乗車している女性の向こうには犬が併走している。速いことを強調しているのだろう。

4　明治二年一月の江戸を走る三輪車（『パンチ』ワーグマン画、一八六九年）X型のハンドルで三輪車を操っている。

うだ（埼玉県本庄市立歴史民俗資料館研究紀要No.四）。

この陸船車は、田圃や畑に水をくみ上げる足踏み式の水車や生糸をとるための座繰りにヒントを得ているらしい。歯車を噛み合わせることによって乗り物を走らせる形式だったのだろう。この技術は、カラクリ技術の応用だったか。自分の労力は少なく、すばやく目的地に着きたいという人間の欲望が、自転車あるいは自動車という乗り物を発明したのは間違いない。

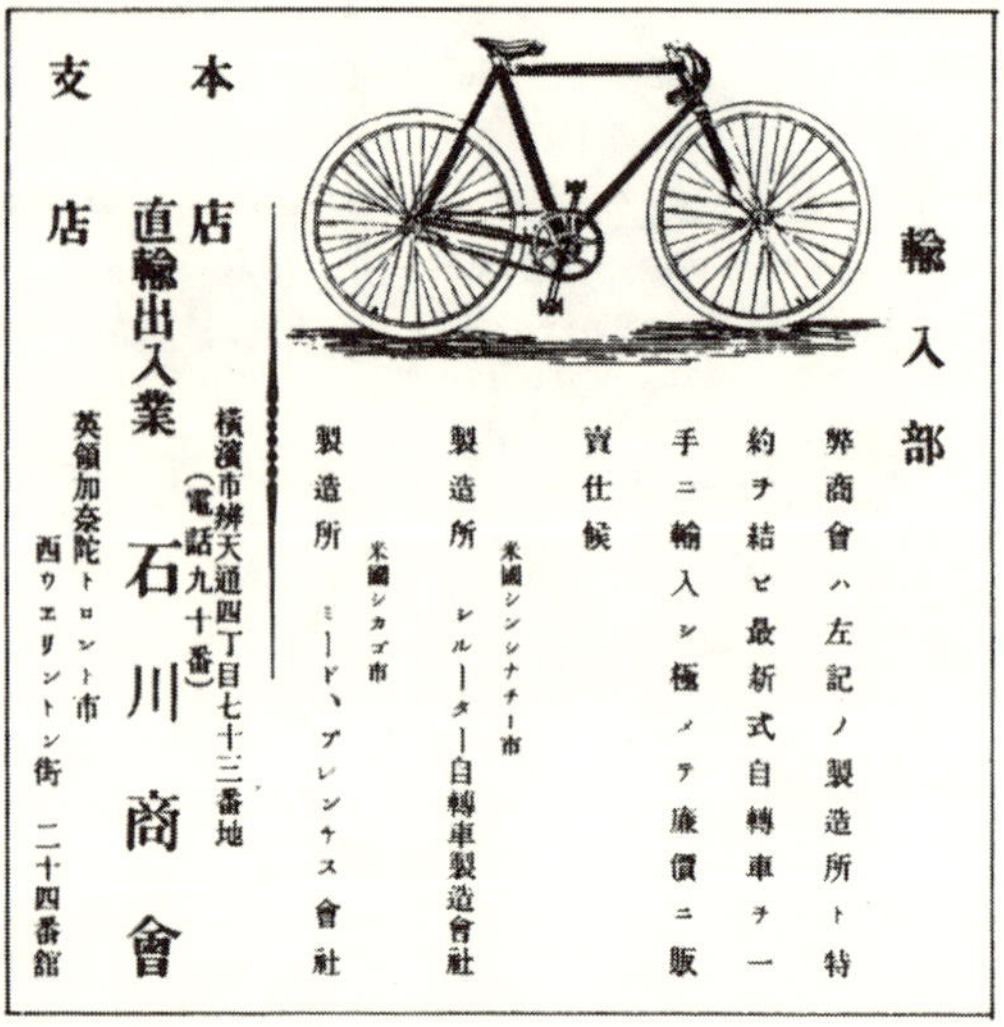

5　輸入二輪車の広告（『横浜姓名録』1900年頃）「最新式の自転車を輸入して、廉価にて販売」しているらしい。支店名にカナダのトロント市の住所が記されている。この自転車、ドロップハンドルのようにも見える。

6　二輪車の販売広告（『東京朝日新聞』1894年）　記事によると「起業一周年記念に相当し……五〇両を限り特別大勉強」で売るとある。いつの時代も、「特別」「限定」にお客は魅力を感じるようだ。

ゼンマイ仕掛けの扇風機〈夏知らず〉

思わず笑いを誘うような新聞に掲載された扇風機の広告である（図2）。売り出したのは大阪の時計商人だ（図1）。この「涼風器」、電気代がかからないのが、大きなウリであるようだ。その頃は「涼風器」「電気扇」「自働涼風機」といっていた。しかし、一八九七（明治三〇）年当時でも、電気で動く、今日よく見られるような、風を送る部分が円形の「涼風機」とか「旋風機」があった。

団塊の世代の人たちくらいから上の人たちはよく知っていると思うが、電気代はかなり高かった。それに、明治の頃は電気そのものがどこでも利用できたわけではないから、利用者もきわめて限定された。そのために、電気代がかからないということは、庶民が飛びつきやすい製品だったと想像されるが、いろいろな小説を読んでみても、「涼風機」なるものの記述が見られない。あまり世間に利用されなかったのではないか。

1　時計師（アンベール画）

絵にある涼風器（図2）は、ゼンマイで動いた。つまり、いつもゼンマイを巻いていないと動かなかったわけである。ゼンマイ仕掛けは、江戸時代以来のカラクリ技術である。ゼンマイや木の歯車を噛み合わせてのカラクリの技術は、江戸時代の後期にはかなり発達していたらしい。上の穴の部分に団扇を差し込んで、その団扇が上下動する仕組みだった。

昭和の初めに作られた扇風機が手元にあるが、まだ動く。首は振らなくなったが。この頃の扇風機は、風を送る羽の部分が鉄板でできていた。土台の部分は木造である。

一九六〇年代には、今日に見られるような扇風機が大量生産されたが、子供がよく、風を送る扇の部分に指を突っ込んで大怪我をしたという新聞記事が出たものだ。手元にある昭和の初めに作られた扇風機も、風を送る部分は隙間だらけである。風を送る部分に手拭《てぬぐい》やタオルをひっかけ、それが扇風機に巻き込まれて、こわれたという話をよく聞いた。そのために、小さな子どものいる家では、扇風機の風を送る部分に、網戸に使うような目の細かい網をかけていたものである。ご記憶の方も多いのではないか。

左頁の広告の涼風機（**図2**）、値段は二円五〇銭であった。送料のところを見ると、「百里」というから約四〇〇キロ以内とそれ以外では倍の送料がかかっていた。一九五〇年代の出版物にも地方定価というのが刷り込まれていた。この地方定価というのがなくなったのは、つい最近のことらしい。

一八九七（明治三〇）年の小学校教員の基本給は八円、巡査の基本給は九円だった。諸手当は含まれていない。一八九五（明治二八）年に夏目漱石は松山中学に赴任しているが、そのときの給料は月給八〇円だった。そのような時代にあっては、この涼風機はかなりの高額商品だったといえようか。しかし、どれくらい売れたのだろうか。

一八九四（明治二七）年頃に売り出された扇風機（**図3**）は、当初は電気扇とも称していたらしい。電気ではなく、電池で動いていたようだ。この頃の扇風機は、値段が一〇円、とても庶民や普通の月給取りでは買えるような代物ではなかったのである。

そういえば、映画館の天井にも、大型の扇風機が設置されていた。あれは、回っていても一向に涼しくならないだけでなく、温まった風をかき回しているだけだったから、かなり不快であった。それに少し強く回ると、床の埃を巻き上げる。ないほうがよかったくらいである。今でも、東南アジアの国々に行くと、公共機関の天井には、大型の扇風機が回っている。

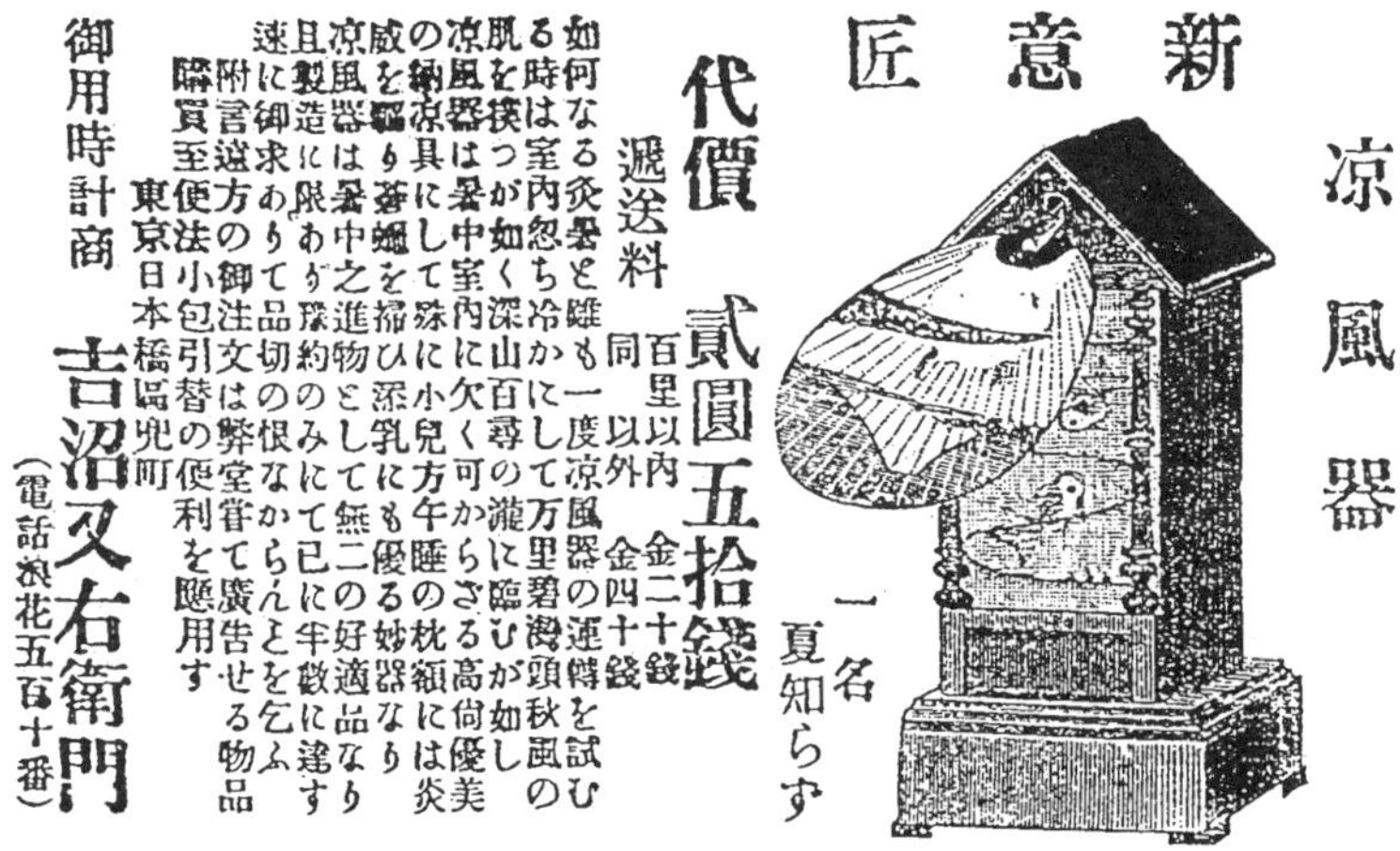

2　涼風器（『東京日々新聞』1898 年）　記事には「如何なる炙暑と雖も一度涼風器の運転を試むる時は室内忽ち冷かにして万里碧湾頭秋風の肌を撲つが如く深山百尋の瀧に臨むが如し」とある。どのくらい涼しかったのだろうか。

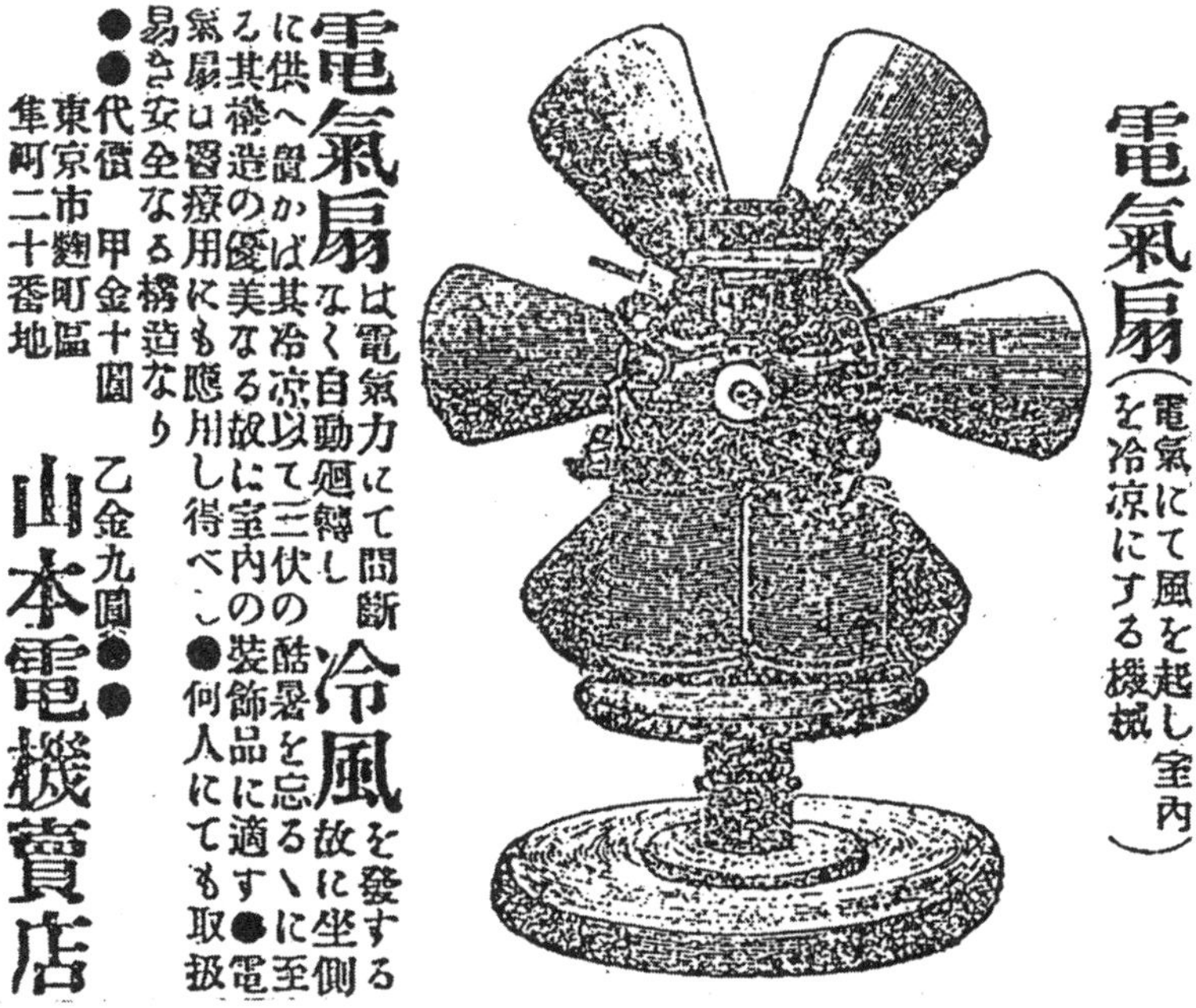

3　電気扇（『東京日々新聞』1894 年）　記事には「電気扇は電気力にて間断なく自動廻転し冷風を発する故に坐側に供へ置かば其冷涼以て三伏の酷暑を忘るゝに至る其構造の優美なる故に室内の装飾品に適す」とある。かなりの自信作であるようだ。

膠《にかわ》作りから生まれた和製写真フィルム

デジタルカメラが大流行である。これまでのように、カメラ屋さんに頼んでフィルムを現像してもらって、印画紙に焼き付けてもらうのでは、時間とお金がかかる。しかし、それらの作業が自分でできるというのであれば、便利この上ない。携帯電話にカメラ機能が搭載された頃から、フィルムを入れて使用するカメラは、利用する人が少なくなり、当然、写真用フィルムを生産している会社も少なくなった。

フィルムそのものは、アメリカのイーストマンが一八八四（明治一七）年に発明しているが、特に同じイーストマンによるロールフィルムが一八八八（明治二一）年に発売されると、カメラは急速に小型化・軽量化が進行し、大衆化したのであった。

日本初のカメラは、一八四一（天保一二）年に上野俊之丞が「ダゲレオタイプ写真機」を島津藩の島津斉興《なりおき》に献上して、撮影実験をしたのに始まるとされている。その後、一八六二（文久二）年に長崎で上野彦馬が写真家として営業を始め、同年に横浜では下岡蓮杖が開業した（図1・2）。

日本で写真用フィルムを作ったのは、阪本清一郎という人である（『水平のふるさとに生まれて　部落解放・人権運動五〇年』、川口正志）。膠《にかわ》から作る薄ゼラチンを利用したのである。阪本さんの家は膠製造業者だった。阪本さんは戦

1　明治初めのカメラ「プラノ」（『最新写真機第２編』1904 年）

2　写真撮影の様子（『写真術講義録』1898 年）

3　姫路にある皮革業の様子（『大日本物産図会』）姫路屋という屋号で商いを行っている。

4　名古屋の精肉店（『商工便覧』1888 年）「Sheniku Sha」と表記されている。

前の部落解放運動団体・全国水平社の創立者の一人である。

阪本さんは一八九二（明治二五）年に、現在の奈良県御所市に生まれている。家業を継ぐために東京の工科専門学校に入り、化学を勉強した。そしてゼラチンを利用して、日本で初めて写真用フィルムを作ることを一人で考案したのである。

奈良県には、古くから膠を製造している被差別部落があった。膠というのは、鹿や牛の骨や角、皮、腱や腸を、水で煮た液を乾燥させて固めた接着剤のことである。弾力性と粘着力が強いために、墨の製造とか木製品の接着、日本画の製作、漢方薬などに利用された。主成分はゼラチンである。

奈良県は、書道に使用する墨の生産地として大変に有名である。古梅園という有名な製墨業者も存在する。膠のなかでも、墨の生産に欠かせない原料は黒膠である。しかし、膠は製造するときに凄まじい悪臭がする。被差別部落が差別された理由の一つに、この悪臭という問題がある。

一九七〇年頃でも、各地の被差別部落を歩くと、部落の近所にし尿処理場が作られていたり、生ゴミの集積場があったり、汚水処理場があったり、鶏糞や牛糞の堆積場が作られていたりした。ようするに、世間から被差別部落といわれている地域の近隣に、そのような悪臭のする施設をわざわざ作り、「だから部落は臭い、汚い」といって、部落とは関係がないと思っている人たちは、部落を差別したのである。悪臭の原因を作っておいて、当たり前のように差別していたのである。

だが、膠製造はたしかに悪臭がすごかったらしい。しかし、どのような仕事であっても、社会的に必要なモノの生産は、誰かがやらなければならない。その仕事に携わっているからといって、その人や地域が差別されてもよい、という理由にはならない。

そのために膠製造のときには「何の因果で、この職習うた。朝のはよから、水仕事」(前掲書)という「膠たき唄」という仕事唄が唄われていたという。

膠製造の仕事は、冬の一一月頃から翌年の三月頃までの間の、およそ半年間くらいしか仕事がなかった。たいていは農閑期の副業であった。冬の寒さの中で、夜の二時とか三時から仕事を始めて、牛や鹿の皮を洗って、それを大きな釜に入れて数日がかりで炊き、その液を乾燥させて固めるのである。このときの匂いが物凄く臭かったのである。

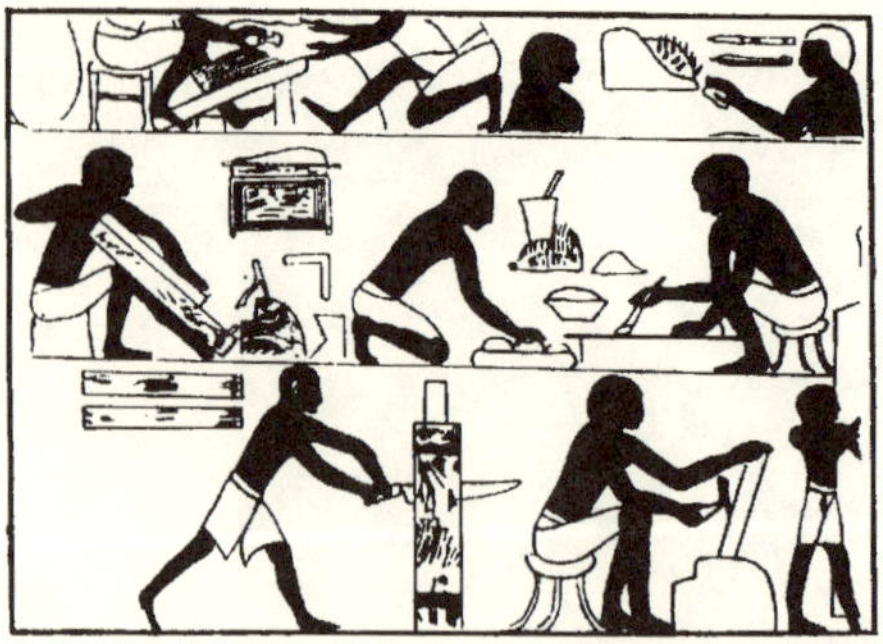
5　古代エジプトの精肉加工(『畜産副生物利用法』1925年)

第3章　新風俗の探訪

私たちの傍らにあった田園と女性風俗

左に掲げた絵（図1）は、明治の都市郊外の様子を描いたものである。女性が丘の上から田園風景を眺める美人画風の女性たちが描かれている。江戸時代は、蛇の目傘《じゃめ》（和傘）が一般的であったが、明治になると、この絵のように柄の長い洋傘《パラソル》を持つようになる。76頁（図1参照）でもふれるとおりである。左側の子どもは頭にリボンをつけているから女の子である。右側の女性もリボンをつけている。このリボンをつけた髪形は、残された写真を見ると、戦前の昭和期まで続いていたようである。ただし、昭和期になると、このようなひさし髪（図1・2）ではなく、短髪の女性も増えてくる。

1　晩秋の明治時代の都市郊外の風景（『風俗画報』）

絵の女性は羽織を着ているから、少し寒くなった時期を描いていると見られる。女の子が手に持っていて投げたと思われる紅葉が左すみに描かれているから、晩秋であろう。

絵の遠景には、田んぼや畑などの農地が広がっている。小さくて見にくいが、蔵造りの建物の前には、農具らしい物を担いだ人が描かれている。江戸時代後期になると、農村でも名主や庄屋クラスが、このような蔵造りの建物を建てるようになった。各地の農村を歩くと、まだこのような蔵が現役で使われている所が珍しくない。名主や庄屋の家では、火災から村の文書類を保存するためや、家に伝わる書画骨董などの貴重品類を保存するために、このような蔵を建てたのである。

また江戸時代後期になると、村の中でも百姓をやめて質屋を経営したり、古着屋を始めたり、造り酒屋を経営する家がポツポツ増えてきたから、そのような商売を始めた家も商品を保管するためなどに蔵造りの建物を建てたのである。質屋を経営していた家の多くは金貸しも兼ねていた。このような近世における農村の現実を、歴史学の上では「農民層の分解」と呼んでいる。

多くの農村では、この絵に見られるように、大きな藁葺きか茅葺きの家を建てた。瓦屋根でないのは、貧困というわけではなく、材料が得やすいという理由からである。農村には、川の傍らとか里山に萱場と呼ばれる共有地が設けられていて、その農村に居住している人には、萱を刈って利用する権利があった。この共有地は、明治に入ると「閑《かん》地《ち》」といって、誰の土地でもない無主の地となった場合が多い。一般的には国の土地である。だが、多くの場合、閑地は村の有力者が村民には知らせずに私的に占有していた。これらの閑地が問題視されたのは、戦後の農地改革の時である。このときには、その閑地を一旦村の共有財産にしたうえで、何人かの農地委員が分割して所有した。

絵の農家の背後には屋敷林が描かれているから右側が南の方向である。この屋敷林は、一般には北風を防ぐという理由からであるが、実はそれだけではない。屋敷林の木が大きくなる頃には、家の方の耐久年限が来るのである。そ

2　ひさし髪（『女子学生反省鏡』）　庇髪とも書く。入れ髪を用いて前髪と鬢をふくらませ、前方に突き出して結う束髪の一種。川上貞奴（欧米を巡業した最初の女優。川上音二郎の妻）が洋装を模してこの髪型にしてから、明治三五年頃から女学生の間に流行した。

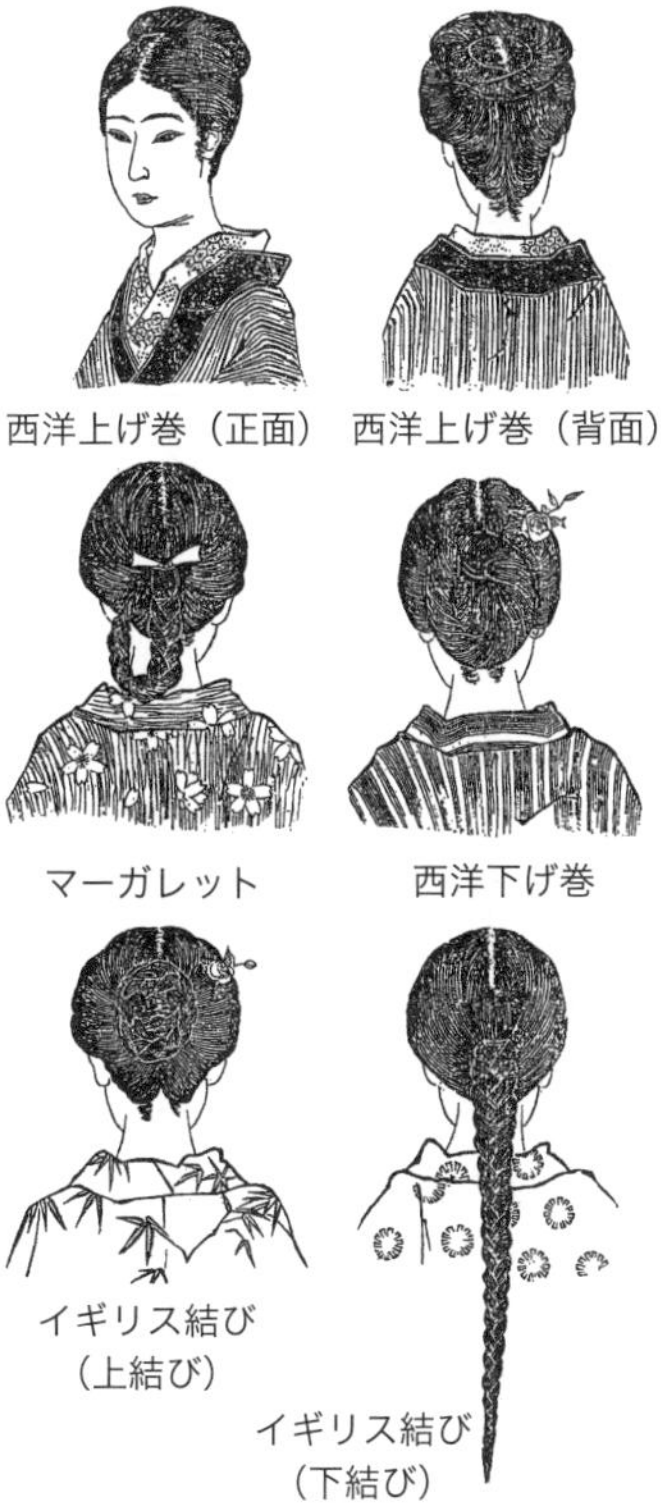

3　明治初期の代表的な髪型（『洋式婦人束髪法』）

の時に、大黒柱や梁に使用する材木を自前で賄《まかな》えるようにとの配慮から、このような屋敷林を構えていたのである。自然に成長した樹林は、木目も詰まっていて、大黒柱などに利用しても百年や二百年は持つのである。最近の新築住宅が長持ちしないのは、肥料をたくさん与えて促成栽培した樹木にも一因があろう。促成栽培だから材木に加工しても柔らかくて長持ちがしない。屋敷林には住宅に適した樹木が多く植えられた。関東地方や首都圏でよく見られるものはケヤキである。ケヤキは千年くらいは充分に生きている。

ケヤキが植えられた理由はまだある。ケヤキの下葉が下肥となったのである。銀杏《いちょう》の葉はなかなか腐らないし、腐っても良い肥料とならない。木蓮の葉も下肥にはむかない。ケヤキの下葉は下肥としてすぐれていたのである。また、ご存じのように、ケヤキはもっとも高価な材木の一つである。高価で売れ、いつでも現金収入を得ることができた。薄く板状にすれば家の欄間の飾りにもなったし、神社仏閣の外観を飾る彫刻の材ともなった。関東地方の各地を調査に歩くと、「明治の初めに村が疲弊したときに、神社のケヤキを売ってしのいだことがある」という言い伝えを聞くことがよくある。屋敷林で有名なのは、越中富山の栃波《となみ》平野の散居村である。厳しい冬の積雪と一年を通じて吹く強い西風、さらに夏の猛暑を防ぐために、主に杉が植えられた。また、栗や柿・桐なども植えられた。果実は食料とし、売って金銭に代えたりした。桐は女の子の嫁入りに必要な家具の用材とされた。この散居村では今でも「土地を売っても屋敷林《カイニョ》は売るな」という言葉があり、屋敷林は大事にされている。

4　明治期のさまざまな髪型（左頁）の名称（第1列より下へ、右から左へ。表記は現代かなづかい）

1列目　おけし、おかぶろ、おかっぱ（御河童）、お下げ、つけ髷、お煙草盆
2列目　編み下げ、おちご髷（御稚児髷）、めおと髷（夫婦髷）、蝶々髷、唐人髷、結び綿、桃割れ
3列目　割り唐子、マガレート、おたらい（御盥）、文金高髷、松葉がえし、島田くずし
4列目　奴島田、芸子髷、英吉利巻（イギリス巻）、天神、夜会結び、しゃぐま（赭熊）
5列目　ふくら雀、投げ島田（斜め上の図）、久米三、おさ船（長船）、かつら下地、銀杏返し、おばこ
6列目　兵庫、勝山、新橋形丸髷、あげ巻、貴夫人形丸髷、芸妓結び、三つ輪
7列目　茶筅、おしゃこ、達磨返し、老人丸髷、櫛巻（斜め上の図）、老人おばこ、年増丸髷（斜め上の図）、切り髪
＊『東京風俗志』には「島田は娘の最も喜ぶ髷にして、貴きは文金高曲げにて結ふ、根を高くしたれば、自ら高尚優美の観あり」とある。

4　明治期のさまざまな髪型（『東京風俗志』）髪型名は右頁参照

洋装は文明開化の象徴の一つだった

浮世絵や錦絵には、江戸の昔は花魁《おいらん》（図1・2）、明治時代になると芸者たち（図3）が、よく描かれている。芸者は、幕末頃から次第に人気が出て、新聞の挿絵にもよく登場した。当時の社会状況を知るには一級資料であると考えているが、芸者に限らず、明治時代になってからの風俗画の描き方は、疑問符がつく絵が多くなる。

たとえば、一八八七（明治二〇）年に出された「貴女裁縫之図」という錦絵（図4）がある。安連吟光が描いているが、本当に洋装をした裁縫女性がいたのだろうか。普通の女性が、当時高価だった洋装であるはずがない。ただ、「貴女裁縫之図」を見ると、使用され始めていたミシンで縫い物をしている女性や、火のし（アイロン）を使って布のしわを伸ばしている女性、毛糸で編み物をしているらしい二人の女性が描かれているが、洋風の机やテーブル、女性の服装を和風に改めれば、それは当時の働く女性の姿そのものである。

これまでの社会運動史や労働運動史関係の文献には、「滑稽新聞」とか「団々珍聞」などに掲載されている絵が、好んで使用されているように思われる。当時の権力批判、警察批判を行うには他に変えがたい文献なのであるが、絵のすべてが史実と考えるのは早計であろう。

しかし、文明開化の象徴の一つは洋装であったことは紛れもない事実である。洋装は、一八八三（明治一六）年一一月に開館した鹿鳴館が先導した（図5・6）。鹿鳴館では外国貴賓接待と上流階級の社交場として、舞踏会や園遊会が行われた。不平等条約改正の失敗、国粋主義の台頭などにより、鹿鳴館を主導した井上馨《かおる》外務卿が一八八七年に失脚すると、鹿鳴館の時代は終焉した。

イギリス人コンドルの設計で、現在の東京都港区内幸町に一八八三（明治一六）年竣工した鹿鳴館は、一八九〇（明治二三）年に華族会館になり、一九四〇（昭和一五）年に取り壊された。有名なわりに、鹿鳴館の時代というのは意外

1　花魁（ビゴー画、一八八三年）　花魁の悲哀を感じさせる絵である。

2　花魁（『東京朝日新聞』一八八八年）

3　芸者たち（『東京朝日新聞』一八八八年）　芸者遊びをする男たちが描かれているが、あまり楽しそうには見えない。

4　「貴女裁縫之図」（末斎吟光画、一八八七年）

5　明治の貴婦人の洋装（「開花貴婦人競」一八八七年、扇子忠『錦絵が語る天皇の姿』より）　鹿鳴館を想像して描かれたと思われる社交場の貴婦人たち。奥には明治天皇と思われる礼服姿の男性が描かれている。

6　鹿鳴館での芸者（ビゴー画、1887 年）　パーティーに動員された芸者たちの休憩。絵の右上には「名磨行」と書かれている。「なまいき」と読み、つまり「田舎臭い」という意味。確かに、キセル煙草の煙を鼻から吹き出している女性は、見ていて不愉快かもしれない。

と短かったのである。

鹿鳴館では、男女同伴・洋服着用がなかば義務付けられていたが、皇后と宮廷女官は、桂袴《けいこ》という服装ででかけていた（図5）。桂袴というのは、裾を引かない切袴である。一八八六（明治一九）年、宮中女官の洋装の服制も規定されたが、皇后自身はそれよりも先、一八八四年にはベルリンの裁縫師に礼服と日常着一式を注文し、この年以後は寝るとき以外は洋装で過ごすようになった。

皇后の洋装をきっかけとして、宮廷女官も急速に洋装となり、儀典には華族の妃たちも洋装で参列するようになった。最初は輸入品だった洋装は、次第に国産品となり、日本人の御用達裁縫師が仕立てるようになった。

宮中では、いろいろな細かい注意点があった。たとえば足が覗かないようにしたり、上半身は「お清」といい、下半身は「お次」といって区別し、上下を別々に仕立てなければならなかった。それだけではなく、最新の流行にはしない、かといって品位を損なわないようにするとかの注意点があった。このような注意点があったために、皇后の洋服は宮廷の通訳がフランスのカタログからデザインしたりしたのである。

洋装は、国粋調が復活した世間から次第に衰退していったが、宮中や華族などの世界では、定着をみたのである。

参考に明治後期に紹介された男女の洋装図を掲げる（図7）。鹿鳴館の時代より約二五年後の文献よりの洋装姿である。

貴婦人服　令嬢および女学生　紳士服（カッターウェーフロック）　紳士服

7　鹿鳴館の時代の男女の洋装（『洋服大全』1908 年）

女学生の制服は矢羽絣《やばねがすり》に袴《はかま》だった

明治時代の女学生の風俗といえば、矢羽絣に海老茶の袴の服装が一般的だったが、袴を制服として制定したのは、華族女学校が初めてで、一八八五（明治一八）年のことである。

下に掲げた石版画（**図1**）は、一八九二（明治二五）年に描かれた華族女学校の下校時の様子である。だが、この絵の女学生は海老茶の袴を着ていない。実際に普及したのは明治の後半から大正初期からといわれているので、この女学校にはまだ採用されていなかったようだ。絵の中央の女学生は風呂敷包みを左手に持ち、下駄（？）を履いているように見える。右手には和傘ではなく洋傘《パラソル》を持っている。和洋折衷である。

袴の多くは海老茶色であったが、跡見女学校の袴は紫色で、かなり目立ったらしく、「すみれ女史」と呼ばれた。このすみれ女史が登場する頃になると、矢羽絣に海老茶色の袴を着て、ひさし髪やおさげ髪に大きなリボンの髪飾りをつけ、編み上げの革靴を履き、手には柄の長いパラソルと教科書を入れた風呂敷や鞄を持つという姿となり、セーラー服が登場するまでの一般的な風俗となった。

次頁の新聞のキリヌキは、一九〇三（明治三六）年二月一九日の東京朝日新聞に掲載された女学生の制服の宣伝広告である（**図2**）。図版の状態は良くないが、ここに描かれている女学生は、袴姿であるが、上半身は

1　華族女学校の下校時（明治 25 年代の石版画）

矢羽絣ではない。後姿の女学生の袴はかなりカラフルな模様であり、履物は西洋靴である。

広告には「本品は〈ひだ〉の崩れざる発明仕立てに依り裁縫せし品にて、至難の地質と雖《いえど》も使用中姿勢を乱すの患《うれ》いなく、且《かつ》児童にても能《よ》く折畳《おりたた》むることの出来る普通の袴に勝る事数倍にて有益品と認められ、特許の光栄を得たる名誉品にて、広く発売せんとす。御ためしみにご使用の上ご高評あらん事を乞う」とある。

この広告文を読むと、当時の女学生にとって「袴のヒダ」がすぐ崩れることが悩みの種であり、袴のヒダを崩さないことが、身だしなみにとって重要な問題であったことがわかる。また、広告文を見ると、袴の色は、海老茶や古代紫など数種あり、生地も船来綾織り、毛織紋織り、綿織り綾織り・紋織り、カシミヤなどの種類があったことがわかる。

2　女学生の制服の新聞広告（『東京朝日新聞』）

袴ではないが、向田邦子さんの小説を読んでいると、昭和の戦前の女学生が制服の皺を伸ばすために「寝押し」をする場面が良くでてくる。現在と違って、火で熾《おこ》した炭を入れたアイロンだったので、手っ取り早くできた寝押しアイロンが普及したのである。

向田さんは昭和の戦前期の都市生活者の日常を巧みに描いている。漫画でいえば、戦後から高度成長期は「サザエさん」、それ以降は「ちび丸子ちゃん」が都市生活者の家族の日常を良く描いている。

美貌はたしかな権力となった

その昔、漫画を読んでいると、決まって将軍や大名、上級武士の細君やお姫さまは、絶世の美人か、それに近い描かれ方だった。それに対して町人や農民など庶民の女性たちは、美人には描かれていなかった。これは時代劇でも映画でも同様である。まれに美人に描かれている場合は、「掃き溜めに鶴」という趣向であった。

実際にはどうであったか調べてみると、この漫画や映画のお姫さまの描き方は、残念ながら事実であった。この描かれ方は、江戸から明治になっても、変らなかった。少し古い漫画だが、「つる姫じゃー」というギャグ漫画があった。ハゲマス城の勉強のできないじゃじゃ馬なお姫さまという設定の漫画である。しかし、事実としては、このようなお姫さまもまずいなかったとみてよい。

江戸時代には、全国どこの藩でも大名は権力があるようでいてなかった。それは実際の政務は家老という官僚が支配していたからである。だから大名が、志村けんが演じるような「バカ殿」であっても政治が動いていったのは、家老とその下の官僚機構がしっかりしていたからである。それは将軍も同じであった。

大名や将軍は、自分たちの細君には、とにかく美人を選んだ。世継ぎの問題もあったから、正妻には家の格の釣り合いが優先されたが、側室にはとにかくできるだけの美人をかき集めた。子どもが生まれれば、側室の子どもであっても、将軍の○○の子、誰々大名の子として認知されるから、子どもたちは美人の細君や側室の血筋を引いた美形が生まれやすい。このような状態が何代か続けば、将軍や大名の子どもたちは、かなり美形ぞろいになるはずである。だから、時代劇や漫画に描かれている将軍家や大名家には美人のお姫さまが多いというのは事実なのである。

徳川将軍は、残されている絵画や幕末・明治の写真で見るかぎり、代が変わるたびに顔の骨格がうりざね顔に近くなっていく。これは、柔らかい物ばかりを食べていて、顎《あご》が発達しなかったという側面と、公卿《くげ》からの血筋が入り、

1　徳川家康

2　徳川慶喜

3　明治天皇・皇后・皇子「扶桑高貴鑑」（一八八七年、扇子忠『錦絵が語る天皇の姿』より）一八八七（明治二〇）年八月三一日、明治天皇は、嘉仁親王を儲君（皇位継承の皇子・皇女）と定めた。

4　好色宰相伊藤博文（ビゴー画、明治二〇年代）絵右側にある掛軸には、膝枕を読んだ漢詩が見える。初代の総理大臣でもある伊藤博文は、好色家としても有名だった。

うりざね顔になっていったという二つの面が考えられる（図2）。

あの徳川幕府の初代将軍である家康の顔の肖像画をよく見てみるとよい。顎の発達したイカツイ顔であることが見て取れる。野戦で鍛えられ、グッと我慢をしてきた顔であるからこそ、あのように顎の発達したガッシリとした顔つきになるのである（図1）。

明治に刷られた錦絵の明治天皇一家もうりざね顔に描かれている（図3）。

上流社会には美人が多いというこの事実は、時代が明治になっても変わらなかった。明治の要職についた者たちは、伊藤博文にしても、皆、芸妓や娼婦上がりの女性を細君として迎えていた（図4）。芸妓《げいぎ》など玄人筋の女性は、俗にいう才色兼備だった。さまざまな芸事や礼法、教養にも優れたものを持っていた。ようするに、明治の後半にいたるまで、そうした稼業の女性であっても、社会的にはそれほど差別もされていなかったのである。芸妓や娼婦の社会的地位が極端に低くなるのは、時代が明治から大正に変わる頃かららしい。それは、才色兼備の華族出身の女性が、たくさん世に出てきて、政財界の細君に納まっていったからである。

次ページにあるのは、明治中期の絵ハガキである（図5）。絵葉書は、日露戦争頃になると一大ブームになった。印刷技術の発達で、この頃から写真は、新聞や雑誌の誌面を大きく飾るようになった。日露戦争の写真はすさまじい量が残されていて、今日でもよく見つかる。角帽を被っているところをみると、眼鏡をかけた書生は大学生と思われる。背中の見える袴《はかま》姿の女性は、頭に大きなリボンを付けているから女学生である。このように男子学生とデートしているところを見ると、後ろ姿で描かれていて顔が見えないが、女学生はかなりの美人であろう。当時、女学校の生徒には、「卒業顔」と「中退顔」という呼び名があった。どういうことかというと、卒業顔というのは、あまり美形ではなくて、とにかく学業を終えられるタイプ。それに対して中退顔というのは、かなりの美形で、卒業を待っていたら、誰かにさらわれてしまいかねない女性のことである。だから、早く嫁入りさせられた。昭和の戦前でも、この卒業顔と中退顔という差別的な女性評価は生きていたらしく、女学校の卒業を待たずに妊娠して嫁入りしたという女性は珍

5　書生と女学生（明治中期の絵ハガキ）

しくなかった。現在八十歳代の女性の聞き書きをしていると、このような経験を話してくれる人が何人もいる。

「色の白いは七難隠す」と昔からいわれるが、日露戦争当時の美人の条件の一つは「色の白さ」であった。そのために、女学校の運動会はかなり不評であったという。なぜかといえば、屋外に長時間いれば陽に焼ける。上流社会の女性は外になどでないで、深窓の令嬢であらねばならなかった。そのために運動や労働は嫌われたのである。

この絵葉書に描かれた女学生は、どちらかといえばほっそり型である。明治中期の美人の条件をまとめれば、ひと言でいうと、竹久夢二の描く女性像である。夢二の描く女性像は、色が白くて今にも折れてしまいそうなどほっそりとしていて、弱々しい感じの美人で、当時の日本男児の美人感を代表していた。時代は少し後になるが、歌人の柳原白蓮とか九条武子という女性を思い浮かべてみるとよい（図6・7）。

そのために、顔立ちは美人でも健康的な色艶をした農村の女性や商売人の女性は美人とされなかったようである。しかし明治時代の修身教科書には「美人の女性は虚栄心が強く、高慢で性格が悪いが、不美人は心が美しい」とある。もちろんこんな教科書は誰も信用していなかった。

6　柳原白蓮（やなぎはらびゃくれん）　明治～昭和期の歌人。佐々木信綱に師事し和歌を学ぶ。北小路資武、九州の炭坑王である伊藤伝右衛門と二度の離婚後、社会運動家の宮崎龍介と結婚。情熱的な歌集『踏絵』で脚光を浴びる。

7　九条武子（くじょうたけこ）　大正期の歌人。西本願寺法主である大谷光尊の次女。佐々木信綱に師事し和歌を学ぶ。男爵の九条良致と結婚。仏教婦人会連合本部長を務め、社会慈善事業に奔走する。

幕末・明治の履物事情——革靴の上陸

「靴」という文字は革が化けると書くが、これは明治になってから造られた言葉である。

古くは「履」とか「沓」と書かれ、それは、木や毛皮、藁などで作られていた。古代・中世の日本の貴族も木沓を履いていたとみられるし、現在でも、黒く塗られた木沓を履く神官も珍しくない（図1）。また、今日に伝えられている蹴鞠も、往時は木靴を履いて行われていたと考えられる（図2）。毛皮や藁製品では、鞠を蹴るときにつま先が痛いからである。

江戸時代の武士は、下駄や雪駄《せった》などを履いていた（図3）が、農村では素足が基本であった。修験者などは山歩きの時に一本歯の高下駄を履いていた。これは山の坂の高低差をうまく利用するためだった。一見すると、あのような下駄で歩けるわけがないと思われがちであるが、山歩きには適していたのである。一本歯の下駄は、よく物語の天狗の挿絵に見られる。

木靴（踵《きびす》の高い靴）は、一八七一年にアメリカで考案された。後のハイヒールである。これは、大衆向けだったといわれている。記録に残っているところでは、フランスのアンリ二世（一五四七～一五五九年、在位）の妃の上履きが、特別に踵の高い靴であったらしい。

日本人が西洋の履物を最初に見たのは、おそらく種子島に漂着したポルトガル人だったのではないだろうか。もっとも、西日本の海岸線に近いところに住んでいた人たちは、自分たちで船に乗り、現在の東南アジアや中国大陸方面には出かけていたようだから、あるいはもっと早くから靴のような履物を見ていた可能性はある。

そのせいかどうかわからないが、一五四三（天文一二）年にポルトガル人が種子島に漂着したときに、何を履いていたのかという記録はなさそうである。ただ、種子島の人たちにこのとき初めてパンを食べさせたといわれている。

また、島の支配者であった種子島時尭《ときたか》に、鉄砲の製造を命じられた刀工の八板《やいた》金兵衛は、自分の娘の若狭をポルトガル人に差し出し、その代わりに鉄砲製造の技術を伝授されたという。

螺旋《らせん》状に溝を彫る技術をなかなか会得できなかったとのことであるが、たしかなことは、日本で最初に鉄砲を作ったのは鉄砲鍛冶ではなくて、刀工であったのは間違いない。

一七八七（天明七）年に蘭学者の森島中良《もりしまちゅうりょう》が書いた『紅毛雑話《こうもうざつわ》』には、「履《モイル》」という項目がある。そこには「底は革なり。上の方は天鵞絨《ビロード》にて張。金銀の金具にて模様を置く。又革にて張たるもあり」と書かれている。

1　貴族の履物　①は靴沓《かのくつ》といい、束帯用の靴。牛革製で黒塗り。②は直衣や狩衣着用時に履く浅沓。

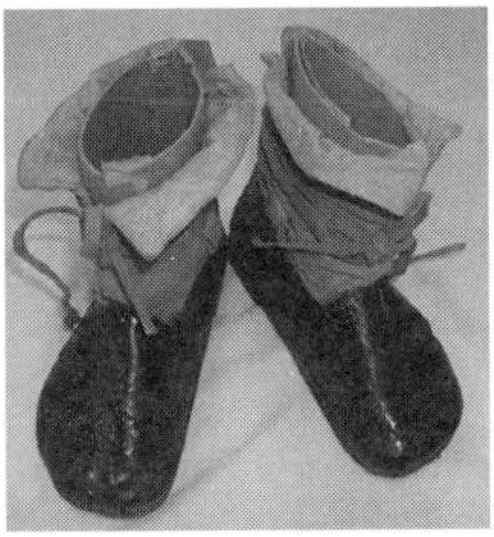

2　鴨沓《かもぐつ》　形状が鴨のくちばしに似ていることから鴨沓という。蹴鞠の時に用いる。

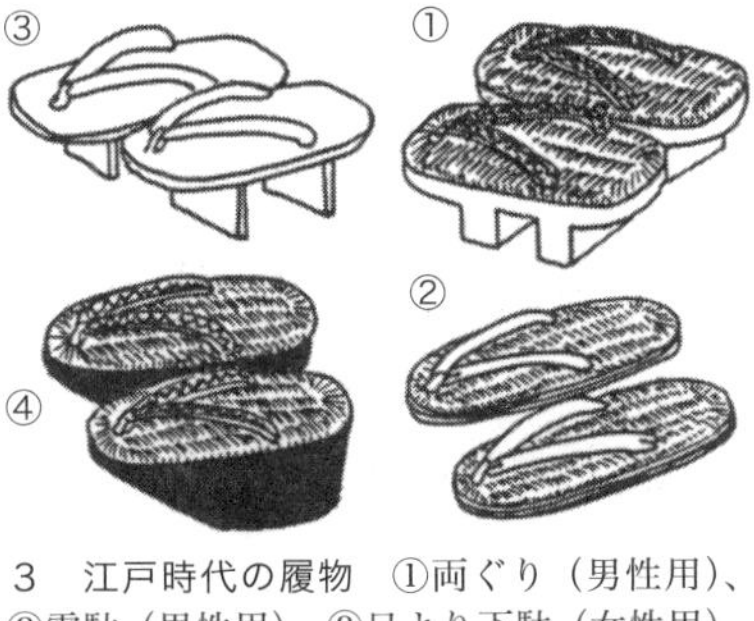

3　江戸時代の履物　①両ぐり（男性用）、②雪駄（男性用）、③日より下駄（女性用）、④ぽっくり（女性用）。

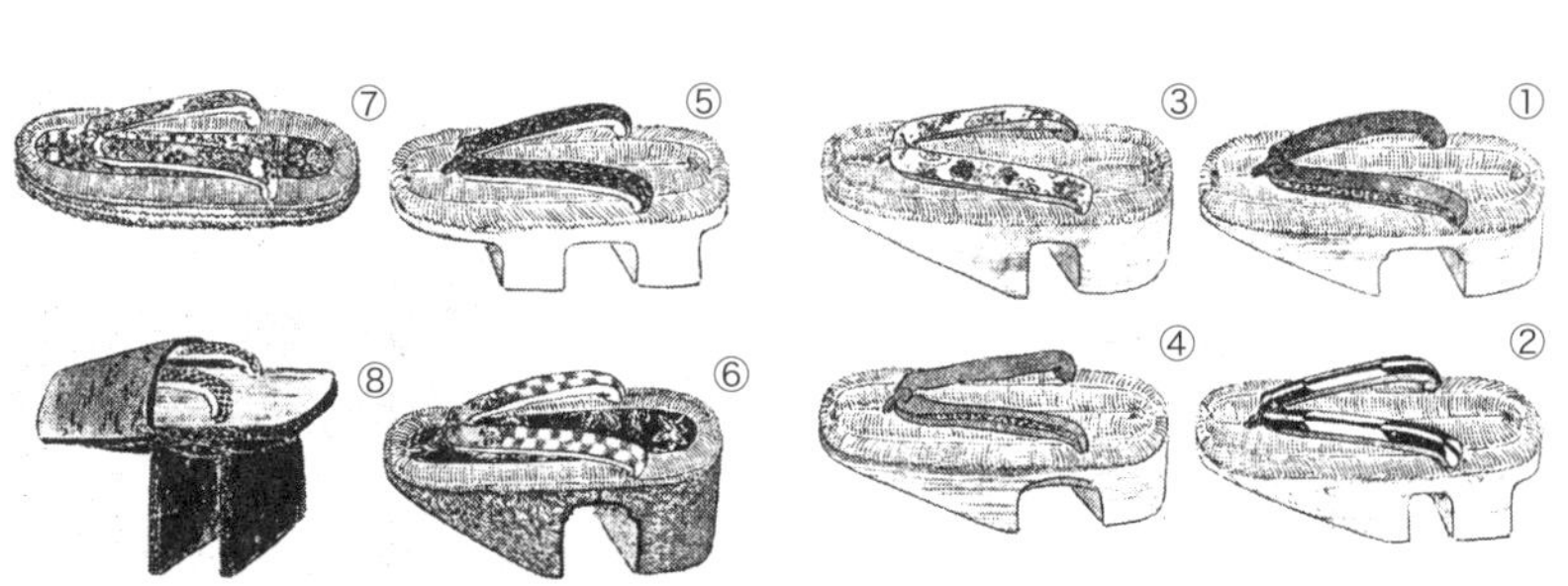

4　明治時代の履物　1898(明治31)年に東京で流行した。①女後図形、②男堂島、③女御呂小町、④女綴目小町、⑤男雨操形、⑥女金磯草塗二級小町、⑦女東草履、⑧女インジン塗下駄。

あのナポレオン三世は、幕末に日本に長靴を送っている。この長靴は最後の将軍となった徳川慶喜も履いている。当時、西洋の履物は「西洋草履」と呼ばれ、また女性用の靴は特に「女唐履《めとうぐつ》」と呼ばれていた（図4・5・7）。

徳川幕府が、幕末にフランス式の軍制を採用したことはよく知られている。一八六二（文久二）年のこと、この時に、筒袖《つつそで》・筒裾姿でちょん髷《まげ》を結った伝習生ができあがった。幕末の写真には、よくこの人たちの姿が映されている。この時の伝習生は、各藩から選抜された子弟たちであった。

好奇心の強い民衆が、このような服装を真似るであろうことを予想してか、幕府は民衆にはちゃんと禁令を出していた。一八六一（文久元）年には、「百姓町人共儀も、職業柄商売体に寄せ筒袖着用、雪中皮履相用ひ候儀、在来仕立候儀は不相成候」という禁令が出されていた。

福地源一郎（桜痴《おうち》）（図8）といえば、明治の政治評論家としては大変に有名である。一八四一（天保一二）年、長崎の医者の子として生まれた。福地は遣欧使節団の一員として西洋に渡ったが、西洋の履物を履くのは恥辱であるという信念の下に草鞋《わらじ》を持っていった。ところがイギリスに着くや、草鞋は未開の証拠品であるとして、海の中に投げ込んだといわれている。

日本において革靴は、軍隊の創設と深い関係がある。それだけではなく、学生や官吏のための履物として、より履きやすい靴が考案されてきた。日本で靴が作られ始めたのは、一八七〇（明治三）年のことである。製造者は旧佐倉藩・堀田家の藩士であった西村勝三である。

西村勝三は、明治維新の七年前に武士から商人になり、大村益次郎の勧めで、東京の築地で軍靴製造に乗り出すのである。屋号は「伊勢勝」、一八八四（明治一七）年に、桜組と改称した。大村益次郎は元は長州藩士であったが、一八六九（明治二）年に暗殺されている。

6　明治時代の履物広告（2）（『東京日々新聞』一八九一年）「石川足袋ハ無双にて　裏表何れを出してもは□て普通足袋の三倍保ち　下駄の鼻緒ずれができず　便利徳用なるを　実に天下無類也」とある。

5　明治時代の履物広告（1）（『滑稽新聞』1906年）「皮革耐久液」「本液は二倍以上の耐久力を増す」とある。

7　明治時代の履物広告（3）（『東京朝日新聞』1887年）「ソコ象革　堅強ニテ靴底ニ至極摘要仕候　其外軍具馬具靴並ニ帯革用象革類種々製造販売仕候」とある。

8　西南戦争の戦地の実況を視察している福地源一郎（小林清親画、1885年）

靴は窮屈な袋だった？

今日では、靴という履物はありふれすぎていて、道路わきに落ちていても誰も拾わないが、一九六〇年代頃までに書かれたエッセーや小説を読むと、靴は貴重なもので、玄関に脱いでおいたら、わずか二分か三分くらいの間に盗まれることがよくあったというのである。ただ、貴重品とはいえ、「窮屈な袋」でもあったようだ（図１・２）。

靴については、あまり研究が進まない分野である。文献も多くない。研究が進まなかったり文献が多くないのは、たぶんに部落問題が関係しているからであろう。

旧佐倉藩士族の西村勝三が、明治の初めから靴の製造を始めたことは前話で触れた。また、江戸時代に東日本の長吏《ちょうり》頭だった弾左衛門《だんざえもん》が明治になってから始めた「弾製靴所」の系譜もある。弾製靴所がどのような靴を作ってどこに納入していたのか、詳細はよくわからない。

明治になってから、靴が被差別部落でも製作されていたというのは、間違いない事実である。それは、江戸時代、浅草にいた弾左衛門のところに、配下の長吏から、馬皮を始めとした毛皮が集まるような態勢になっていたからである。

ところが明治の世の中になると、太政官は、一八七一（明治四）年三月一九日に、「従来斃《たお》れ牛馬有之節は穢多《えた》へ相渡来候処自今牛馬は勿論外獣類たりとも総て持主の者勝手に所置可致事」という皮革統制の廃止を通達している。

江戸時代、東日本の各地には馬捨て場があった。そこを非人《ひにん》が毎日巡回して馬が捨てられていないか、確認していた。各地にいた長吏小頭の家には、「職場絵図」といわれる絵図が残されていることが多い。主には幕末に描かれた物が多く見つかっているが、江戸時代中期に描かれた絵図も残っている。

1　上流階層の息抜き（『ドバエ』ビゴー画、1887 年）　晩餐会あとの様子。靴を脱いでくつろいでいる。草履や草鞋、下駄がいいと思っていたのだろうか。

2　靴を履く日本人（『ロンドンニュース』1873 年）　下駄から靴に履き替えている。後ろにいくつもの靴があることから、靴屋さんと思われる。

この太政官布告が出されるまでは、東日本の場合には長吏が馬皮を、西日本の場合には革多《かわた》に牛の皮の専有権があった。牛や馬を飼っている農民の牛や馬が死んだ場合には、それぞれの持ち主が自由に処分できることになった。

長吏や革多は皮革を集めにくくなる一方で、皮革に関わる業界に新規参入しようとする者にとっては、新しいビジネスチャンスになる。この太政官布告は、皮革という産業によって結びついていた長吏や革多を、縦の関係からも、横の関係からも解体していく一つのきっかけとなったのである。

大村益次郎といえば、近代的兵制を唱えたことでよく知られているが、西村勝三が靴をつくるようになったのは、大村益次郎との出会いが大きかったといわれる。

大村益次郎は西村勝三に対して、次のように語った。

「日本も之から将《まさ》に全国皆兵主義をとって、その調練方法は凡て洋式に則らねばならぬ。従って兵卒には凡て洋服を着せ、靴をはかせ様と思ふ。けれども洋服も靴も今の所凡て外国から輸入しなければならないので、国家の経済上実に莫大な損耗だ。日本の工業が進歩して、軍需品は悉《ことごと》く内国品のみで充足させることが出来る様な時代に早くなりたい」(『漫談明治初年』同好史談会)。

洋式兵制が確立すれば、兵士に靴を履かせることに間違いないと考え、西村勝三は一八七〇(明治三)年から靴を作るようになった。靴製造に着手したのである。そして、陸軍に靴を納める御用商人になった。

しかし、西村が実際に靴を作るようになったのは、次のような理由によるようだ。

大村益次郎に頼まれて、フランスから輸入された軍靴二万足を軍隊に納めたが、これらの靴はフランス人の足に合わせて作られていたために、甲高幅広の日本人の足には合わなくて、あまり役に立たなかったというのである。これを恥じた西村は、日本人の足に合う靴を作ろうと決心したようである(**図3**)。

『靴の発達と東京靴同業組合史』には、「我国の陸軍が靴を用ふるやうになったのは明治二年三月、伏見駐在の視衛兵に帽衣袴並に靴を使用せしめたのがその最初である」とある。

一八七〇（明治三）年、生活困窮者の少年五〇人と、旧佐倉藩や旧川越藩の藩士の子弟らとともに、西村は、靴を作り始めた。しかし、その靴は外国製品をモデルに見よう見真似で作ったから、兵部省からの注文品を納入しても、不合格品ばかりだった。おまけに一八七七（明治一〇）年頃までの靴は、すぐに形は崩れ、歩いていると親指が強く圧迫されるという欠陥を持っていた。

大塚岩次郎という靴師は、この欠陥を改良し、履き心地の良い靴を製作することに成功した。大塚は、明治天皇の靴を作った人でもある。人一倍研究熱心な人だったといわれている。

「岩次郎の目的は、欧米人の足とは異なった甲高で幅広な日本人の足に合う靴を創り出すことにあった。（略）岩次郎は欧米製靴技術を超える『爪先芯』を考案するにいたった。明治一一年、岩次郎が二〇歳のときのことであった」（『大塚製靴百年史』）。

今日のように日本人の足に合った履き心地の良い靴が作られるようになるには、人知れぬ苦心があったのである。

3　陸軍歩兵の軍装（『改正陸軍服装全書』1912 年）

スカートめくりをする職人の動機とは

この絵（図1）は、ビゴーが描いたものである。隅田川堤防での花見をしている洋装の女性のスカートを、職人風の二人の男が、捲り上げているところである。驚いた女性が憤っている。職人の方は、洋服を着て外国人に媚びへつらう女性を批判しているようにも見える。

スカートをまくりあげられた女性は、絵には「令嬢」とあるから若い女性だったのだろう。足元から、靴らしい履物が少しだけのぞいている。底がペッタンコの靴らしい。スカートに隠れてよく見えないが、かかとの高い靴だったのかもしれない。国産品ではなかったろう。

日本で履物というと、古くから下駄と草鞋《わらじ》が利用されてきた。明治時代に描かれた絵の中には、和服姿のままで靴を履いている女性もいないわけではないが、洋装に下駄というわけにはいかなくなった。

洋装が流行するようになるとドレスとともに、靴も注目されるようになった。シンデレラの物語にみられるように、靴には特別の意味が付され、女性らしさのシンボルとなったのである。大正時代になると女性の自立のシンボルともなった。靴の台頭を題材にした戯画も描かれた（図2）。

羅馬帝国の有名なジュリアス・シーザー（カエサル）は、自身の身長の低いのを補うために、踵《かかと》の高い靴を履いていたという記録がある。ビゴーの描いた洋装婦人の絵をみると、編み上げ靴だけでなく、花柄の付いた靴も描かれている。「花の帝国」と呼ばれていた一八世紀のフランスでは、靴の刺繍や織り模様にはたいてい花柄があしらわれていた。踵の高い靴が再び流行ったのは、フランスでは一八五〇年代以降である。靴を縫うためのミシンが発明され、この頃から靴の製造は手作りから機械生産に移行した。日本の女学生の履物として有名になった踵の高い皮製のブーツも、大量生産されるようになったのである。フランスでは外出用・スポーツ用として流行したのである。

1　洋装の女性のスカートをめくりあげる男性（ビゴー画）「花見の酔漢向島の実況で御座る」というタイトル。職人風の男が、この頃の「女唐はとかく尻癖が悪い」といって洋装の女性のスカートをまくったところ、女性は「お前方は人の裳をまくって堂する積りだ失礼千万な」と怒っている。

2　靴と下駄と雪駄の論争（『明治事物起源』1908年）「道具くらべ」の中に、「雪沓とくつの論争を、駒下駄の仲裁する図ありて、『くつ曰、とふからんくつは唐物屋にきけ、ちかくはかって目にもみよしのかんかつでだち、今りうこうのはくらいくつ、雨のふるひもせいてんも、足はよごれず、冬あたゝか、くつにやまさるものはあるめへ……』」。

日本では、明治の初期にはすでに洋靴を製造していたが、すべて手縫いである。大森貝塚を発見したことで知られるエドワード・S・モースは、著書『日本その日その日』のなかで、日本人の作った靴は、すぐに形が崩れてしまう、と書いている。ところが間もなく靴の品質は向上した、とも書いている。日本人は勤勉で、技術の習得には貪欲だったのである。

　ところで、スカートめくりは、子どもたちの間で連綿と続いていたらしい。小学校では袴姿の女性教師が多かったから悪ガキに狙われた。地図を掲出する長い竹の棹を使って、袴姿の女性教師の後ろから袴をまくり上げる行為は、明治時代以後にはよく行われていたらしい。そのような思い出を綴っている記録をよく見かけるから、かなり広く行われていたのであろう。やられる方はたまったものではないが。

明治の美人コンクール

時事新報社が主催した美人コンクールの入選者たち。米国のヘラルド・トリビューン社が依頼したもの。一位となった末弘ヒロ子（左図）はこの入選で学習院を退学させられた。

（『日本美人帖』一九〇八年）

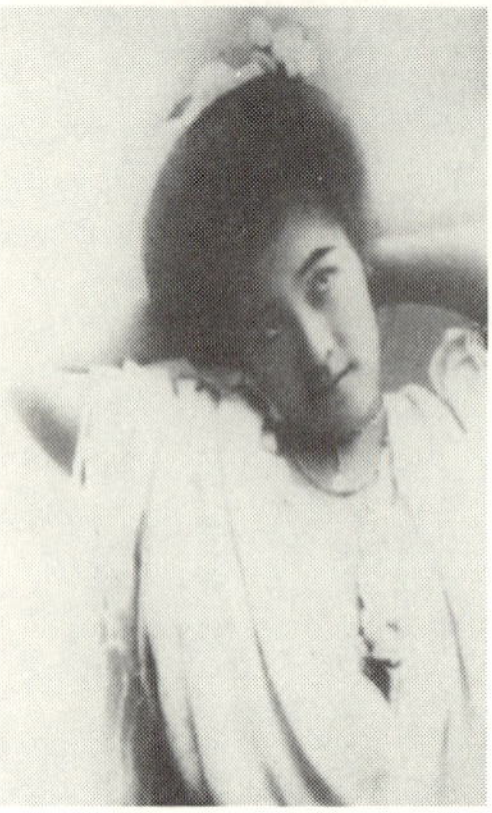

第4章　明治政府の施策と社会探訪

「解放令」は自由と平等への第一歩ではあった

維新政府が布告した「解放令」には、次のようなものがある。

「穢多《えた》非人《ひにん》等の称被廃候條自今身分職業共平民同様たるへき事」。この布告が出されたのは一八七一（明治四）年八月二八日である。この後に続けて府県宛に穢多非人の称を廃止、一般民籍に編入して、身分・職業ともにすべて同一になるよう取り扱うこと、地租なども除外していたらちゃんと徴収するように、との布告を同日付けで出している。同年には、「婚姻の自由」「職業選択の自由」「旧慣習の廃止令」という太政官布告も出されている。一八七二（明治五）年年には、「人身売買禁止の布告」としていわゆる「遊女解放令」が出された。

「婚姻の自由」は、「華族より平民に至る迄互婚姻被差許候條双方願に不及其時々戸長へ可く届出事。但送籍方の儀は戸籍法第八則より一一則迄に照準可致事」という内容である。

「遊女解放令」は、四項目から成っていた。「一、人身を売買致し終身又は年期を限り其主人の存意に任せ虐使致し候は人倫に背き有まじき事に付古来制禁の処、従来年期奉公等種々の名目を以て奉公住為致其実売買同様の所業に至り以の外の事に付自今可為厳禁事。（略）。一、平常の奉公人は一カ年宛たるへし。尤奉公取続候者は証文可相改事。一、娼妓芸妓等年季奉公人一切解放可致、右に付ての賃借訴訟総て不取上候事」という内容である。年季と年期の文字の違いは原典による。

もちろん、この布告で芸妓や娼妓（**図1**）がすぐに解放されたわけではない。そのような身にならざるをえない原因、たとえば貧困や失業などの問題を解決しなければならないが、形だけでもこのような布告の出された意味はないわけではない。政府は人身売買を禁止したが、個人が自由意志によって芸妓になったり娼妓になったりすることまでは、禁止しなかったのである。

このような公娼制度廃止の動きは群馬県から始まった。キリスト教を信仰する県会議員が、一八八〇（明治一三）年に県議会に廃娼の請願をしたのがきっかけだった。一八八二（明治一五）年には県議会で廃娼の決議がなされ、一八九一（明治二四）年、廃娼令が出されたのである。

次頁の絵（**図2**）は、救世軍の廃娼広告である。救世軍や日本キリスト教婦人矯風会は、群馬県での廃娼運動に元気づけられて、積極的に廃娼運動に取り組んだ。

1　明治時代終わりの娼妓（ビゴー画）　樋口一葉の『たけくらべ』にも、このような絵が描かれている。

しかし、群馬県下では廃娼運動によって、自由になった娼妓は、他府県に移動して同様の職業についたり、県内で同種の職業に留まった事例が多かったといわれる（『性の歴史学』藤目ゆき）。

群馬県には、全国的に有名な伊香保温泉や草津温泉という温泉街がいくつもある。それだけではなく、養蚕地帯でもあるから養蚕農家の浮き沈みも激しい。このような背景があるから、廃娼が決議されても社会の構造に変化がないかぎり、売春の根絶は難しかったのである。あまり知られていないのかもしれないが、同県内では、お祭りのときには、結婚していても、自由に他人様の誰とでも性関係を持っても文句をいわれない、という風習が最近まで残っているところもあった。

救世軍は、とくに娼妓は親子関係も親戚関係

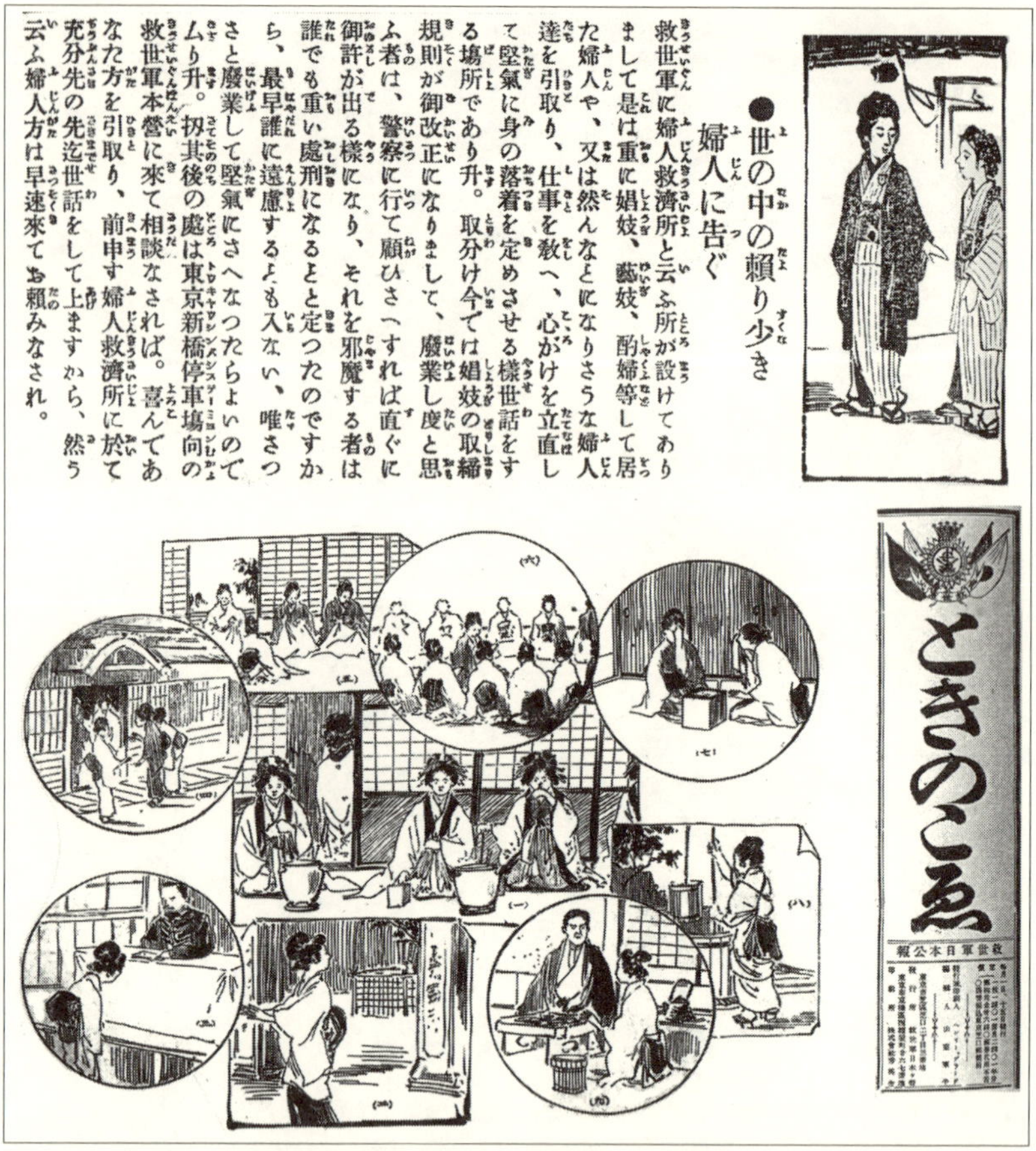
●世《よ》の中《なか》の頼《たよ》り少《すくな》き
婦人《ふじん》に告《つ》ぐ

救世軍《きうせいぐん》に婦人救濟所《ふじんきうさいじよ》と云《い》ふ所《ところ》が設《まう》けてありました是《これ》は重《おも》に娼妓《しようぎ》、藝妓《げいぎ》、酌婦等《しやくふなど》して居《を》つた婦人《ふじん》や、又《また》は然《そ》んなとになりさうな婦人《ふじん》達《たち》を引取《ひきと》り、仕事《しごと》を敎《をし》へ、心《こゝろ》がけを立直《たてなほ》して堅氣《かたぎ》に身《み》の落着《おちつき》を定《さだ》めさせる樣世話《やうせわ》をする場所《ばしよ》であり升《ます》。取分《とりわ》け今《いま》では娼妓《しようぎ》の取締《とりしまり》規則《きそく》が御《ご》改正《かいせい》になりまして、廢業《はいげふ》し度《たい》と思《おも》ふ者《もの》は、警察《けいさつ》に行《い》て願《ねが》ひさへすれば直《す》ぐに御許《おゆるし》が出《で》る樣《やう》になり、それを邪魔《じやま》する者《もの》は誰《たれ》でも重《おも》い處刑《おしおき》になるとと定《きま》つたのですから、最早誰《もはやだれ》に遠慮《えんりよ》するにも入《いら》ない、唯《たゞ》さつさと廢業《はいげふ》して堅氣《かたぎ》にさへなつたらよいので厶り升《ます》。扨其後《さてそのゝち》の處《ところ》は東京新橋停車塲《トウキヤウシンバシステーシヨン》向《むかふ》の救世軍本營《きうせいぐんほんえい》に來《き》て相談《さうだん》なされば。喜《よろこ》んであなた方《かた》を引取《ひきと》り、前申《さきへまう》す婦人救濟所《ふじんきうさいじよ》に於《おい》て充分《ぢうぶん》先《さき》の先迄《さきまで》世話《せわ》をして上《あげ》ますから、然《さ》う云《い》ふ婦人方《ふじんがた》は早速《さつそく》來《き》てお賴《たの》みなされ。

2　救世軍の廃娼広告（『救世軍日本広報』1902年）　下段の挿絵脇には「日本全国四万人の娼妓達よ、未だ若く達者なうち、機会のある間に、一刻も早く廃業して堅気にお成りなされ」との文言がある。

も切られている人が多い現実を踏まえて、広告のなかでは「救世軍本営に来て相談なされば、喜んであなた方を引取り」先の世話までする、と書いている。親から娼妓に売られると、「恥ずかしいから家に帰ってくるな」と捨てられる人が多かったから、このような救世軍の広告は、かなり有効だったと考えられる。

廃仏毀釈の顚末

明治維新政府は復古主義政策をとったことから、急激な改革運動を全国的に巻き起こすことにもなった。その一つが廃仏毀釈（図1）である。祭政一致・神祇官再興にともなって生じた神道と仏教を分離させる政策で、一八六八（明治元）年旧三月、太政官布告による神仏判然令によって神仏分離が急激に押し進められることになった。平田篤胤《あつたね》派の国学者や同派の神官が中心になって、全国各地で、神社とも寺院とも判然としない寺院の仏堂や仏像、仏具などを徹底的に破壊ないしは撤去したのである。この結果、神社の社僧や別当は還俗《げんぞく》し、権現・明神・菩薩などの神号は廃止された。また神社からは、仏像・僧像・経典などが取り払われたのである。

各地の神社とか観音堂などの由来書を見ると、明治時代の初めに川上から仏像が流れ着いたとか、仏像の頭だけが流れてきたという伝承が、河川の川下の村々に残されている。

寺院と神社が融合・調和する神仏混淆とか神仏習合という考え方は、奈良時代中期ころから始まった。神道の神々は仏法を護るものとされ、寺に神社が建てられたり、神々もそれぞれの苦悩からの解脱を望んでいるという理由から、神社の境内に神宮寺が建てられたりした。地方に行くと、寺と神社の建物が、同じような形式のまま現在でも残っているのは神仏習合時代の名残である。

現在でも一般的には寺で葬式をやる人が多い。最近は、葬式をやらずに火葬だけして、すぐに納骨してしまう人も多くなった。墓地も持たずに、樹木葬とか海に遺灰を撒いたり、という葬式も多い。

江戸時代には、寺の檀家になっていないと身元証明ができなかったから、人々と寺との関係は深かった。廃仏毀釈の結果、旦那寺がなくなってしまい、神葬祭といって、神主が葬式を執り行うところも出てきた。神葬祭は葬儀の費用が安くて済むからと、地方では最近目立ってきた。

正式の僧侶ではないが、江戸時代には修験者という僧形の宗教者が各地にいた。修験者は葬式を執り行うわけにはいかなかったが、人々は、病気になったりしたときには祈禱をしてもらったり、製法の知れない民間薬を処方してもらったりしていた。また進路や運勢を占ってもらったりもしていた。修験者たちは、明治時代以後も江戸時代以来の活躍の場がかなりあった。人々は、いわゆる迷信の中に生きていたのである。方位や吉凶、六曜などの民間信仰の意味を広めていたのは、主にこの人たちである。神社のような建物に住んで、加持祈禱の看板を掲げて、世間からは拝み屋といわれていた。江戸幕府は仏教と深く結びついていた関係上、維新政府からは仏教は、とかく目の敵にされたのである。

一八六九（明治二）年、明治天皇は東京への行幸のさいに、伊勢神宮を参拝した。古代以来、天皇が伊勢神宮を参拝する例はなかった。さらに翌年には大教宣布の詔が出され、天皇中心の国体観念に立つ神道が、「大教」の名の元に、国民全体に布教されることとなった（**図2**）。

一八七一（明治四）年には、全国一七万を越える神社は、伊勢神宮を頂点として、すべて社格を与えられた。伊勢神宮は江戸時代のように民衆に開かれた神社ではなくなり、国家神道の頂点として神宮となった。これに合わせて全国の神社は大・中・小・別格からなる官幣社と、やはり大・中・小の国幣社、府・県社、郷社、村社、無格社という序列に体系化された。各地の神社を歩くと、参道の入り口に村社熊野神社とかの標柱を目にする。民衆に一番なじみのあった神社である。いくつかの村を合わせたくらいの、やや規模が大きい神社は郷社となり、府社とか県社は各府県にたいていは一つしか存在しなかった。

維新政府が文明開化・富国強兵・殖産興業を推進するようになると、キリスト教の進出の脅威が現実のものとなり、神道も仏教も挙げての国民教化政策がとられるようになった。そこで政府は敬神愛国・天理人道・天皇を奉戴《ほうたい》し命令を遵守《じゅんしゅ》することなどの「三条の教則」を定め、国民教化には仏教も参加することになり、廃仏毀釈は数年でおさまった。

1　廃仏毀釈（出典不明）　多くの経典や仏像などが焼き払われた。

2　説教中の神官（『三條の捷徑』仮名垣魯文、1873年）　尊皇愛国思想を教化するため、神官を教導職に就けて説教を行った。

明治天皇が全国を行幸した理由

明治天皇は、実によく全国を行幸した（図1）。現在の政治家が、明治天皇ほど歩き回っていたら、民衆に対してかなり的確な政策が打ち出せるものと考えられる。政治家は自分の選挙区のことだけでなく、広く物を見る必要がある。明治天皇の爪の垢でも煎じて飲んだらよい。

東京発の行幸だけでも、明治天皇は九六回を数える。しかしこの事実、「菊は栄えて葵は枯れる」といわれた維新以後、天皇という存在は民衆には何も知られていなかった証拠である。たとえば、明治時代中期くらいまでに描かれた錦絵を見ると、民衆は、天皇の行幸の馬車列に頭を下げるわけでもなく、農作業の手を緩めるわけでもなかった。明治時代も後期になると、民衆は学校教育の中で天皇制絶対主義の教育を叩き込まれ、天皇の写真に向かって遥拝させられるようになったが、天皇そのものは大変に影が薄い存在だったのである。おそらく名前も知られていなかったのではないだろうか。

一八六八（明治元）年三月に、維新政府の九州鎮撫総督が出した一文には、天皇を次のように紹介している。当時の天皇観をよく表している史料である。

「此日本と言ふ御国には、天照皇太神様から御つぎ遊ばされたところの天子さまと云うものがござって、是が昔からちっとも変ったことのない日本国の御主人様ぢゃ。

1 「北陸道御巡幸御発輦之図」（周延画、1878年、扇子忠『錦絵が語る天皇の姿』より） 近衛騎兵隊・警察ら約700人に護衛されながら、右大臣であった岩倉具視・参議大隈重信らが行幸に同行した。右頁の馬車に乗っている明治天皇が窺える。

ところが七八百年も昔から乱世がつづき、色々の世の中には北條ぢゃの足利ぢゃのと云う人が出て来て、終には天子さまの御支配遊ばされた所を皆奪ひ取り己が物にしたれども、天子さまと云うものは、色々御難儀遊ばされながら今日まで御血統が絶えず、どこまでも違い無き事ぢゃ。何と恐れ入ったことぢゃないか」。

「血統が絶え」なかったことが「恐れ入った」こと」の根拠とされているが、古くから連綿と続く血統があったのは、何も天皇だけには限らない。一人の人間の親は二人だが、その二人に親は二人ずつだから四人いる。さらに四人の親には八人の親がいたというふうに考えていくと、「血統」の古さというのは、その人間の偉さの根拠にはならない。

ちなみに、この「血統」は、部落問題でもよく差別される根拠とされてきた。しかし、何代か遡っただけで、関係する人間はものすごく大勢いるのである。それでも、「あの人は昔から差別される血筋だ」と誰がどうやって証明でき朕《ちん》惟《おも》フニ、我《わ》ガ皇祖皇宗《こうそこうそう》、国《くに》ヲ肇《はじ》ムルコト宏遠《こうえん》ニ、徳《とく》ヲ樹《た》ツルコト深厚《しんこう》ナリ。我《わ》ガ臣民《しんみん》、克《よ》ク忠《ちゅう》ニ克《よ》ク孝《こう》ニ、億兆心《おくちょうこころ》ヲ一《いつ》ニシテ、世々《よよ》厥《そ》ノ美《び》ヲ済《な》セルハ、此《こ》レ我《わ》ガ国体《こくたい》ノ精華《せいか》ニシテ、教育《きょういく》ノ淵源《えんげん》、亦実《またじつ》ニ此《ここ》ニ存《ぞん》ス。爾臣民《なんじしんみん》、父母《ふぼ》ニ孝《こう》ニ、兄弟《けいてい》ニ友《とも》ニ、夫婦相和《ふうふあいわ》シ、朋友相信《ほうゆうあいしん》ジ、恭倹己《きょうけんおの》レヲ持《じ》シ、博愛衆《はくあいしゅう》ニ及《およ》ボシ、学《がく》ヲ修《おさ》メ、業《ぎょう》ヲ習《なら》ヒ、以《もっ》テ智能《ちのう》ヲ啓発《けいはつ》シ、徳器《とっき》ヲ成就《じょうじゅ》シ、進《すす》ンデ公益《こうえき》ヲ広《ひろ》メ、世務《せいむ》ヲ開《ひら》キ、常《つね》ニ国憲《こっけん》ヲ重《おもん》ジ、国法《こくほう》ニ遵《したが》ヒ、一旦緩急《いったんかんきゅう》アレバ、義勇公《ぎゆうこう》ニ奉《ほう》ジ、以《もっ》テ天壌無窮《てんじょうむきゅう》ノ皇運《こううん》ヲ扶翼《ふよく》スベシ。是《かく》ノ如《ごと》キハ、独《ひと》リ朕《ちん》ガ忠良《ちゅうりょう》ノ臣民《しんみん》タルノミナラズ、又以《またもっ》テ爾祖先《なんじそせん》ノ遺風《いふう》ヲ顕彰《けんしょう》スルニ足《た》ラン。斯《こ》ノ道《みち》ハ、実《じつ》ニ我《わ》ガ皇祖皇宗《こうそこうそう》ノ遺訓《いくん》ニシテ、子孫臣民《しそんしんみん》ノ倶《とも》ニ遵守《じゅんしゅ》スベキ所《ところ》、之《これ》ヲ古今《ここん》ニ通《つう》ジテ謬《あやま》ラズ、之《これ》ヲ中外《ちゅうがい》ニ施《ほどこ》シテ悖《もと》ラズ。朕爾臣民《ちんなんじしんみん》ト倶《とも》ニ拳々服膺《けんけんふくよう》シテ咸其徳《みなそのとく》ノヲ一《いつ》ニセンコトヲ庶幾《こいねが》フ（句読点は筆者による）。

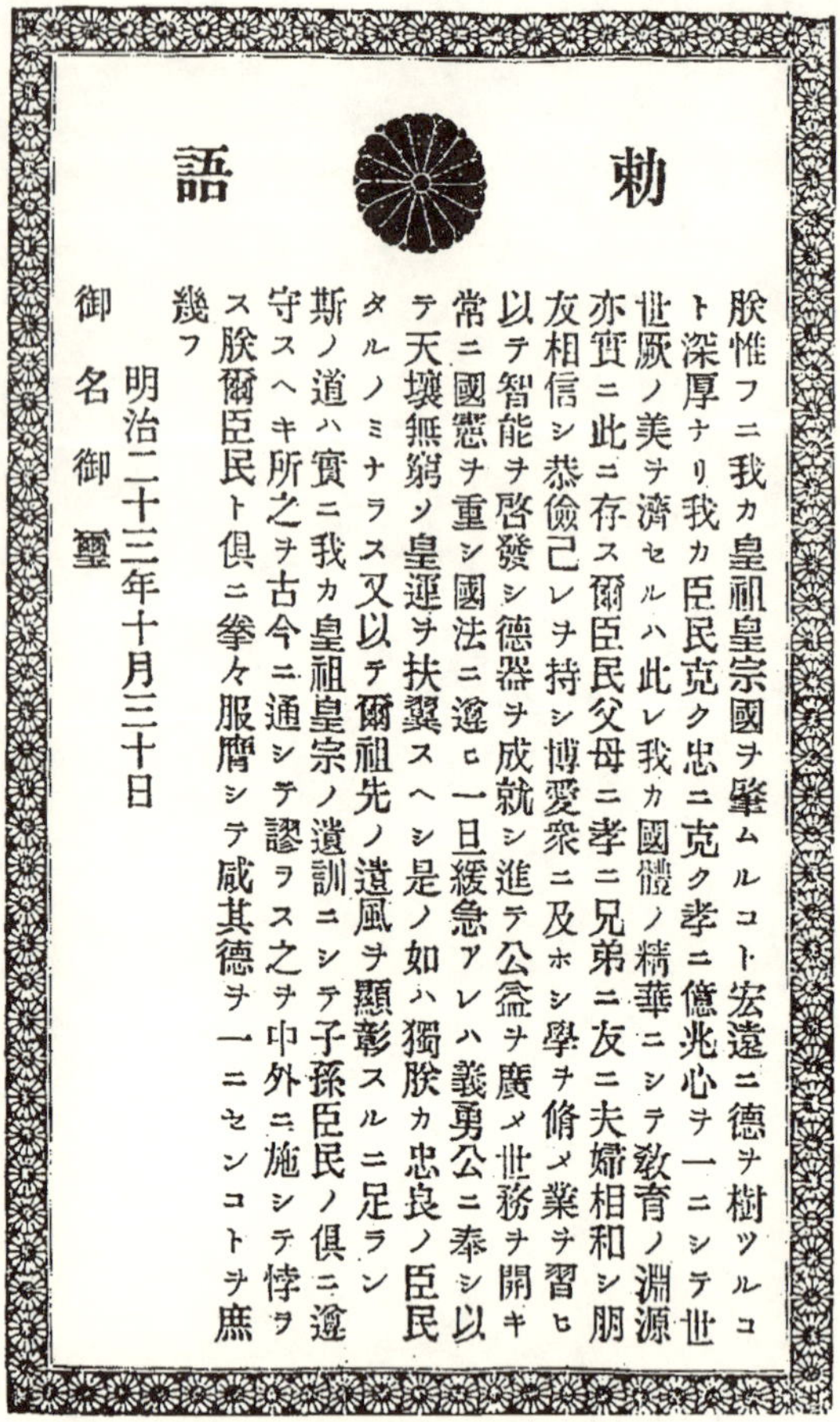
勅語

朕惟フニ我カ皇祖皇宗國ヲ肇ムルコト宏遠ニ徳ヲ樹ツルコト深厚ナリ我カ臣民克ク忠ニ克ク孝ニ億兆心ヲ一ニシテ世世厥ノ美ヲ濟セルハ此レ我カ國體ノ精華ニシテ教育ノ淵源亦實ニ此ニ存ス爾臣民父母ニ孝ニ兄弟ニ友ニ夫婦相和シ朋友相信シ恭儉己レヲ持シ博愛衆ニ及ホシ學ヲ脩メ業ヲ習ヒ以テ智能ヲ啓發シ德器ヲ成就シ進テ公益ヲ廣メ世務ヲ開キ常ニ國憲ヲ重シ國法ニ遵ヒ一旦緩急アレハ義勇公ニ奉シ以テ天壤無窮ノ皇運ヲ扶翼スヘシ是ノ如キハ獨リ朕カ忠良ノ臣民タルノミナラス又以テ爾祖先ノ遺風ヲ顯彰スルニ足ラン斯ノ道ハ實ニ我カ皇祖皇宗ノ遺訓ニシテ子孫臣民ノ倶ニ遵守スヘキ所之ヲ古今ニ通シテ謬ラス之ヲ中外ニ施シテ悖ラス朕爾臣民ト倶ニ拳々服膺シテ咸其德ヲ一ニセンコトヲ庶幾フ

明治二十三年十月三十日

御名御璽

2　教育勅語（『実用和文英訳教授書』1894 年）

るのか。遡って自分には「差別される側」の血筋は一人として入っていないということをどうやって証明できるのか。被差別部落に対する差別の根拠は、まったく存在しないのである。

明治時代以後の天皇制は、世界にも類例がないほどに「皇統が連綿と継続してきた」として、国家をあげて宣伝教育され、確立したものである。一八七三（明治六）年には、この「血統の古さ」を根拠にして、紀元節が定められた。神話上の天皇である神武天皇の即位の日を「建国の日」としたのである。天皇は現人神《あらひとがみ》であり、国民は皆が崇拝するものであるとしたのである。

さらに一八八二（明治一五）年には「軍人勅諭」が出された。この勅諭は、「我国の軍隊は世々天皇の統率し給う所にぞある」という内容が基本であった。のちに軍隊が「皇軍」と呼ばれるようになったのは、「軍人勅諭」に基づいている。

一八八九（明治二二）年に発布された大日本帝国憲法第一条で「大日本帝国は万世一系の天皇之を統治す」と規定され、第三条では「天皇は神聖にして侵すへからす」、さらに第一一条では「天皇は陸海軍を統帥す」と定めている。こうして天皇は国の主権はもちろん、議会の召集・開会・閉会だけでなく議会の解散権も持った。天皇は勅令という名の法律をいつでも出すことができたし、戒厳令を出したり、宣戦布告や停戦の権限まで持っていた。一九四五（昭和二〇）年までの天皇は、文字通り専制君主であった。

天皇の偉さを国民に強制するための最後の仕上げは、一八九〇（明治二三）年に出された「教育勅語」（図2）である。この勅語が出された翌年から、全国の各学校には天皇・皇后の写真が配布されて、奉安殿という天皇の写真を保管する建物が作られ、子供たちは毎日天皇の写真に対して最敬礼させられたのである。教室では、歴代の天皇名を暗誦させたりした。

このような教育に対しては、いわゆる頭の良い子ほど一生懸命に取り組んだのであった。奉安殿は、戦後になって市町村役場に払い下げられたところも多く、神社の社殿として再利用されている姿をよく見かける。

「野蛮」という風俗の全国一斉取締まり

アイヌの人たちの特徴は、長い髪の毛と長い髭《ひげ》、入墨と耳輪であろうか（**図1・2**）。明治時代になると、このようなアイヌの伝統的な風俗などは、文明開化に対する阻害要因であるとか「野蛮」であるとの理由で、法律によって禁止されるようになった。

この絵（**図1**）は、ジョン・バチェラーの著書『アイヌ人及其説話』の挿絵である。アイヌ人の説明として興味深い記述があるので抜粋したい（句読点は筆者による）。「アイヌも亦《また》己の敵には其《その》毛髪又は爪の切屑《きりくず》を取らるるは、甚《はなはだ》危険なりと思ふ。此故《このゆえ》に、己の敵に之を取らるるを嫌ひ恐るると云ふ。而《しか》して、之を手に入れし敵は如何にするかといふに、如何程《いかほど》僅かにても之を手に入るる時は、其《それ》に向ひ祈《いのり》を為《な》して其毛髪と爪の生え居りたる人を呪ひ、而して後《のち》其を葬るなり。アイヌ曰く毛髪と爪の漸く腐るに従ひ、其人の身体も亦病に罹りて後衰弱し腐るなりと」。

入墨は、アイヌ民族だけではなく沖縄や南西諸島でも行われていた。魔除けの意味もあったといわれる。沖縄では、入墨は一八九九（明治三二）年一〇月二〇日になって法的に禁止され、時を併せて入墨と男性の結髪も禁止されたが、これに違反すると拘留または罰金刑に処せられた（**図3**）。

たとえば立小便は「軽犯罪法違反」である。この軽犯罪法の前身が一八七三（明治六）年に公布された違式詿違《いしきかいい》条例（107頁参照）である。来日した外国人が、日本人の混浴の風習とか、裸で往来を歩く姿などが「野蛮」であると明治政府に建言した結果、出されたといわれる。

一八六九（明治二）年には、東京府が銭湯での男女混浴を禁止したが、一向に守られる気配はなく、以後も何度にもわたって禁止令が出された。銭湯のなかには「男女混浴」であることをウリにしていたところも珍しくなかった。

違式詿違条例に盛られた裸体禁止令は、一八六八（明治元）年に横浜で出されたのが最初といわれ、その後、全国

1　長髪に髭をたくわえたアイヌ人（『アイヌ人及其説話』1900年）

2　北海道のアイヌの人たち（『日本奥地紀行』）　長髪で髭をたくわえ、民族衣装を身にまとっている。

3　明治時代中頃の沖縄の市場風景（『沖縄風俗図会』1896年）

各地で同様の禁止令が出された。幕末から明治にかけての横浜には、外国人が多数居住していたから、禁止令の目的とするところがよくわかるというものである。

文明開化に向けて国民を育成するべく出された条例は、公布されると、かなりの猛威をふるった。つまり、民衆は日常的に立小便をしていたし、裸で往来を歩いていたのだ。今ではいるのかどうか知らないが、一九七〇年代でも温泉地や歓楽街などでは、春画やわいせつ写真を売っている人たちがいた。明治時代初期の頃は主に春画が売られていたが、この行為も禁止の対象となった。一九六〇年代でも、相撲の取り組みの写真の一部を見せて「わいせつ写真」と偽って売っていた人もいた。多少酒が入っていると、騙される人もいるのである。

一八七六（明治九）年の一年間で、違式詿違条例によって年間に一万九六〇人が処罰され、罰金額は一九三九円にものぼったと統計にはある。たかが軽犯罪法違反ではないのである。

明治時代の初め、アイヌの人たちも文明開化のあおりを受け、さまざまな迫害を受けるようになった。一八七一（明治四）年に施行された戸籍法では、アイヌの人たちを「平民」籍に編入するため、刺青を禁止し、アイヌの男性に対しては、耳輪を禁止した。

アイヌの人たちに対する禁止令でもっとも過酷なのが、その特徴である長髪の断髪であろう。アイヌの人たちにとって断髪するということは、犯罪人になったという意味だからである。

同じことは民衆の断髪に対する抵抗にもみられる。「ザンギリ頭を叩いてみれば、文明開化の音がする」といわれるようになるのは一八七一年頃からであるが、江戸時代までは、ざんぎり頭は犯罪人を意味していたからである。

アイヌの社会では、殺人などの凶悪犯罪はまれにしか起こらなかった。窃盗などの犯罪も少なかったという（『蝦夷国志』）。まれに起きた犯罪に対しては、鼻削ぎと髪髭剃り刑が執行された。アイヌの髪髭剃りは、刑罰であると同時にその人間の寿命が縮む行為、と信じられていたのであった。ちなみに鼻削ぎは、中世の畿内でも行われていた。

明治初期の絵解きによる軽犯罪の防止

都市の盛り場や住宅街には、神社の鳥居のマークが書き込まれたブロック塀や板塀がよく見られる。これは立小便禁止というメッセージなのである。男性ならば覚えがあると思われるが、トイレが近くになかったりしたときには、たまには立小便くらいはしてしまうもの。だが立小便は、現在でも立派な軽犯罪なのである。

江戸時代に出版された絵草子や豆本の類をみると、立小便をしている男性の挿絵が載せられていることがある。浮世絵にも、盲人が洗い張りをしている板に向かって放尿している場面が描かれたものがある。明治時代になっても、人々は、立小便が犯罪だという意識はあまりなかったらしい。

現在の軽犯罪法は、一九四八（昭和二三）年に制定された法律である。日常生活上での軽微な道徳違反行為について定めてあるが、この法律の原型をなしたのが違式詿違《いしきかいい》条例（**図1**）という九〇条からなる禁止法であった。この条例は一八七三（明治六）年に公布されている。

違式詿違条例を見ると、今日と変わらないような違反項目がいくつもある。たとえば第一六条には「夜中無灯の馬車を以て通行する者」があるが、これは自転車の無灯火禁止と同じである。第五一条には旅館経営者が宿泊者の人名を宿帳に記載しなかったりした場合も違反とされている。

第三四条には、祭礼のときに人間や人家に妨害行為をする者が挙げられている。普段から気に入らない家や商店があると、事前に相談して祭礼のときにわざとその家に神輿を投げ入れたりして、家を破壊してしまうのである。気に入らない生意気な人間に対しては、その人を抱えて海に投げ込んだりして、日頃の恨みを晴らしたのである。幕末や明治初期には、各地でこのような行為が行われていたらしい。

第六二条には、酒に酔って車馬往来の妨げをする者が取り上げられている。この項目も、今日でいう電車やバスなどの通行を妨害するのと同様の行為といえよう。

部落問題と関連する項目がいくつも挙げられているのも、違式詿違条例の特徴であるといえようか。第一〇条では、病気で死んだ牛や馬、その他の動物の肉の販売禁止という項目がある。この禁止令はあまり守られなかったらしく、明治期を通して、新聞には、病気で死んだ牛や馬の肉を販売していて検挙された業者の記事がよく出てくる。また第三五条には、往来で死んだ牛や馬を解体して、肉を取る行為を禁止している。

実際には、人通りの多い往来を占拠して、牛や馬を解体したとは考えにくいが、牛肉屋が店の傍らで牛や馬・鹿や猪を解体したことはあったらしい。小川でも流れていれば、血を流してしまえるからだ。解体の場所は、少しずつ変わって井戸の傍らになったり、水道が普及すると裏庭で解体したりするようになった。地方の肉屋では、一九六〇（昭和三五）年頃でも、店の裏に牛の頭だけが山のように積み上げられているところもあった。

第三二条と第七六条は、江戸時代に非人《ひにん》といわれた人たちの行為に関する禁止令である。

第三二条は、江戸時代には冠婚葬祭があると非人や乞食《こじき》といわれた人たちは、その家に押しかけて、金や食事といった施し物をしてくれるまで往来に居座り、騒いだり暴れたりしたのである。これが禁止の対象になったということは、各地で行われていた行為だったのだろう。

第七六条は、江戸時代に広く行われていた伊勢神宮などの有名な神社仏閣への参拝に対し、喜捨を強要する行為を禁止している。江戸時代、伊勢神宮の参拝には一文の金を持たなくても行って来られたが、明治時代になると、喜捨そのものが禁止された。

これらの禁止項目に違反した際の罰金も定められていた。違式の罪を犯した者は七五銭以上一五〇銭以下、詿違の罪の場合には六銭二厘五毛以上一二銭五厘以下の罰金を取られた。罰金が払えない貧困者の場合には、笞《むち》打ちや一日だけの拘留がなされた。違式詿違条例や、その後に制定された警察犯処罰令（一九〇八年制定）は、とかく乱用されて社会運動の取り締まりには猛威をふるった。現行の軽犯罪法には乱用防止規定があるが、あまり守られていない。

遠藤喜道編輯

違式註違　御條目圖解　全

明治七年七月　奎文房發兌

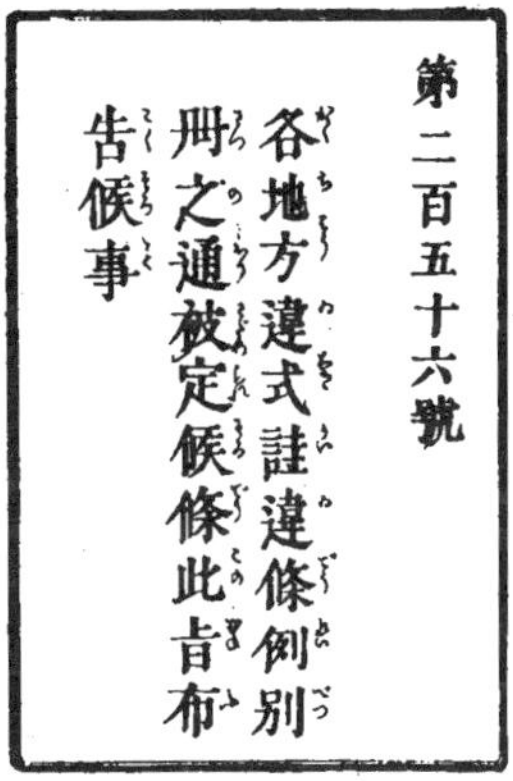
第二百五十六號

各地方違式詿違條例別冊之通被定候條此旨布告候事

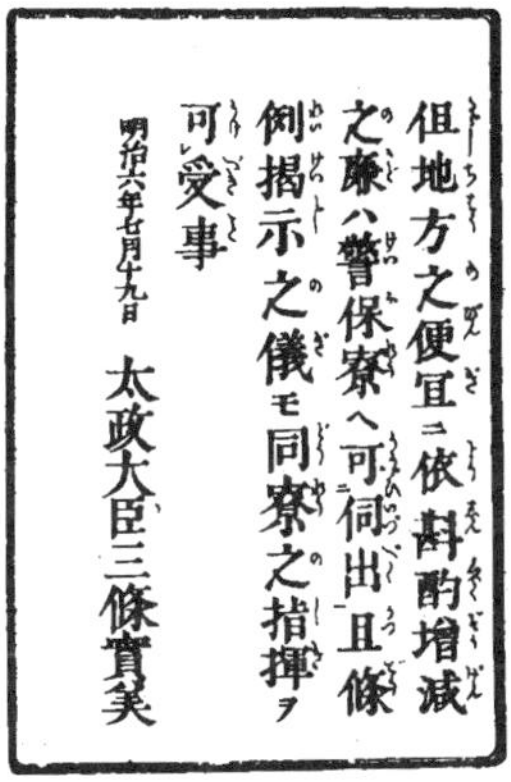
但地方之便宜ニ依斟酌増減之廉ハ警保寮ヘ可伺出且條例掲示之儀モ同寮之指揮ヲ可受事

明治六年七月十九日　太政大臣三條實美

1　違式註違条約図解（『違式註違御条目図解』1874年）　大政大臣三条実美の名で交付された禁止令（1～90条）の図解書。その中より抜粋。

違式罪目

第七條

贋造の飲食物并ニ腐敗の食物と知て販賣する者

第一〇条　病牛、死牛、その他病死の禽獣の販売禁止

第一一条　身体に刺青をすること

第一三条　乗馬、馬車で通行人を触れ倒すこと

第九条　春画及びその類の諸器物の販売禁止

第一四条　外国人を無届けで宿泊させること

第一五条　外国人と雑居すること

第一六条　夜間に無灯火の馬車で通行すること

第一七条　人家が稠密な場所でみだりに火技で遊ぶこと

第一八条　火事場で関係ない者が乗馬すること

第一九条　戯れに往来の常灯台を破壊すること

第二〇条　車馬禁止の道路、橋梁を通行すること

第二一条　男女相撲、蛇遣い、その他醜体の見世物

第二三条　川、堀、下水などにゴミや瓦礫を投棄すること

第二四条　他人の漁場や免許のない場所で漁猟すること

第二五条　毒薬、激烈気物を用いて魚鳥を捕ること

第二六条　他人の田水、組合の田水を許可なく使うこと

第三二条　婚姻祝儀等の節事に往来、家を妨害すること

第三四条　神仏祭事に人、家に妨害すること

第三五条　往来で死牛馬の皮を剥ぎ、肉をとること

第三六条　他人の墓碑を毀損すること

第三九条　御用と書いた旗や提灯を免許なく用いること

第五一条　旅籠屋は止宿人名を記載しなければならない

第五六条　田畑の中を横断したり牛馬で通行すること

第五八条　荷車や人力車等を並走して通行を妨げること

第五九条　誤って牛馬を放ち人家に入れること

第六二条　酔いやいたづらで車馬往来を妨害すること

第七一条　渡船に不当な賃銭を求め、又、待たせること

第七六条　往来人に合力（喜捨）を求めること

第八一条　車馬や駕籠に乗る事を強引に勧誘すること

第八四条　いたずらに山林原野で火を焚くこと

第八五条　標柱を破壊し、または牛馬を繋ぎとめること

第八六条　橋柱に舟や筏をつなぎとめること

第八七条　神祠、仏堂または他人の垣塀に落書すること

第九〇条　往来の並木の枝に草鞋を投げ掛けること

見世物禁止令が出された理由とは

多くの障害者が嘲笑の的にされながらも、自立して生きていたのが江戸の昔だったが、明治時代になると様子がすっかり変わった。まず、一八六八（明治元）年二月、性的見世物禁止令が出された。

「西京東京は皇国の首府にして教化の根元に候へは仮初にも非礼非議の情態有之候ては其弊普く御国内に及候事故、卑劣の義は有之間敷筈之所、近来春画並に猥ヶ間敷錦絵等を売買致し候者も有之哉に相聞、且又見世物と唱候類にも見苦敷き招き看板を差出し如何敷態を致し小児玩物等の内にも男女の裸体等も相見へ不埒の至に候、向後右様の不埒の儀は致間敷、万一右様の類売買致候者於有之にては其品取上糺の上当人は勿論名主共五人組夫々咎申付候條心得違無之様可致候事右之通り組組不洩様早々可申達」。

「猥りがましい」とか「見苦しい」というのは、誰に対しての考慮なのかといえば、天皇と外国人に対してである。

一八七二（明治五）年には、男女の相撲および蛇使い、その他の醜態を見世物に出す行為が禁止されたが、相撲は裸でやるものだからと、相撲に対する禁令はすぐに撤回された。

さらに、一八七三（明治六）年には、東京府知事から、次のような内容の障害者に対する見世物禁止令が出されている。

「見世物興行之儀は鳥獣或は諸芸を以って衆人之縦観と可致筈に付、願出次第是を取調之上差許し来候間万今不具之もの等見世物に差出候儀無之筈に候得共、万一心得違を以て不具に不拘総て醜態ヶ間敷観世物決して不相成候、尤当府管内有籍之者にて不具難渋に迫り生活之目途相附ヶ兼候はは、願出次第養育院へ差入扶助致し可遣候条此旨可相心得」

この禁止令によって生活が立ち行かなくなった障害者は、願い出があれば養育院（図1〜3）へ入れるようにするともある。この養育院というのは、一八七二（明治五）年に設立されたが、当初は貧困者とか病気で働けなくなった人を収容する施設ではなかった。施設を上野の護国寺に移した際、刑期を終えた囚人も同時に収容するようになった。この施設が「養育院」という名称になったのは、一八七五（明治八）年のことである。養育院は後に板橋区に移り、現在もある。

一八七三（明治六）年、ロシアの皇族が日本を訪問した。ところが、東京の寺社の境内や浅草などの各所には、その日暮らしの乞食体《こじきてい》の人々が少なくなかった。明治時代になり、上層階級に仲間入りした連中や政府の役人は、そのような都市貧困者の存在自体が許しがたい存在であり、日本の恥と考えたのである。外国人への体面を取り繕うために、このような人たちを捕まえて一箇所に収容した。ロシアの皇族が帰国した後には、このような人々を市内に放置するわけにはいかないと、日雇い仕事などを斡旋するようになった。

東京府知事の障害者の見世物禁止令が出された後も、寺社の境内での興行や縁日などのときには細々と見世物芸が行われていたが、次第に行われなくなっていった。江戸時代以来の見世物芸は、障害者の芸能も含めて明治時代以後、ほとんど滅びてしまったといってよい。江戸時代に「手妻《てづま》」といわれた手品は、寄席芸としても生き残った数少ない芸の一つである。

ところで、見世物芸が禁止されてからの障害者の人たちはどこへ行ったのかというと、女性芸能者の多くは遊郭に流れたらしい。

一九五八（昭和三三）年四月一日に売春防止法が施行された。このとき、全国で三万九〇〇〇軒の売春宿、一二万人の就業婦が廃業した。

1　養育院の遠景（『東京市養育院沿革及実況』一八九六年）当時、東京市の数少ない福祉施設だった。

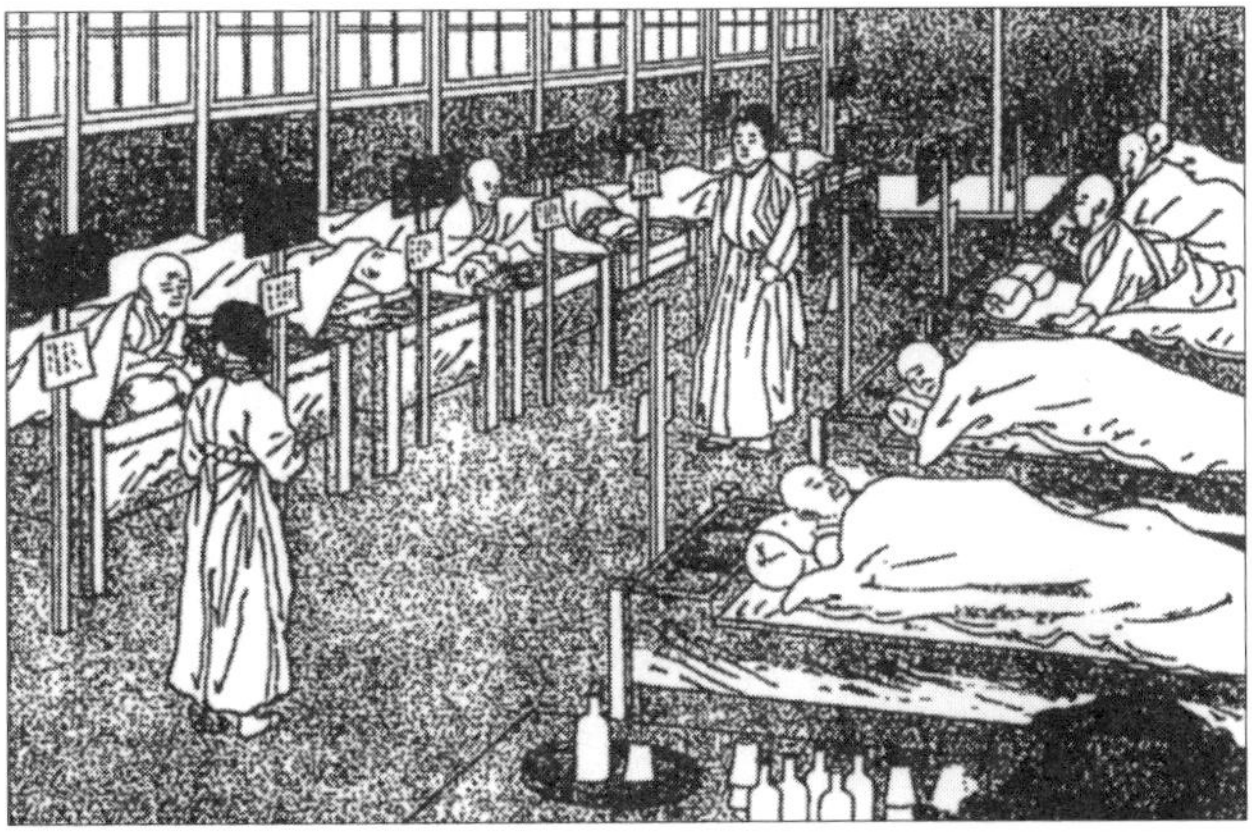

2　養育院内にある病室の様子（『東京市養育院沿革及実況』一八九六年）

3　養育院の附属施設である幼童工場（『東京市養育院沿革及実況』一八九六年）竹駕籠や草履などを作っている。

移民が進められた国内外の事情とは

「太平の眠りをさます蒸気船　たった四杯で夜もねられず」という川柳で有名な黒船が浦賀沖に来たのは、一八五三（嘉永六）年のことである。

その後開国した日本とアメリカは、先進国と後進国という関係ではあったが、きわめて良好な関係が明治時代末頃まで続いた。関係が少しずつ悪化したのは、日清・日露の両大戦に日本が勝利したことに起因する。東洋の強国として、アメリカが警戒し始めたのである。

維新前後、来日するアメリカ人はかなり多かった。たとえば、ヘボン式ローマ字を創始したことで知られるジェームズ・C・ヘプバーンは、維新の九年も前に日本に来ている。彼はアメリカの長老会議の宣教師でもあった。

生麦事件の時には、医者として、薩摩藩士に斬られたイギリス人の治療にあたったりしている。ヘボンは一八九二（明治二五）年に帰国しているが、在日外国人のために『和英語林集成』という辞典を作ったり、聖書の日本語訳にも取り組んだ。明治学院大学の創設者でもある。

教育事業に尽くしたメアリ・ギター、札幌農学校の教頭として教育制度の確立に尽くしたウィリアム・スミス・クラーク、大森貝塚を発見したエドワード・S・モース、『皇国』『ミカド』を書いたグリフィス、日本の美術をアメリカに紹介したフェノロサなど、みなアメリカ人である。

1　中島俊子（なかじまとしこ）（『明治初期の三女性　中島湘煙・若松賤子・清水紫琴』一九四〇年）　一八六四（文久三）年生まれ。明治の民権運動家。一八八三（明治一六）年、滋賀県で行った演説がもとで投獄される。一八八五（明治一八）年、自由党の副総理である中島信行と結婚、後、現在のフェリス女学院大学の学監となる。

2　若松賤子（わかまつしずこ）（『明治初期の三女性　中島湘煙・若松賤子・清水紫琴』一九四〇年）　一八六四（元治元）年生まれ。明治時代に活躍した翻訳家・作家。フェリス女学校で教鞭をとり、一八八九（明治二二）年、巖本善治と結婚、明治女学校の経営に努めた。

3　船にて南米に移住する日本人たち（『女子教育　最近世界地理』）　帽子を被った洋装の男性もいれば、子どもを抱いた和装の女性もいる。前列中央の女性は、日の丸の旗をもっているようだ。

4　独立移民としてブラジルに渡った日本人の住宅（『女子新地理教科書』）

クラークの残した「ボーイズ・ビー・アンビシャス（青年よ大志を抱け）」という言葉は、大変に有名である。

見過ごせないのは、女性の教育事業に尽くしたメアリ・ギターである。ギターは一八六九（明治二）年に来日して、ヘボン塾の女子生徒を担当して英語塾を開いた。フェリス女学院の前身にあたる。

ここからは中島俊子（号は湘煙）（図1）、若松賤子（図2）などを輩出している。若松賤子は、元会津若松藩士の子として横浜で生まれた。会津藩士の子であるからと「賤子」と名乗った。会津は、維新政府からは差別されていたからである。

小泉八雲として知られているラフカディオ・ハーンは、一八九〇（明治二三）年に島根県の松江中学に赴任し、小泉節子と結婚して日本に帰化、日本の自然や人情に深く傾倒、『耳なし芳一』などの怪談物などを書いて、世界に日本を知らせたという大きな功績がある。このようにアメリカ人の日本贔屓《びいき》はかなりいたのである。

一方、日本では、一八六六（慶応二）年に「鎖国令」が廃止され、日本からの海外渡航の道が開かれた。これ以後、日本人が海外へ移住することも、在日外国人が帰国することや他の国へ移住することも制限がなくなった（図3）。

この頃の移民の斡旋は、外国人が行っていたらしい。「元年移民」といわれる明治元年には、ハワイとグアムに集団移民していった人たちがおり、アメリカ領事館員が斡旋したといわれる。渡航許可を出したのは神奈川奉行所である。

グアム移民とハワイ移民は、低賃金・長時間労働の上、病死する者が続出し、帰国するものも相次いだ。このため明治新政府は調査を開始した。それによると、言葉が通じないために意思の疎通が図れず、また仕事に対する不慣れ、生活習慣の違いが、その原因とわかった。この頃は、それほど労働条件は悪くなかったらしい。

明治政府は、当初、移民には積極的ではなかった。だが、国内情勢が厳しさを増し、都市に滞留している貧困者対策が急務になったため、移民を認めて日本人の海外送り出しを実行せざるを得なくなった。松方デフレの影響で、農村を離れた人たちが都市に集中してきたのである。

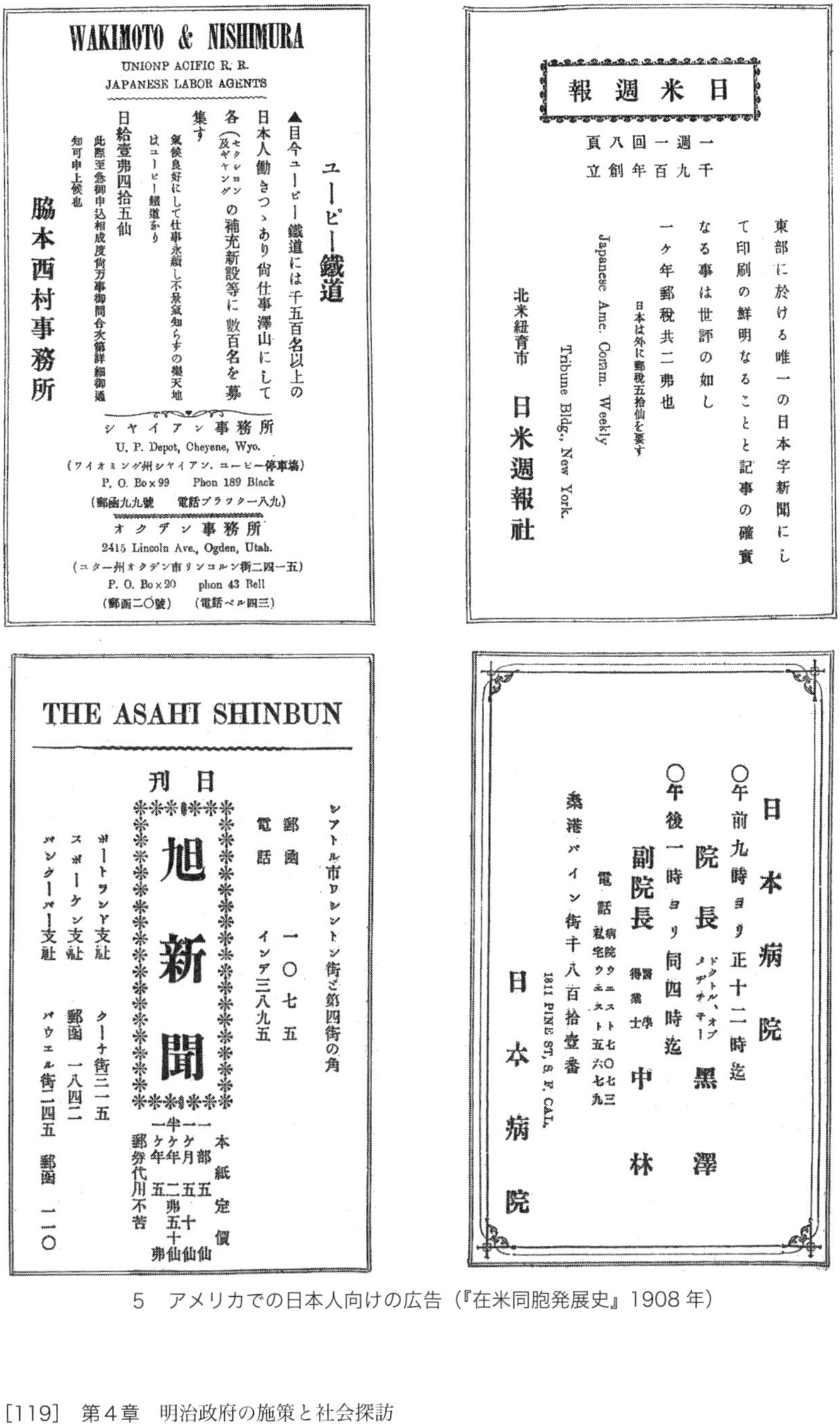

5　アメリカでの日本人向けの広告（『在米同胞発展史』1908 年）

一八八三（明治一六）年、オーストラリアへの採貝潜水夫の送り出しが許可され、ハワイへの移民も再開された。一八八五（明治一八）年には、ハワイ王国と協定を結び、日本人移民九四四人が渡った。

その後、移民の斡旋はアメリカやカナダ、ブラジルへも広がっていった（図3・4）。この頃になると、移民は国の業務ではなく民営に移されていた。一九〇〇年代、国内に移民斡旋会社は六〇社もあったという。一九〇一（明治三二）年末から一九〇七（明治四〇）年の初めまでに、ハワイからアメリカ本土に渡った日本人は五万七〇〇〇人もいたのである。日本人向けの新聞も発行され、病院や鉄道敷設の人員募集広告も掲載された（図5）。

日本人移民が多くなると、いろいろな問題も起こってくる。一つは、日本人は勤勉だからよく働く。それに日本国内に比べれば賃金も高かったから、長時間労働もいとわなかった。この点がアメリカ国内の労働組合の批判の的になった。だが、移民労働者に支払われる賃金は、アメリカ国内の水準から見るとかなり低かった。移民労働者はアメリカの労働者の低賃金の重しになっていた。

そのために、アメリカでは移民排斥の運動が起きた。一九〇七（明治四〇）年には、アメリカ移民規制法が成立している。カナダでも日本人移民排斥の運動があったが、カナダのバンクーバーにできた「リトルトーキョー」という日本人街は、一九〇五年ころには形成されていたと推定されている。

被差別部落を分断した鉄道路線

次頁の絵（図2）は、一八九一（明治二四）年の上野駅を描いた石版画である。よく知られているように上野駅は、今日のJR高崎線、宇都宮・東北線、常磐線などが乗り入れている東京の北の玄関であるが、今日の上野駅とは、似てもにつかない佇まいの駅舎である。

このうち、高崎線は明治の開業以来、何度か名称が変わった。日本鉄道会社線とか中山道鉄道と書き込まれた明治時代の地図もある。上野駅周辺には中山道は走っていないが、埼玉県に入ると、蕨《わらび》駅あたりからの高崎線は、ほぼ旧中山道に沿って走っているから、中山道鉄道といわれたのであろう。

ところで、戦後、旧国鉄の東海道新幹線を始めとして、現在「同和地区」とか「被差別部落」といわれている地域（図3）を中心に、鉄道が敷設された。たとえば、新宿から八王子へ延びる京王帝都電鉄沿線は、世田谷区、調布市、府中市などにあった同和地区を縫うように走っている。京浜急行線の場合には、品川駅の先には、江戸時代の非人《ひにん》の集住地や長吏《ちょうり》の集住地があり、実に多くの同和地区を鉄道が貫通している。新宿から新川越駅まで走る西武新宿線は、各地で元の長吏村を分断して走っており、このような例は他の路線でも珍しくない。西日本でも同様である。

よく知られているように、日本で鉄道が初めて走ったのは、一八七二（明治五）

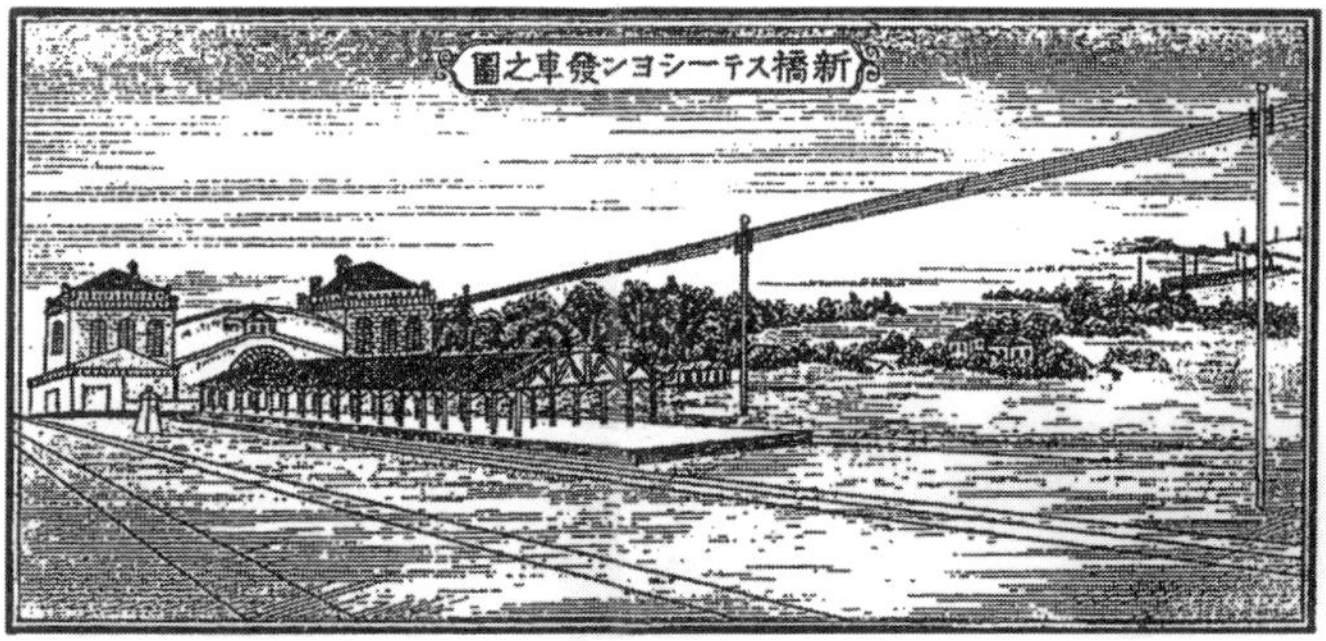

1　新橋ステーション（『英語插入諸国道中独案内』1886年）

2　上野停車場（石版画、1891 年）

3 「鮫ヶ橋貧家の夕」（『風俗画報』山本松谷画、1903 年） 東京の四谷にある。芝新網、下谷山伏町とともに、東京の三大貧民窟であった。闇《くらやみ》坂を下っていくと辿り着いた。

ホームで列車の到着を待つ軍人らしき人達

列車の出発前にトイレを済ます人達

見送り

列車の時刻に遅れないように急ぐ

車内の光景

切符売場

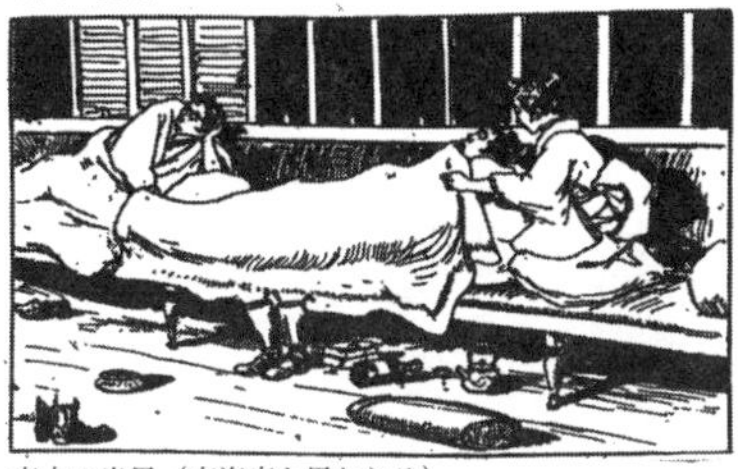

車内の光景（夜汽車と思われる）

待合室

列車の出発を見る鉄道関係者

ホームのベンチに座って列車の到着を待つ

4　明治の鉄道風俗（『東京神戸間鉄道』ビゴー画、1897 年）

年、東京の芝汐留町《しばしおどめ》と横浜の野毛山間《のげやま》である。イギリスの資本と技術を導入して建設された。このときには、わざわざ海を埋め立てて土塁を築き、鉄道を通している。よく錦絵に描かれているからご存知の方も多いであろう。

鉄道敷設には莫大な金がかかる。そのために明治政府は、鉄道敷設を政府の直轄事業とするのではなく、民間の資金に任せる方針を採った。土地買収資金を節約するため、穢多《えた》・非人と呼ばれた被差別民の集住地が狙われたのだろう。穢多・非人の身分の人々は、江戸時代以来、全国的にみてもちゃんとした地域社会を形成していた場合がほとんどであるが、彼らの集住地の多くは旧街道筋にあったのである。しかも穢多・非人の集住地は、一般的に河川敷や寺社の境内地、廃墟となった在地土豪の屋敷跡、城跡の一郭といった場所を、いわば地域社会の暗黙の了解の下に占拠していた所が多かったのであった。

現在でもかつての穢多・非人といわれた人たちが主に居住しているとされる同和地区に対する拒絶反応は、確かにある。しかし明治の初期には、今日とは比較にならないほどに、このような地域に対する被差別視は強烈であったろう。そのために、こうした地域の土地買収はそれほど難しくなかったのではないか。それに、周辺のいわゆる「一般」地域から比べれば、当時でも、土地代金はかなり安かったはずである。

東海道新幹線が開通したときにも、土地代がかなり安いから同和地区を狙って路線が計画された、と部落問題関係者の間ではいわれたものである。上越新幹線・東北新幹線についても同じことがいえ、東名を始めとする高速道路も、ものの見事にいわゆる同和地区を横切ったりしている事実がある。わざわざ高速道路の路線をカーブさせて、同和地区を直撃していると思われる例も、東北自動車道や関越自動車道、中央自動車道など、あちこちに見られるのである。果たして、偶然の一致なのだろうか。

危険も伴っていた明治時代の郵便事情

郵便にまつわる面白い話はたくさんある。たとえば、郵便局を表わす地図上のマークは〒である。これは郵便を意味するテイシンの『テ』をデザインしたものといわれている。ところが、一八八七（明治二〇）年二月八日、当時の逓信《ていしん》省は告示で、「丁」の字を正式に逓信省のマークとすると発表したのである。しかし、この丁のマークは世界各国郵便局共通の料金不足の印と判明した。それなので、あわてて同月一九日に『官報』誌上で訂正文を掲載するという大失態を演じた。この失態以後、郵便局のマークは現在のような〒となった。

1　大阪の郵便配達夫（『大阪新繁昌記』）　これから集荷に行くところか、左にポストが描かれている。

2　新聞配達夫（出典不明）「中津堂」の法被を着て、左脇に新聞を持ち、鈴の付いた箱を担いでいる。

明治初期の郵便配達夫は、日の丸のマークがある一本横線の入った饅頭笠を被っていた。饅頭笠は雨がふっても人間が濡れないためでもあり、郵便物を雨から守る意味もあった。そのため、笠は、絵に見られるように、かなり大きかった（**図3**）。

郵便馬車や郵便人車が導入されたときにも、この〒マークの入った小さな旗を掲げていた。一八八四（明治一七）年に太政官から郵便徽章が布告されたが、このときにも明治初期に制定された〒マークが採用されている。

現在は年賀状も出す人が次第に減っているらしい。年賀状は一般郵便の扱いではなく、特別扱いになっている。一九〇六（明治三九）年の年末から年賀状の特別扱いが始まった。このときには一二月一五日から特別扱いとして、集荷した年賀状に一月一日の消印を押して、元旦にまとめて配達したのである。

この年賀ハガキとも関連するが、年賀状には手作りのハガキを使用する人も多い。一九〇〇（明治三三）年一〇月一日に、逓信省から私製の絵ハガキの使用が許可された。絵ハガキそのものは、日露戦争の頃になると一大ブームを巻き起こしている。

絵ハガキの第一号は、同年一〇月五日発行の『今世少年』という雑誌に石井研堂案、小島沖舟画の、二人の少年がシャボン玉を吹く絵の彩色・石版刷りの絵ハガキを付録としたことに始まるとされている。

逓信省発行の記念絵ハガキの第一号が売り出されたのは、一九〇二（明治三五）年六月である。万国郵便連合加盟二五周年記念祝賀の絵ハガキで、記念スタンプもこのときから始まっている。

日露戦争の頃になると、戦地への慰問のためや、民衆の教育程度が向上したこともあり、絵ハガキはさかんに使用された。さかんに使用されるようになると、それを収拾するマニアも登場し、一九〇五〜六（明治三八〜三九）年頃には、郵便局から記念絵ハガキが売り出される当日、窓口が混乱して、けが人が出るようなこともあった。記念絵ハガキの中には、マニアの間で一枚一〇円を超えて取引されるような物まで出るほどだった。それが下火になると、今度は記念スタンプ収拾熱が過熱した。日露戦争後にはさまざまな種類の記念切手が発行され、その切手には記念スタンプも押されたから、マニアは郵便局に押しかけたのであった。

このような郵便に関する話は平和的である。だが、明治初期の郵便搬送には、かなり危険がともなっていた。郵便物に貴金属や現金が入っていたからである。

一八七三（明治六）年一二月、甲府郵便局から搬送中の郵便行李《こうり》が強盗に盗まれるという事件が起こっている。捨てられている郵便物は見つかったが、現金は盗まれており、犯人も捕まらなかった。この事件は記録に残る郵便強盗事件の最初である。

郵便搬送は、とくに夜間が危なかった。明治時代初め頃、東海道のような交通量の多い街道でも夜間は安心できなかったのである。そのために、郵便物の中に、宝石とかお金を入れることを禁止したのであった。それでも郵便搬送には危険があり、搬送人が負傷する事件が後をたたなかった。

郵便為替は、郵便物に貴金属などが入れられないから採用された。その為替の制度ができるまでの間、貨幣郵便の制度（**図4**）があり、その貨幣郵便搬送人には六連発の拳銃を常に携帯させていた。日本でも、こんな物騒な時代があったのである。

3　郵便配達夫（ビゴー画）　草履を履いて笠を被り、鞄を襷がけして郵便物を配っている。宛先を確認しているようだ。

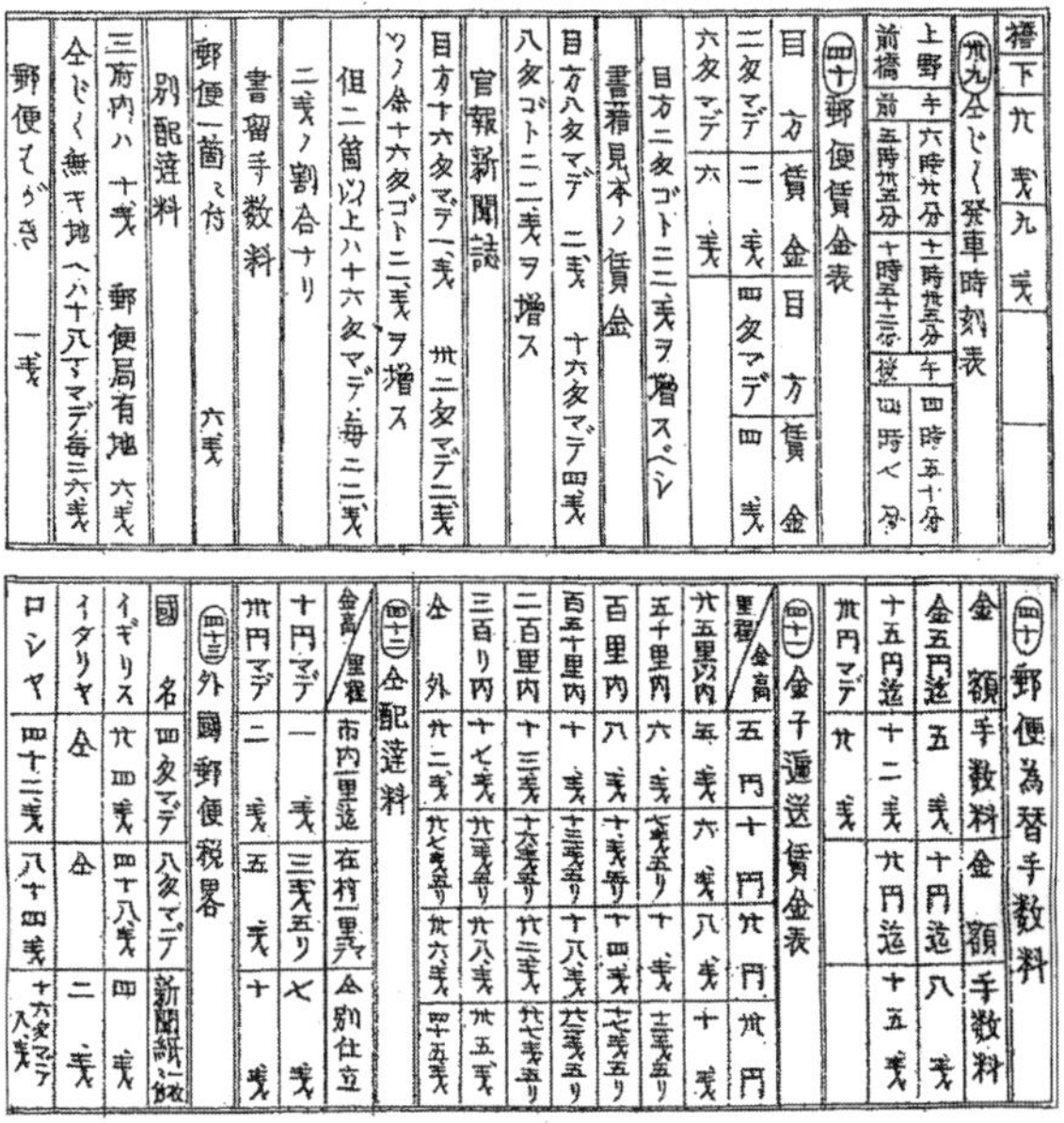

4　明治一八年頃の郵便料金（『懐中重宝記』一八八五年）　現在の現金書留料に相当する金子逓送料金が距離別である。当時の交通状況を反映していて興味深い。

長者番付は時代を映す鏡である――日清戦争直前の財産家は？

アメリカのいわゆる長者番付は、別名が「誘拐候補者リスト」なのだそうである。わが国の場合には、最近は個人情報の関係もあり長者番付は公開されていない。公開されているのは政治家の政治資金収支報告書くらいである。それも、どの程度、真実を反映しているのか。

長者番付は、世の中を映す鏡なのである。数年前、生活保護受給者が全国で一五〇万人を超えた一方、一億円以上の預貯金がある人が一五〇数万人いると発表された。

ここに掲げたのは、一八八九（明治二二）年に刊行された『長者鑑』（図1）である。日清戦争直前の長者番付である。戦争を経過すると「戦争成金」が登場するのが世の常だから、この長者番付は明治維新からの二〇年間では、どのような職種の人たちが金持ちであったのかがわかって、大変に興味深い。渋沢栄一や大倉喜八郎、住友吉左ェ門、五代友厚、安田善次郎などは、日本史教科書でもお馴染みの、よく知られた財閥である。長者の職種をみると、銀行家はもちろん、銅山、洋物店、洋酒屋、鉄道馬車、紙屋、材木屋などの職種が並んでいる。丁子屋《ちょうじや》というのは、化粧品とか薬を扱っていた店であろう。「高名家徳鏡」の欄には、歌舞伎俳優や相撲取り、料亭などの職種が挙げられているが、その下の欄には、岸田吟香の職種として「精キ水」とある。紀伊国屋のところには「白梅香」があり、資生堂には「神ヤク」とある。その他には梅花香、宝円水、精婦湯、活生丸、千金丹などの薬品名ないしは化粧品名らしい職種が書き込まれている。いつの時代でも、このような商売は儲かったということか。

材木屋が長者番付に入っているということは、木造家屋が密集していて火災が多かったことを物語っている。まだこの時代には、相撲の横綱はなかったから、最高位は大関である。横綱は一八九〇（明治二三）年の「西の海」のときに番付に乗り、国技館が開設された一九〇九（明治四二）年のときに大関の上の位として正式に確立した。

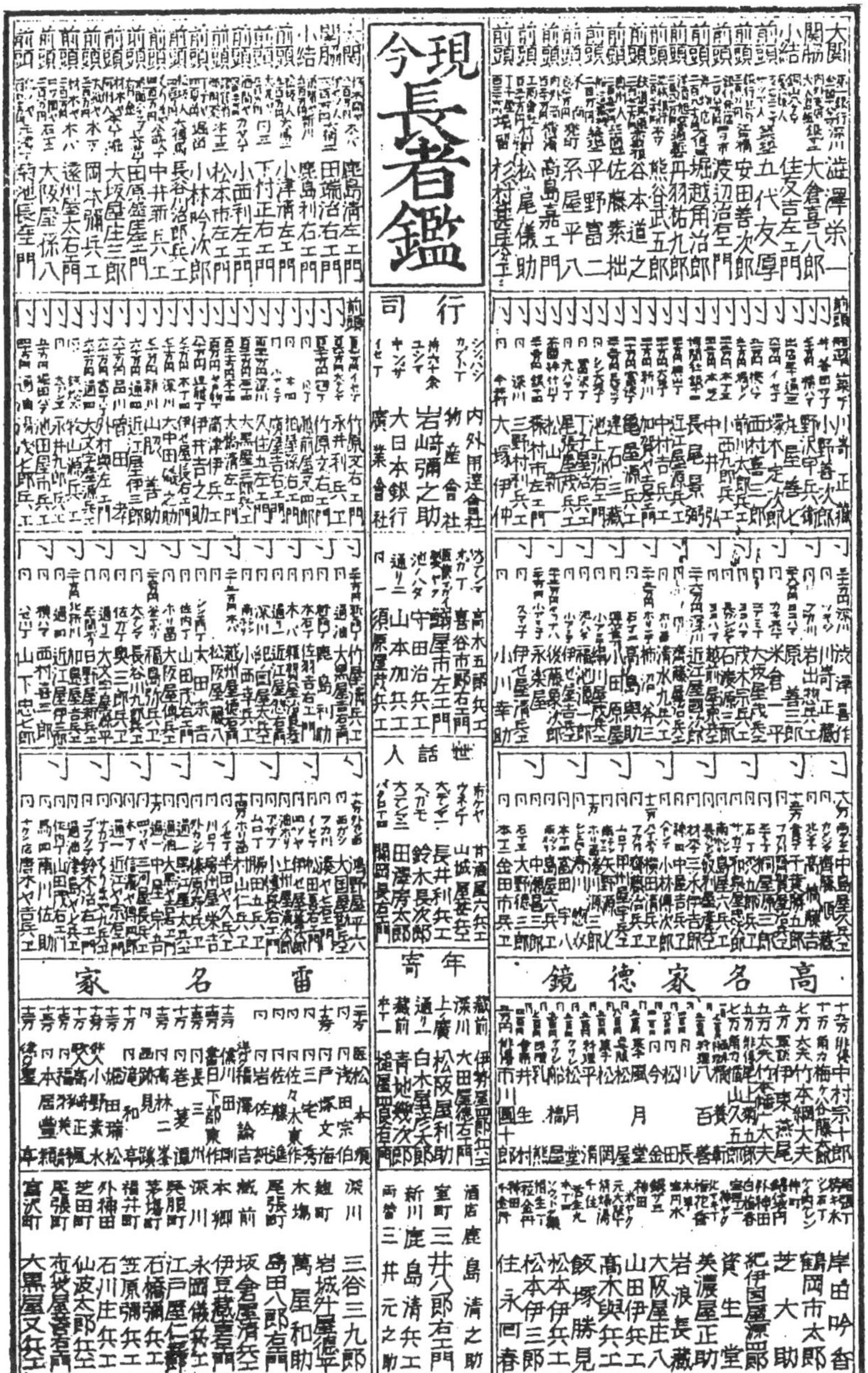

1　明治中頃の長者番付（『番附集』1889 年）

森が多い日本になぜ巨木が少ないのか

森林国であるわが国に、屋久杉のような巨木が少ないのはなぜだろう。それは、江戸時代以前から山の奥にまで人の手が入って、森を管理していたからである（図1）。

江戸時代に描かれた絵図や地図を見ていると、境界争いに関するものがかなりある。これらは自分たちの権利を主張するために作成されたと思われる。江戸時代中期に至っても、少し高い山間部の森林は、誰のものか確定していなかったのだろう。今でも、山間部の農村に行くと、よく入会地《いりあいち》の話が出てくる。権利関係が不明確な地帯がかなりあったらしい。「あの辺ではキノコがよく採れた。誰でも採ってよかった」という話や、柴や萱を刈りにいった話、村で家を建てるための木材を切り出した話などが聞けるのである。

幕末近くなって作成される絵図や地図の種類が増えてくる背景には、権利関係の確定という問題があったと考えていいのではないか。ただ、権利関係といっても土地の所有権ではなく、あくまで利用権の問題だったと思われる。誰も「私のものだった」という、所有権を主張した話はしないからである。

深山幽谷を仕事場にしていたことでよく知られているのは、「そま」（杣人）と呼ばれた人たちである。そまは樵などともいわれ、樹木の伐採を業としている人たちのことである。

人々の住宅建設用の木材だけでなく、火災や地震などのときに倒壊したり焼失してしまった城を再建するため、用材の切り出しなどにもあたった。良質の木材を見つけると、そこに小屋掛けして、一ヵ月とか二ヵ月の間、住んで仕事をした。そして、用材の切り出しが終わると、また良質の用材を求めて次の山へと移動していったのである。

日航機が墜落したことで知られる群馬県上野村には、御巣鷹山という山がある。その名称は、幕府に鷹を献上するための山だったり、鷹狩りの餌になる小鳥や小動物などを捕獲するための山からついたのである。幕末の松本藩で

1　山間部で吊り橋を架ける人（オールコック画）

は、幕府に献上するために鶴を網で捕まえていた。毎年三〇～四〇日の間、一五歳から六〇歳までの男性が深山へ手分けして入り、鶴を見つけたり巣を見つけたりしていた。松本藩ではキジも献上していた。いずれにしても、深山まで人間が入り込んでいた証拠である。

深山を仕事場にしていたことでよく知られているのは、木地師《きじし》であろう。木地師は轆轤《ろくろ》を使って、お椀や木の皿や深鉢などを作っていた人たちである。東北地方の温泉地では、こけし人形が名産品として販売されているところがある。このこけし、最初は木地師が製作したのではないかともいわれている。

幕末には、木地師は「ろくろ杢助《もくすけ》」などと名乗っていた。そのような文書を埼玉県や長野県の何箇所かで見せてもらった。現在でも小椋（小倉）・大蔵（大倉）姓の人たちは、まず間違いなく木地師の末裔である。『惟喬《これたか》親王綸旨』という由来書を持っていることでもよく知られている。この由来書によると、木地師の故郷は滋賀県愛知郡東小椋村であると、柳田国男が『木地屋物語』で書いている。柳田国男の『山の人生』も併せて読むと良い。この人たちは、幕末から明治時代初期になって一箇所に土着した人が多いようだが、それ以前は良材を求めて深山をあちこち漂泊していたのである。

『金色夜叉』から見える明治の構造変化とは

「金剛石《ダイヤモンド》に目がくらみ」という言葉で有名な尾崎紅葉の小説『金色夜叉』（図2）は、一八九七（明治三〇）年の元旦から読売新聞に連載された。途中、作者の都合で中断があったが、一九〇二（明治三五）年五月一一日まで連載された。

小説の書かれた背景には、日清戦争後に目立ってきた「金《かね》」の問題がある。主人公の間貫一《はざまかんいち》は許婚者である宮さんを、成金である富山という男に盗られてしまうのであるが、数年後に貫一は、高利貸しとなって二人の前に立ち現れるのである。富山が指にはめたダイヤモンドに心を動かされた宮さん、高利貸しとなった貫一など、背景に金の問題が横たわっているのである。

日清戦争は、一八九四（明治二七）年から一八九五（明治二八）年にかけて戦われた、朝鮮をめぐる清国と日本の戦争である（図1）。東学党の乱をきっかけとして戦争状態に入り、日本の勝利で終わり、下関条約で講和が成立した。この戦争後、義理人情よりも、金の問題が人々の関心事になっている様子がわかるのである。

明治維新の際には、まだ旧社会の産業や経済構造を引きずっていたが、日清戦争をはさんで、村々の様子は一変したらしい。『風土』や『古寺巡礼』

1　日清戦争時、黄海で激戦の末、敵の戦艦を沈没させる（『絵本海洋島激戦実記』一八九五年）

といった優れた著作を著した和辻哲郎は、その変化を『自叙伝の試み』で次のように書いている。

「産業革命は、地方によって時期が違うかも知れないが、わたしの村などでは、明治二〇年代の末から三〇年代のはじめにかけて、非常に迅速に、台風のように吹きぬけていったかと思う。尋常小学のころには手織木綿のかすりの

2　『金色夜叉』の口絵（竹内桂舟画、一八九八年）許しを請うお宮を蹴り飛ばす貫一。

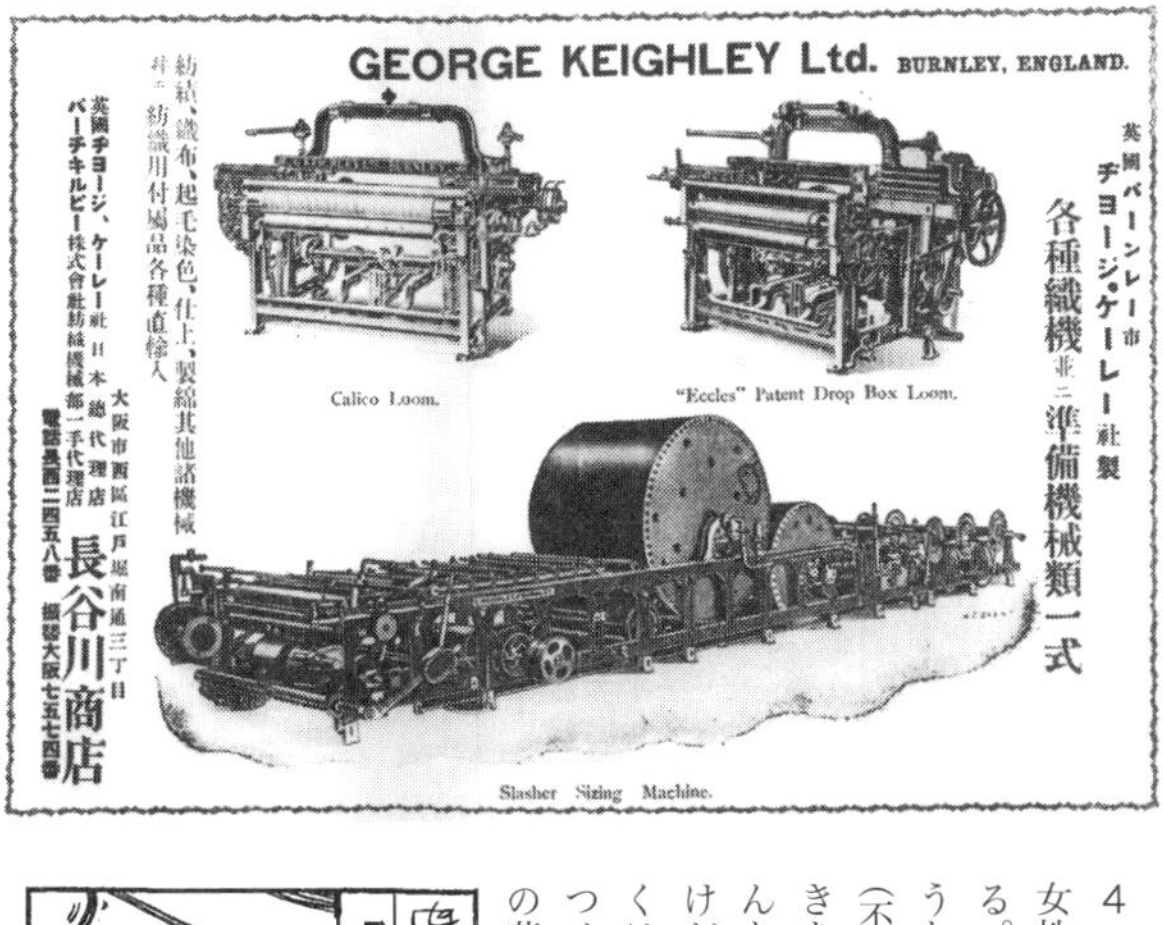

3　英国製の機織機と準備機械類一式（『錦糸紡織要覧』一九一二年）

4　女工（『女工読本』一九一一年）女工の女性たちのために書かれた生活の心得帳である。その中にある「いろは単語」には次のような文言がある。「いっしんに働け」「ろうづ（不良品）を出すな」「はらを立てずに笑え」「ときをむだにするな」「りくつよりも行ひ」「をんなは女」「なにごとも辛抱」「ゐねむりからけが」「おきてを守れ」「やすんではたらけ」「ふくは働ひてとれ」「めうへの人はうやまへ」「せつせと貯金」……。これだけからも女工たちの苛酷な労働の実態がうかがわれる。

着物をきていたのが、高等小学校のころにはすでに紡績工場でできたガス糸織の着物に変わっていた。それに伴って糸を紡ぎ、糸を染め、染めた糸を合せて機にかけて織るという、女たちの楽しそうな活動が、急に見られなくなってしまった」

この記述からもわかるように、日清戦争をはさんで江戸時代以来の村の手工業生産が壊滅して、工場制商品生産へと変わっていった様子がよくわかるのである（図3・4）。その上、商品経済に巻き込まれていった農村の様子も描かれている。速い遅いはあるにしても、このような変化が、全国で進行していったのであろう。『金色夜叉』が書かれた背景には、このような社会の変化があったのである。

日清戦争の頃になると、地方でも銀行の設立が目立ってきた。銀行といっても今日にみられるような巨大銀行ではない。何人かの地主や商店主などが連合して銀行を設立したのである。人々の中にも、少しでも金を貯めようという意識が現れてきた。つまり、世の中に、小金持ちが増えたのである。

この頃の高利貸しは、森鷗外の小説『雁』にも描かれているように、個人で妾《めかけ》という愛人を囲ったりして金を使っていた。ところが、日清戦争後になると各地で鉄道建設を目指した期成同盟会が組織されたり、大工場を建設したり、海運業が興されたりするようになった。日清戦争後、とくに成長が著しかったのは紡績業で、生産量はうなぎ上りだった。もう一つ急速な成長をみせたのは製糸業である。

『金色夜叉』が書かれた背景には、社会の大きな変化があった。工場生産が増加すれば、次には労働者状態が問題になるのは必然である。こうして刊行されたのが『職工事情』であった。日清戦争後には、労働問題も新しく起こってきたのである。

明治天皇の心労と崩御

この絵（図1）は、いろいろな歴史書に使用されているから、ご存知の方も多いと思われる。明治天皇（図2）の崩御（図3）にあたって各地に設けられた弔問所に、盛装した眼元《めもと》涼しき女性が立ち寄ったところである。役職についている者は、黒の喪章を腕に巻いているが、全員というわけではない。それに、弔問に訪れた人たちにしても、黒の喪服姿というわけではない。仕事着や普段着らしい人もいる。家々には弔旗が掲げられている。

明治時代以後の天皇というのは、歴史を鑑みると極めて珍しい存在であった。軍服を着た天皇というのは、明治以後の天皇だけである。わが国の天皇のあり方は、世の中の平和や安定の象徴的存在であった。ところが明治時代以後の歴代天皇は、軍服を着ている写真が大変に多い。軍服から連想するのは戦争であり、戦いである。富国強兵が国是であった時代ということであろうが、軍人としての天皇というイメージがぬぐえない。

明治天皇が死期を早めたのは、国を挙げて戦った日露戦争の心労に原因があったといわれている。東京帝国大学の教授で、当時の宮内省御用掛であったドイツ人医師のヘルツは、明治天皇について「日本人としては大柄で、恰幅がよかった」と日記に書いている。しかし、日露戦争のころから急に歳をとり、体力の衰えが目立ってきたといわれる。繊細な神経の持ち主でもあったようだ。一九〇五（明治三八）年に起きた日比谷焼き討ち事件の時、皇居の中にも群集の喚声が地鳴りのように伝わり、それを聞いた明治天皇は、居間から縁側まで出てきて、騒ぎの様子をうかがっていた、と当時の侍従職出仕は日記に書いている。

また無政府主義者の一団による大逆事件が起き、天皇が命を狙われる計画が明らかになり、さらなる心労が加わったとみられる。

一九一二（明治四五）年七月二〇日、「天皇陛下去一四日より御病気の処、昨今御重態」という発表があり、「一九

1　「御大喪中の東京市」（『風俗画報』山本松谷画）　明治天皇崩御に際し、浅草の仲見世、吉原など各所商店は休業し、奉悼の意を表した。

日午後より御精神少しく恍惚の御状態にて御脳症あらせられ、同日夕刻より突然御発熱、御体温四〇度五分に昇騰、御脈一〇御呼吸三八回」との発表が続いた。この日、東京では両国の隅田川の川開きの日だったが、警視庁はこれを中止させた。

万朝報は、「暗雲深く大内山を鎖して、慟哭の声野に満てり。あわれ悲しき明治四五年七月三〇日よ、聖天子遂に神さり給いぬ」と書いた。明治天皇の葬儀は、同年九月一三日に行われた。

「千代田の森に暮色迫り、風あり粛殺として吹く。宮城前より馬場先門に至る御道筋には堵列兵森々として整列す。其後なる芝草青き四個の広場には都下各学校代表者約五万余人あり（略）一発の砲声あり。正に午後八時霊柩御発引の号砲なり」（同前）という状況であった。

先頭は近衛軍楽隊が務めたが、このとき天皇の棺を担いだのは、京都の「八瀬童子《やせどうじ》」の人たちであった。八瀬は、近世には、現在の京都大学近くに存した非人系被差別部落である。ちなみに、大正天皇の棺も担いでいる。

2　1887（明治 20）年の明治天皇と嘉仁親王（「扶桑高貴鑑」周延画、扇子忠『錦絵が語る天皇の姿』より、全体像 79 頁参照）

3　「二重橋外御大葬之図」（東京都立中央図書館特別文庫蔵、半哺画、1912 年）

文明開化を加速させた「特命全権大使米欧回覧実記」

諸外国の圧力で、幕末に徳川政権が締結した修好通商条約は、関税自主権と領事裁判権のないものであった。この撤廃は近代国家をめざす明治政府の大きな課題であった。そのため明治政府は右大臣の岩倉具視を全権大使とする約一〇〇名の使節で、米欧を歴訪した。条約改正は不首尾に終わったが、先進国の近代設備に驚愕した彼等の主導で、日本の近代化は一挙に進んだ（**図1〜4**久米邦武『特命全権大使米欧回覧実記』一八七八年）。

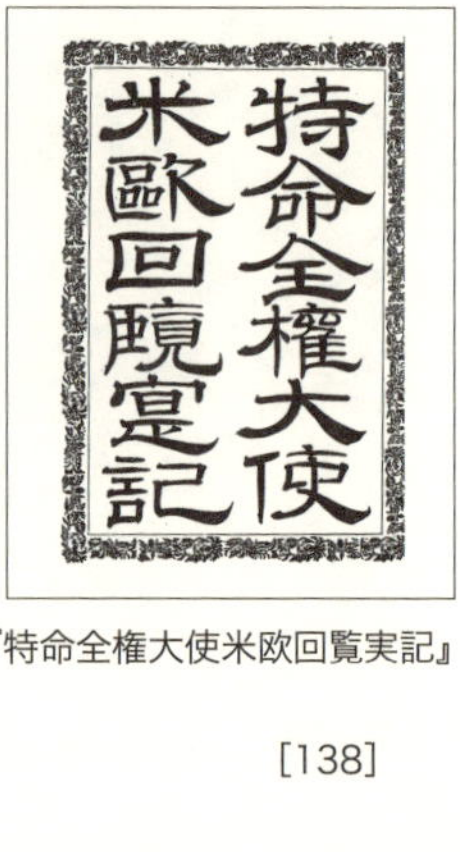

1　『特命全権大使米欧回覧実記』

2　高架鉄道　アメリカ合衆国

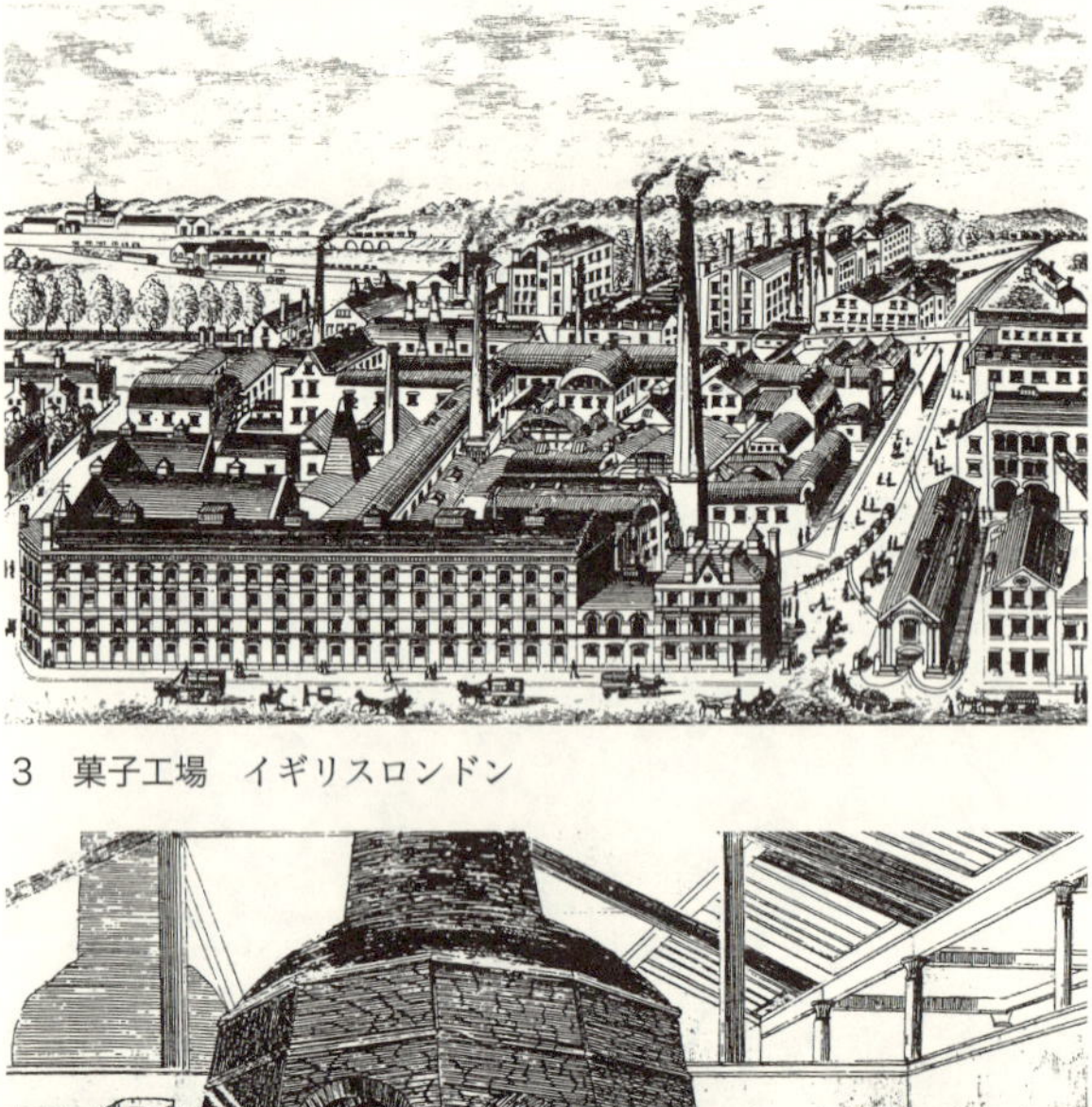

3　菓子工場　イギリスロンドン

4　ガラス工場　ベルギー

第5章　事件・災害の探訪

「ええじゃないか」の狂乱から見えるもの

一九七〇年代に使用されていた高校の日本史教科書の一つには、江戸時代の農民について「世間が狭く、自分の生まれた村を全世界のように考えていた」という記述がある。筆者も当時はそのように考えさせられていた。

ところが、学生時代に農民運動や被差別部落の調査で全国各地を訪問してみると、それまで信じ込まされていた史実とはまったく合致しない事実に次々と出会うことになったのである。その一つが、村の氏神である神社に建てられている伊勢神宮参拝記念碑である。江戸時代、村ではお金を積み立てて、村の代表を何人か伊勢神宮に送っていたのである。

関東地方の農村では、伊勢神宮だけではなく、富士講や富士浅間講、善光寺講、羽黒山・月山・湯殿山講などの講組織が生まれていて、いろいろな人たちがそうした山々に登り、神社仏閣に参拝し、その参拝記念碑もよく建てられていたのである（図1）。このような石碑の存在からだけでも、江戸時代に、農民は決して自分の生まれた村を全世界とは考えていなかったことは明らかである（図5）。

それだけではなく、ちょっとした旧家には、表紙に『道中記』と墨字で書かれた冊子が残されていた。それには、何月何日に自分たちの村を出て、どこで泊まっていくらの宿賃だったか、昼に何を食べていくらかかったとか、各地の名産品のメモ、名所旧跡のメモやスケッチなどが実に細かく記載されているのである。実際に見てみると、やはり伊勢神宮（図2）や富士山、日光、出羽三山への道中記であり、関東地方の場合には善光寺が多いようだ。

明治時代の新聞記事を読んでいると、村の代表がどこか遠くへ行って帰ってくると、たいていの場合には「帰村報告会」を開いている。これが海外へ行ってきたりした場合には「帰朝報告会」と呼ばれていたのである。このような報告会は、昭和の戦前の場合には青年団や処女会、除隊した軍人の報告会がよく開かれていた。一九七〇年頃までの労働組合でも、各種の大会や広島・長崎の原爆慰霊祭などに参加者を送ると、代表が帰ってきた後に報告会を開いている。

伊勢神宮といえば、幕末の「ええじゃないか」の熱狂的な大騒動が有名である。一八六七（慶応三）年七月、現在の愛知県豊橋市から「天から神符（お札）が降る」という口伝えが各地に広まり、東北地方、相模・安芸・阿波国にまで拡大した。伊勢神宮の内宮（図3）・外宮（図4）、天照皇大神宮、水天宮、秋

1　成田詣をする夫婦（ビゴー画）江戸時代から人気のあった成田山新勝寺へ向かう道中の様子。右下の女性は、子どもを抱いている。

2　明治時代後期の伊勢神宮参詣の様子（『伊勢名所』）

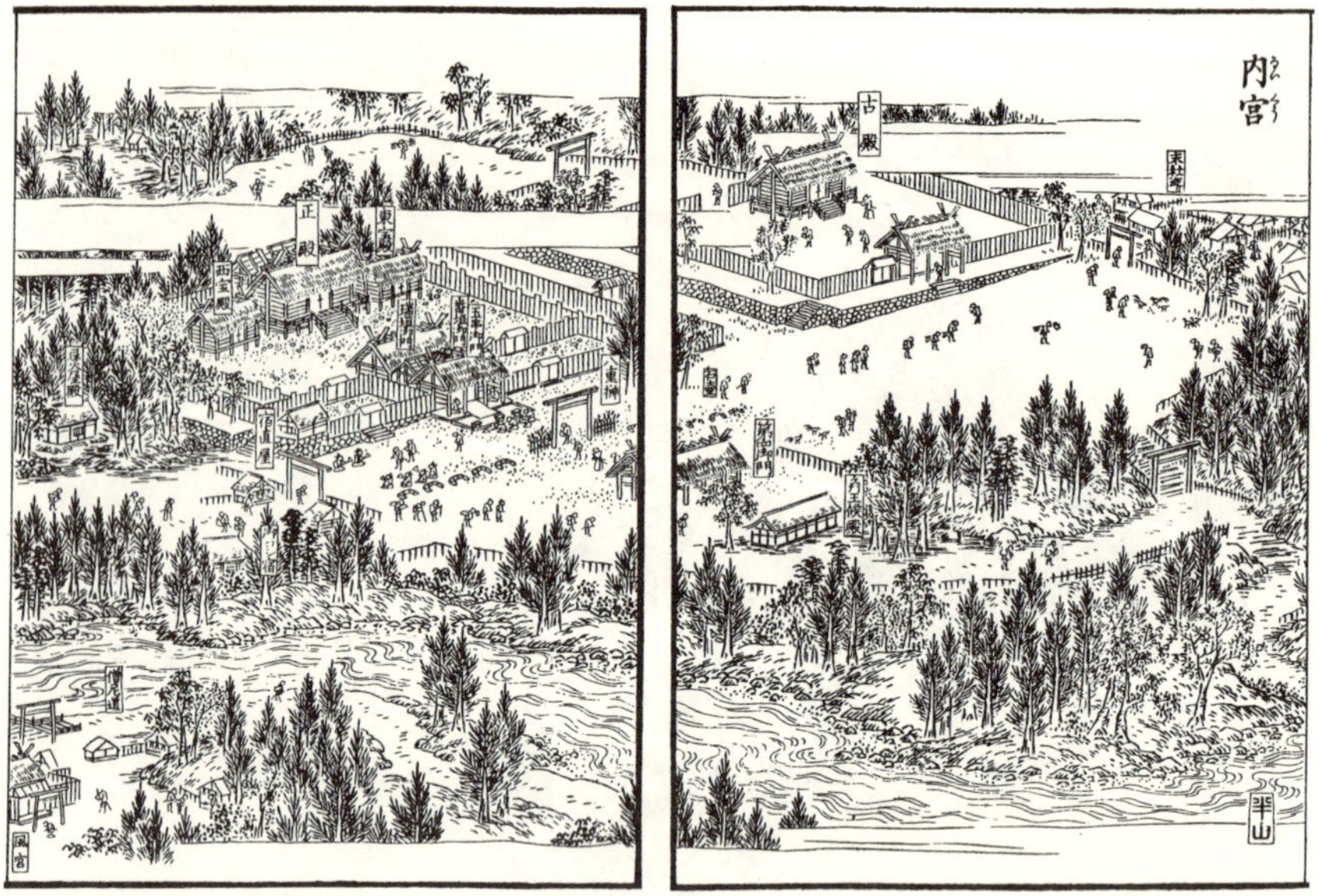

3　伊勢神宮の皇大神宮（『西国三十三所名所図会』）　内宮ともいう。祭神は、天照大神、御霊代（八咫鏡）。

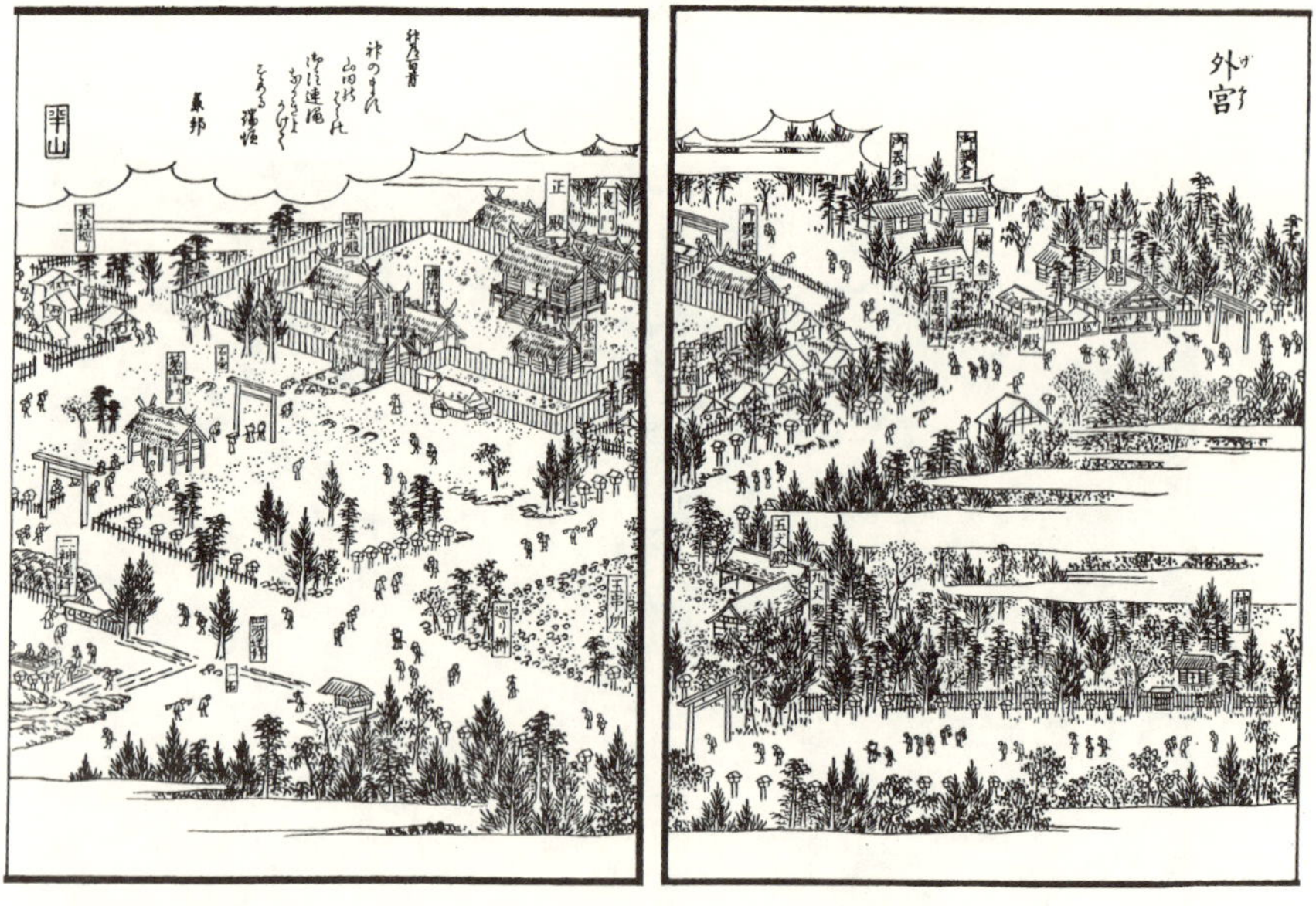

4　伊勢神宮の豊受大神宮（『西国三十三所名所図会』）　外宮とも称される。祭神は、豊受大神。

葉神社、豊受大神宮などの大祓いのお札のほかに、大黒、蛭子《えびす》、十一面観音、米、大豆、小豆、二貫目くらいの石に山神と書き込まれたもの、江ノ島弁天の桐箱入り巻物などが降ったという噂が広まると、すぐに男女の乱舞が始まったのであった。

「ええじゃないか」に参加した人々は、「おめこへ紙はれ　はげたらまたはれ、なんでもええじゃないか」と歌い踊りながら、人々から酒を振る舞われたりした。

駿河国の駿府町奉行の史料では、「ええじゃないか」に参加した女性のうち、二五一人が男装していたとある。男性は顔に白粉《おしろい》をぬって女装し、高齢の女性は顔に墨をぬって若い娘に変装し、奉公人や下女、若い娘たちは昼夜を分かたずに鉦《かね》や太鼓を叩いて踊りくるったのである。神符は雨のように降り注いだといわれている。

5　江戸時代の伊勢参り（『西国三十三所名所図会』）
伊勢神宮の内宮・外宮の間にある山の参詣道。

六〇年周期のお蔭年に伊勢神宮に参詣すると、特別のご利益があるとの信仰から集団参拝が行われたが、その延長線上に「ええじゃないか」があるといわれる。江戸時代には、一六五〇（慶安三）年、一七〇五（宝永二）年、一七七一（明和八）年、一八三〇（天保元）年、一八六七（慶応三）年の五回お蔭参りが行われ、その中でも、一七〇五年のお蔭年には三七五万人余が参詣したといわれる。

このようなお蔭参りのご利益についての信仰を、江戸時代の人々はよく知っていたのである。

戊辰《ぼしん》戦争——会津と薩長の因縁

宮城県仙台市を中心に発行されている河北新報というブロック紙がある。この新聞の由来は、明治政府から「白河以北一山百文」と差別されたことを忘れないために命名されたという。白河は、奥州街道から東北地方に入るときの関所があった宿場町である。江戸時代には松平氏の城下町として栄え、馬市が開かれる所として有名だった。城下には被差別部落も存在した。

東北地方が明治政府から「一山百文」という形で切り捨てられたのは、維新に際して奥羽列藩同盟を組織し、明治政府に楯突いたのが直接の原因である。薩長藩閥政権からみたら、東北地方の諸藩は許しがたい敵であった。

東北諸藩がなぜ奥羽列藩同盟を組織したのかというと、幕末の徳川政権から、会津藩が京都守護職を拝命したからである。会津藩では藩主の松平容保《かたもり》(図5)が病弱だからと再三にわたって断ったのだが、結局受け入れざるを得なくなった。孝明天皇は、長州藩を中心とする「勤皇思想」とその一党の動きに対して、つくづくあきれ果てていたらしい。会津藩は京都の治安を回復して、京都御所と天皇を守った。

一八六六(慶応二)年七月、将軍徳川家茂《いえもち》が大坂城で亡くなり、その年の一二月末、孝明天皇も突然に亡くなった。孝明天皇の死去については、長州藩が毒殺したという説がある。その噂は、当時の祇園の芸者の間でも有名であった。薩摩藩の西郷隆盛は、孝明天皇の死について、全藩士に堅く口止めしたという逸話が残っている。

徳川政権最後の将軍慶喜《よしのぶ》は、政権を朝廷に返上して大坂城に帰った。会津藩の京都守護という役職は、これで後ろ盾を失ったわけである。ところが薩長側は、政権だけでなく徳川の持っている領地も地位もすべて朝廷によこせといってきた。その要求に激怒した会津藩や幕府方は、鳥羽伏見の戦いを展開したが、二万の兵をもって、わずか五千の薩長軍に敗退してしまった。

1　会津戦争（錦絵）　若松城に侵攻する明治政府軍と、防戦する会津藩・奥羽列藩同盟軍との戦いの様子。会津藩士らは１ヶ月籠城し政府軍の攻撃をしのぎ、さらなる援軍を擁して攻めてきた政府軍の攻撃にも落ちなかったが、同盟諸藩が相次いで戦線を離脱したため、会津藩もついに降伏した。

3　会津若松城（「小学国史」1900 年）　鶴ヶ城ともいう。1384 年、蘆名直盛の築城した館が始まりという。時を経て天正時代、蒲生氏郷が城主となった際、城下町が整備された。

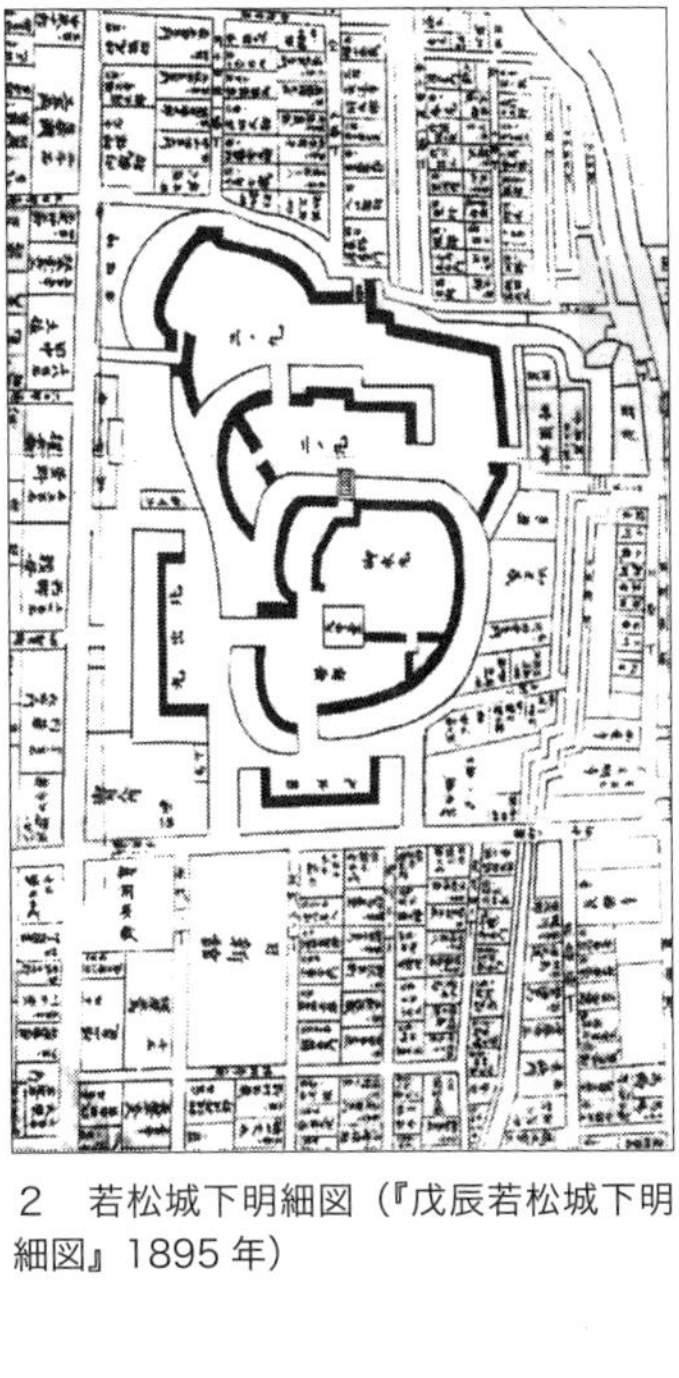

2　若松城下明細図（『戊辰若松城下明細図』1895 年）

江戸に帰った慶喜は、上野山内にこもって薩長軍に恭順の意を示し、その憎悪の的になっている松平容保を登城差し止め処分にした。ようするにトカゲの尻尾切りである。松平容保が薩長に憎まれたのは、京都守護職として一千の兵士を率いて、新撰組を配下に、京都の治安を回復したことにある。歴史上有名な池田屋事件とか禁門の変は、会津藩と長州藩の対立抗争といってもよい。

会津に帰った容保は、薩長軍の奥州総鎮撫総督に宛てて謝罪嘆願書を再三にわたって提出したが、無視された。鎮撫総督側の参謀は、世良修蔵という男である。この男は長州藩の家老の家来であり、旧社会ではあまり身分は高くなかったが、天皇側について立身出世しているものだから、とかく権力を振り回した。世良が薩摩藩に宛てた密書が仙台藩士に奪われたのだが、中には「奥羽はみな敵である。討つべし」とあった。世良は福島遊郭にいたところを、仙台藩士と福島藩士に捕まりクビを刎《は》ねられた。

会津藩の窮状を見かねた奥羽二五藩は、白石藩内で会合をもち、奥羽列藩同盟を結成して、薩長軍と戦うと決したが、いざ戦闘が始まると、次々に脱落、結局会津藩は孤立無援になってしまったのである。会津藩の主力部隊は藩の国境方面の防衛にあたっていたから、鶴ヶ城（会津若松城）の守りは手薄だった。そのために高齢者から子どもの部隊も編成された。この子どもたちの部隊が有名な「白虎隊」である（**図4**）。

城にたてこもった会津軍を悩ませたのは、鍋島藩のアームストロング砲であった。城内には一ヵ月籠城したが、九月二二日、松平容保は降伏、鶴ヶ城は落城した。この間、城内では戦死者を埋葬する場所もなく、やむなく井戸の中に投げ込んでいた。

城下では薩長軍兵士が中心になり、「薩州分捕り」「長州分捕り」という看板を武家屋敷や商家のいたるところに掲げて、略奪と暴行をほしいままにしたのである。女性の多くは「生け捕りにだけはなるな」という合言葉のもとに、身を守るために自決した。薩長軍の会津若松城下に対する略奪・暴行は、実に凄まじかった。戦闘で負傷した無抵抗の会津藩士たちをも、次々に斬殺したのである。

4　会津若松城に立て籠もる婦女隊（『壮絶悲絶白虎隊』一九〇九年）

5　松平容保（『会津戦争夢日誌』1895年）

歴史上有名な戊辰戦争であるが、会津では「会津戦争」（図1）と表現し、薩長軍のことは「西軍」といい、自分たちのことは「東軍」と呼んでいる。けっして賊軍などとは表現しないのである。それに「先の大戦」といえば、一般的には太平洋戦争を指すが、会津では戊辰戦争を示すのである。

会津藩が負けた結果、藩士だけでなく民衆も明治以後には筆舌に尽くし難い辛酸をなめることになった。天下の名城といわれた会津若松城（図2・3）は、一八七三（明治六）年、わずか八六二円で落札され破壊された。現在の城は一九六五年に再建された。松平容保は一八九三（明治二六）年、東京の小石川の自宅で亡くなった。

「籠城を告ぐる早鐘に城中城外の大騒ぎとなって、若松城に立て籠りたる婦女の数は約五百余人許もありました。之等の婦女は負傷者の看護、或は衣服の洗濯、或は兵糧の焚出、或は弾薬の製造等に奔走していましたが、サテ其の入城の際の混雑は非常なもので、南摩一族の如く、負傷して歩行に悩める少年勇士と、分娩後日尚浅き産婦の幼児を携えて往くものもありましたが、総じて入城の機会を失った婦人は城外に逃れて、繋累に苦しめらるるものは敵兵に生捕らるる事のくやしさに自尽し、繋累なき単独なる烈婦は諸方に流浪して、折りもあらば、征討軍と刃を交えようと思っていました、斯くて入城の機会を失いたる婦女は三々五々隊をなして、城外の会津勢に加わって、遂に征討軍と奮戦致しました（『壮絶悲絶白虎隊』より抜粋）。

絵解き史本から見取る明治の歴史観

戦前の歴史教育は国史教科書でさまざまな史実を教えられ、修身教科書で忠君愛国の思想を叩き込まれ、音楽でそうした史実のイメージを固定されたといわれている。

教科書の内容は、ほとんどが勝者の側の記述で埋め尽くされていて、民衆が関係した歴史的事件や史実はほとんど無視されていた。そのために、学校教育で優秀な成績を修めていればいるほど、民衆の関係した歴史は価値のないものという意識が強くなったのである。

市町村史誌の記述でも、敗者の歴史が記述されることはきわめてまれであった。

戦後は、マルクス主義歴史学が全盛を誇ったために、明治期だけではなく民衆闘争は針小棒大に取り上げられ、論じられた。ソビエト崩壊後には、そのような歴史記述もかなり改められるようになってきた。

ここに掲げている絵は、『絵入近世歴史』(**図1**)という文献に載せられているものである。刊行されたのは一九一〇(明治四三)年。まだそれほど国粋主義的な史観ではない記述である。

戦争や事件の敗者にも触れているし、どちらか一方が悪であるという独断もそれほど強烈ではない。秩父事件や大阪事件などの自由民権運動や、政府高官に対するテロ、伊藤博文の暗殺事件にも触れている。

この絵に見られるように、明治という時代には、暗殺というテロ事件がかなりあったことがわかる。政治家は市町村の議員にいたるまで、仕込み杖を持っていた者が多かったという理由がよく理解できる。

明治三陸大地震や磐梯山の噴火、岐阜・名古屋大地震などの災害の絵もある。これらの大災害は、やはり社会的な大事件であったとみられる。

「明治七年台湾の事件(台湾出兵)」の絵に描かれているのは、青龍刀を持ち弓矢を構えている台湾の兵士なのであ

明治１年　会津藩降伏

元治１年　武田耕雲斎（天狗党）挙兵

嘉永６年　伊豆下田港へ米国艦来る

明治２年　榎本君函館戦争（五稜郭）

慶応１年　長州征伐勅許

安政２年　江戸安政大地震

明治２年　天皇陛下東京御行幸

慶応２年　長州征伐（第２次）

万延１年　桜田事件（井伊直弼暗殺）

明治５年　太陰暦を太陽暦に改む

慶応 3–4 年　鳥羽伏見戦争

文久２年　老中安藤対馬守坂下事件

明治６年　征韓論争、西郷ら下野

慶応４年　上野戦争（彰義隊敗走）

文久２年　生麦村島津家事件

明治７年　江藤新平佐賀に兵を挙る

明治１年　白河戦争（奥羽列藩との戦）

文久３年　西郷、月照共に海中に投ず

ろう。裸で腰蓑姿で、いかにも野蛮人という描き方である。朝鮮やロシア、清国に対しては、このような描き方はしていない。台湾に対しては、かなり差別的な描き方である。野蛮人だから「征伐」しても良いという侵略思想につながっている描き方である。

この絵は、明治期の新聞や雑誌にみられる東南アジアや南米の住民に対する描き方と同様である。そうした地域の住民に対する絵には、腰蓑姿で裸足、衣装は着ていなくて裸という共通点がある。鼻には動物か人間の骨を横に刺しているという特徴がある。そして、必ず黒人である。

ここに描かれている台湾の住民の絵は、黒人ではないから、現地の様子をある程度は知った上で描かれているものと考えられる。

このように、有色人種＝野蛮人という思想は、現在でも完全に払拭されていないようで、さかんに復刻されている手塚治虫さんの漫画には、腰蓑姿で鼻に骨を刺している有色人種が登場する。

隣国を野蛮人とみる思想から今日でも自由になっていない一つの証拠は、伊藤博文が一〇〇〇円札に登場したときに、国内では反対運動がほとんどなかったことである。

だが、お隣の韓国では伊藤博文が日本の千円札に登場したことに、大変な反感を持った。伊藤は韓国併合を推し進めた張本人だから、韓国の民衆からは恨まれていたのである。伊藤を暗殺した安重根《あんじゅうこん》は、今でも韓国で英雄扱いされている。

『絵入近世歴史』は、日清・日露の大戦には「勝った勝った、また勝った」という帝国主義的思想で、実に詳しく触れている。このような思想は当時の一般的な国民思想であったとみてよい。

日露戦争では海戦で大量の戦死者が出たため、戦後には今日でいう救命ボートの製作に着手した人も出た。また戦死者の遺族に対して、毎月わずかばかりだが見舞金も支給された。

明治 22 年　大日本帝国憲法公布

明治 15 年　朝鮮京城壬午軍乱

明治 7 年　台湾の事件（台湾出兵）

明治 22 年　森有礼刺殺される

明治 15 年　福島事件

明治 9 年　前原一誠挙兵（萩の乱）

明治 22 年　大隈重信外相負傷

明治 17 年　朝鮮京城甲申事変

明治 10 年　鹿児島戦争（西南戦争）

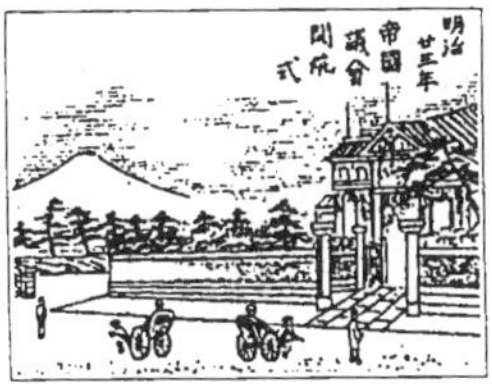
明治 23 年　第 1 回帝国議会招集

明治 18 年　大阪事件

明治 11 年　大久保利通暗殺

明治 24 年　ロシア皇太子襲撃事件

明治 19 年　英船ノルマントン沈没

明治 13 年　臼井六郎最期の仇討事件

明治 24 年　岐阜名古屋大地震

明治 21 年　磐梯山噴火

明治 15 年　板垣君（退助）襲われる

明治 33 年　清国義和団事件

明治 27 年　清国に宣戦布告（日清戦争）

明治 26 年　大村益次郎銅像（靖国神社）

明治 34 年　田中正造天皇直訴事件

明治 27 年　旅順占領

明治 26 年　相馬家事件

明治 34 年　星亨暗殺される

明治 28 年　威海衛の海戦

明治 27 年　朝鮮東学党の乱勃発

明治 35 年　青森第 5 連隊八甲田山遭難

明治 28 年　日清講和条約調印

明治 27 年　東学党の乱鎮圧に公使派遣

明治 36 年　ロシア軍満州撤兵事件

明治 28 年　天皇陛下凱旋

明治 27 年　清国軍艦と海戦

明治 37 年　ロシアに宣戦布告、海戦

明治 29 年　三陸大震災

明治 27 年　清国との成歓の戦い

明治 37 年　広瀬中佐旅順湾作戦で戦死

明治 37 年　日本軍鴨緑江を渡河

明治 37 年　南山大激戦

明治 37 年　遼陽城占領

明治 38 年　旅順占領

明治 38 年　奉天占領

明治 38 年　ロシアとの海戦に勝利

明治 38 年　第 2 次日英同盟調印

明治 38 年　東京湾で大観艦式開催

明治 39 年　伊藤博文ハルピンで暗殺

1 『絵入近世歴史』からの抜粋（帝国史談研究会・瀧澤善太郎、一九一〇年）幕末から明治三九年の間の歴史を一般向けに絵入りで解説した歴史入門書。

明治にもあった三陸大地震と大津波

日本の各地には、有名な名湯・秘湯があちこちにある。つまり日本は火山国であり、地震国でもあるのだ。

二〇一一年三月一一日午後二時四六分頃、東日本一帯を巨大地震が襲った。地震は古代からかなり頻繁に起きていた。この地震と連動しているのが火山の噴火である。火山の噴火の記録も古くからたくさん残っている。

岩手県三陸海岸は、地震の際には津波に襲われる地域である。今回の東日本大震災でも、三陸海岸は大きな被害を受けた。大地震には前兆があるといわれている。地震が起きる少し前、地面が柔らかく感じ、まるでスポンジの上を歩いているようだったとか、前日の夕焼けの色が異常に赤かったとか、野鳥が騒がしかったとかの話があるが、今回の地震ではどうだったのだろうか。

この絵（図1）は、一八九六（明治二九）年六月に起きた明治三陸大地震の時、救援に向かった日本赤十字社の救援隊の様子を描いたものである。この年には秋田県でも大地震が起き、三陸大津波では死者二万七〇〇〇人余、流失・破壊された家屋一万戸以上という大惨事であった。

広範囲に海底が隆起したり沈下したりすると、海水も上下に揺れて激しく振られるために、海面の変化が波となって周辺に広がっていくのが津波である。津波は、海底が深いほど速く、水深二〇〇〇メートルでは時速五〇〇キロ、水深一〇〇メートルでも時速一一〇キロにもなるという。

日本赤十字社（図2）は、一八七七（明治一〇）年に創立された博愛社が前身である。博愛社は、一八七七年の西南戦争にあたって、元老院議官である佐野常民《つねたみ》と大給恒《おぎゅうゆずる》が創立した救護団体である。西南戦争の負傷者が多数にのぼるのに、救護が不十分だという事実を知り、博愛社の創立を企図した。ベトナム戦争のときの戦場カメラマンとして有名な岡村昭彦さんの母方の大祖父が、赤十字社の創設者である。

1　三陸大津波（『グラフィック』1896 年）　大きな被害にみまわれた三陸の被災地に向かう日本赤十字社からの救援隊。日傘をさして馬に乗る看護婦と思われる女性が描かれている。

2　赤十字の看護婦（ビゴー画、1898 年）　日本赤十字社の看護婦たちは、1888（明治 21）年に噴火した福島県磐梯山での負傷者救援でも活躍した。胸に十字のマークがある。

その後、維新政府が一八八六（明治一九）年にジュネーブ条約に加盟し、翌年に正式に日本赤十字社と改称して発足した。

戦国時代には、一遍上人が開祖である時宗の僧侶が、敵味方を問わず戦死者を供養したが、博愛社も同様の精神のもとに創立された。維新政府は、官軍も賊軍もともに救護するという方針のため、なかなか博愛社を認可しなかった。

この絵（**図1**）にあるような大惨事が起きると、社会保障制度の整っていなかった戦前には、生活に窮する人たちが続出した。巷《ちまた》には門付け芸人や、都市の貧民街に流入する人たちが増えたのである。『おはよ』（**図3**）にみられる絵の芸人を、「ゴゼ」さんではないかと書いている文献があるが、違うのではないだろうか。ゴゼさんは、女性でありこのようなみすぼらしい服装はしていない。もっと派手な着物を着て、人目を引く姿をしていたのである。この絵の門付け芸人は、自然災害に遭った人の可能性が高い。

3　門付け芸人（『おはよ』1883年）

このような門付け芸人を、東北地方では「ホイト」とか「ホイド」と呼ぶが、必ずしも被差別部落の出身というわけではない。広義的には被差別者であることは間違いないが、一代限りないしは一時期だけの職業であった。

また、東北地方で飢饉や大地震などの自然災害があると、江戸・東京の吉原の遊女人口も増加したのであった。遊女人口が増えたのは、吉原だけではなく、各地の遊郭でも同じであったろう。不十分ながら吉原には統計数字があるから、遊女の数や出身地がある程度わかると思われる。

明治時代の大洪水と治水事業

利根川といえば別名「坂東太郎」といわれ、関東平野を流れる大河川として有名である（図1）。この利根川、江戸時代の初めには、どの流れが利根川であったのか、よくわからないのである。利根川を描いた絵図地図が各地に残されているのだが、流路が一定していないだけでなく、今日では利根川ではない河川までが利根川と表記されている。はっきりしているのは、現在の埼玉県栗橋町の上流の川俣付近で南流して、同県吉川市付近で荒川と合流、東京の墨田区で入間川と合流し、東京湾に注いでいた。墨田区あたりでは利根川ではなく隅田川と呼ばれていた。今日の渡良瀬川は利根川とは別で、大日川とか大井河と呼ばれていたらしい。

古来からよく氾濫した利根川であるが、近年では一八九六（明治二九）年、一九〇二（明治三五）年、一九一〇（明治四三）年に大洪水があった。このうち一九一〇年の大洪水と、戦後のキャサリン台風による大水害は、利根川沿岸の市町村にきわめて甚大な被害をもたらした。墨田（隅田）川でも洪水の被害があった（図2）。

一九一〇年の大水害の後、政府は、洪水防御政策を立てて治水対策を決定、利根川、木曾川、信濃川などの河川改修を行い、筑後川や淀川をふくめ工事を進めた。利根川においては、延長二〇〇キロ以上にもわたって、高さ一〇メートルを超える堤防が築かれている。この築堤のために七五〇〇万立方メートルの土が移

1　利根川、布川魚市之光景（『利根川図志』）「銚子浦より鮮魚を積み上するを鱻船（なまぶね）という。舟子三人にて日暮に彼処を出て、夜間に二十里余の水路を遡り、未明に布佐、布川に至る。」（『利根川図志』より抜粋）。

動され、掘削した土の量は一万三〇〇〇立方メートルにも上るといわれる。

記録に残るところでは、河川に関する工事が行われているのは淀川である。淀川は琵琶湖を源として、まず瀬田川と呼ばれ、次いで宇治川と名を変え、桂川と合流して淀川となり、木津川も合流している。『日本書紀』には三二三（仁徳天皇一一）年に、淀川の下流が開鑿《かいさく》されて茨木堤の修築が行われたとある。

「朕《ちん》此国を見るに、郊沢曠遠にして而も田圃狭小なり。且つ河水横溢して流末駛《はや》からず、霖雨に遭えば海潮逆上して、行路は船に乗せ、道路また泥なり。群臣宜しくこれを視、その横源をさぐって海に通じ、逆流を塞いで以って田宅を全うすべし」との詔《みことのり》があった。これ以後に工事が行われて、今日の天満川を開鑿したようである。

古来から、わが国では、水との闘いを繰り広げてきた。たとえば一五四二（天文一一）年には、甲斐国（現在の山梨県）の釜無川で大洪水（**図3**）があった。現在も残っている信玄堤は、この洪水の後に作られたものである。この大工事は、甲府盆地を水害から救うために、流れ込む釜無川や塩川、御勅使川の川が合流する地点の流れを調整した。御勅使川が山間部を出たところに石積み堤防を築き、流路をはっきりとさせ、扇状地の農地を守ったのである。

この大洪水の絵は、一九〇七（明治四〇）年七月に起きた山梨県東八代郡石和町《いさわ》（当時）の水害の様子である。家や人間が流されていく様子がよく描かれている。山国の山梨県でどうして洪水が、と思われるかもしれないが、河川の大氾濫が原因である。

一九〇七年の水害では、笛吹川沿岸の甲府盆地が最大の被災地で、被害は長野県にも及んだ。石和町では人々は寺や小学校に避難したが、死者一六、行方不明三八、流出家屋九九、全壊家屋一一、半壊一四、土砂流入四六八、牛や馬の死亡六頭という被害を出した。貧困者を中心に、この水害の後に他の町村へ移住する者が多く出た。

絵には蛇も多く描かれているが、水害のときには蛇も木に登ってくるという。マムシでない限りは人間に噛みつかない。蛇はおとなしい生き物なのである。二〇一〇（平成二二）年と二〇一一（平成二三）年には各地で物凄い豪雨があった。被害を少なくするためには、自分たちの身近な場所の危険地帯をよく確認しておく必要がある。

2　「洪水の際諸民墨田堤上に難を逃れるの図」（『風俗画報』）　人々が逃げている向こう側（図中の上部分）には濁流が押し寄せ、家々を飲み込んでいる。

3　「山梨県東八代郡石和町の惨状」（『風俗画報』笠井鳳斎画）　1907（明治40）年、大雨のため堤防が決壊し氾濫した笛吹川・釜無川の様子。地形の関係から、山梨から信州まで被害が及んだ。図中中央には、人々とともに木を登る蛇も描かれている。

第6章　都市生活の探訪

貧民街に住んでいた人たちの暮らしと職業

この絵（図1）は、いろいろな文献に使用されているが、その背景についての考察はほとんどみられない。絵には、洗濯をしながらいわゆる「井戸端会議」をしている女性たちの様子が描かれている。江戸時代以来の光景である。

水道が普及すると、共同井戸に行って洗濯をする機会が減少していくのだが、地方の農山村では、一九七〇（昭和四五）年頃までは、この絵のような光景が見られたものである。水道の普及はかなり遅れたから、井戸水に頼る機会が多かったのである。きれいな湧き水の井戸の周りには、大勢の女性たちが集まって、井戸端会議をしていたものだった。

この絵は、共同井戸を使用していると考えられるから、一戸建ての家での洗濯ではない。裏長屋とか貧民窟といわれた地域の様子が描かれているとみて間違いない。

井戸の背景には竹垣が描かれている。風除けであろう。冬には季節風が強いから、井戸水を使っていると手が冷たくて動かなくなってしまうのである。そのための風除けである。竹垣の向こう側には着物が干されている。竹垣の横に止めてある人力車がなければ、江戸の昔の様子と何も変わらない。女性たちが使用しているのは盥《たらい》であり木の桶である。水をくみ出している女性の桶の横には、バケツ（?）が描かれている。江戸の昔と明治の違いは、このバケツと人力車の存在ということになろうか。

この絵には上半身裸の女性が描かれているが、戦前でも東京の下町では、珍しい光景ではなかったらしい。山の手でも、暑い時期には家の中では浴衣を腰のところまで下げて団扇を使い、来客があると浴衣を素早く肩に通して、それから対応したのである。一九七〇年頃までの農山村では、夏には上半身裸の女性が、家の内外を平気な顔をして歩いていた。

おおらかな社会だったともいえる。だが、実は、貧乏人にとっては衣料品そのものが大変に貴重だったのである。

1　井戸端会議（『風俗画報』黒崎修斎画、1900 年）

第八　貧民の内職
貧民家庭の内職仕事頗る多し、巻煙草、マッチの箱張、ラムプの笠張、貿易品亀の子、摺物折子、足袋縫、鼻緒縫、鼻緒の心（芯）、状袋張、紙縫、編物、蠟燭の心（芯）巻き、ボール箱、団扇張、タドン、ハンケチ縫、石版書着色、元結の撚り、麻裏草履の裏縫、草鞋絢の如き類是なり（略）特に雨ふる日の如きは前借を望むもの平日に二倍三倍す、内職仕事は貧民の生活に補益すると如何に大変なるかを知るに足らん（『日本之下層社会』より抜粋）。

2　下層社会にいる人々の生活風景（『日本之下層社会』）

3　露天商の飴屋（『国民新聞』一八九〇年）ラッパを吹きながら、飴を売っていた。

汗臭くしておくと着物を早く痛めてしまうが、着物を脱いでおけば痛むのが防げるという意味もあった。

この絵に描かれている女性たちは、一体どのような暮らしをしていたのであろうか。

一八九七（明治三〇）年一〇月の『東京経済雑誌』は、「貧民愈々困《くるし》む」とのタイトルで、当時の東京の貧民街として有名だった下谷万年町ほか、都市下層社会の「貧民の状態、惨状目も当てられぬ許《ばか》り」であると書いている。この原因は「主として米価騰貴の結果」ともある。ちなみに、この記事には、「続々として同盟罷工の挙あるも」とも書いている。同盟罷工といえば労働者のストライキのことである。

『東京経済雑誌』の記事では、貧民街といわれている地域に、労働者も住んでいたとある。貧民街といえば都市雑業者や日雇い労働者、人力車引きなどの肉体労働者ばかりが住んでいたと考えられがちであるが、実際には、職工や職人などの賃労働者も住んでいた。

『社会』という雑誌の一九〇一（明治三四）年七月号には、当時の東京の三大スラムのひとつである芝新網町の職業構成について、日雇い・土方一五八、人力車夫一一九、職工（活版職工六を含む）三八、職人（瓦職・左官・鍛冶屋など）三五、小売商人二四、納豆・昆布・飴売り一九、芸人一八、職人（桶職・仕立て・散髪屋など）一四、按摩九、マッチ貼り九などの人たちが住んでいたとある。自営業者に混じって賃労働者も住んでいた様子がわかる。

『風俗画報』の絵には人力車が描かれているが、これはそのような職業の人が住んでいたからであるとみてよい。「車夫車力等下等労働者は、大略本所深川の両区より供給せらる。特に本所区は工業なき東京市にては最も工場多き土地なるが故に、恰《あたか》も大阪に於て見ると等しく工場労働者たる細民を見ること多きは最も注目するに足る」と横山源之助は『日本之下層社会』で書いている（**図2**）。

都市貧民の仕事のいろいろ

今日に残されている明治時代の写真をみると、人々の身長はかなり低く、体格もよくなかったようだ。これはひとえに栄養状態が悪く、それでも体力を消耗する激しい仕事をしなければならなかったことの裏付けと考えられる。ただ、そのことを、おかしいと感じないほどに、低賃金・長時間労働という現実が、働く人々の一般的な認識だったのである。だから、このような現実を変革しようとする運動とか思想は、内部からは生まれてこなかった。

最初の絵（**図1**）は、屋台である。このような屋台は、江戸時代の絵にもよく描かれているが、明治時代になるとかなりの違いが出てくるようになった。まず髪型である。男たちがちょん髷《まげ》ではなく、いわゆるザンギリ頭になっている。その他の、蕎麦かうどんかわからないが、何か食べている男の尻端折《しりっぱしょ》りとか、描かれている人たちの着物姿には、時代の変化は見られない。

食べている男の履物は、草履《ぞうり》ではなく足半《あしなか》といわれる、足の半分だけしかない藁草履に見える。足半は鎌倉時代からあり、足の運びが便利なので合戦や戦闘のときに大いに利用された。江戸時代に入ると、労働用に便利だからと農山漁村で広範囲に利用されるようになった。一部の地域では、葬式のときの野辺送りや、祭礼のときに履かれるようにもなった。

明治時代初めの頃の日本人は、みな小柄で、そのうえにガニ股で歩いていたらしい。しかも猫背で胸は平たく、貧相だが優しかったらしい。幕末から明治初期に日本にやってきた外国人の書いた記録にも、そのような記述がある。

それに、この頃のわが国には「浮浪者」がいなかったといわれ、外国人は一様に驚いている。その原因は、この絵にあるような、小商人というその日暮らしの商売でも、人々が仕事を持っていたということにある。ただし、往来での商売はその日の天候に左右されやすい。一日分の収入をきちんと確保しようとしたら、長時間労働をしなくてはな

1　屋台店（『日本奥地紀行』）

らなかった。

次の絵（**図2**）は、明治時代の中頃に描かれた、当時の東京で見かけられた小商人の仕事の一端である。

この絵を見ると、とても荒稼ぎとか、ものすごく儲かる商売とは、とうてい言い難い。そこに描かれている職業を掲げてみる（**図2の左上から右へ、下段右から左への順**）。

⑤しんこ細工・④操り人形・③花火屋・②金魚屋・①麦藁細工売・⑥提灯売・⑦ガラス玉売・⑧飴細工・⑨吹き出し面売・⑩酸漿《ほおずき》売・⑪ラッパ売・⑭だるま売・⑫かた紙売・⑬今戸人形売・⑱風車売・⑲張子人形売・⑮紙の面と五色立うり・⑯鯉の滝登り扇売り・㉒風船マリ売・㉑のぼり売・⑳風船売・⑰てふてふ（ちょうちょ）売・㉓こま売・㉔だし万灯売・㉕花笠・㉖かんざし売・㉗あねさま売。現在も残っている商売といえば、金魚屋とか花火屋、ガラス玉売りくらいであろうか。

それにしても、明治の中頃でもさまざまな屋台店が都市にはみられたのであった。しかもこの頃は、まだ働く女性の姿がかなり多くみられた。小商人といえども、中世社会以来の自立した女性が珍しくなかった。

このような人々の存在は、日清戦争以後、研究者とか新聞記者などの人たちには「社会問題」として認識されるようになった。この『東京風俗志』に描かれている職業の人たちは、おそらく商人というのは看板だけで、実態は都市貧困者、都市貧民という存在であったとみて間違いない。

2　明治時代初めの露天商たちの様子（『東京風俗志』）

『日本之下層社会』という、すぐれた研究書を書いた横山源之助（図3）は次のように書いている。

「今日欧米諸国に唱へらるる意味を以ってせば、我国にては時に社会運動として記すべきこと極めて少なしと雖も、社会の欠陥に対して起りたる広き意味に於ける社会問題を挙ぐれば、我国にも社会問題あり、階級の衝突あり、強者弱者の衝突あり、貧富の衝突あり、特に日清戦役以来、機械工業の勃興によりて労働問題を惹き起こし、物価の暴騰は貧民問題を喚起し漸次欧米の社会問題に接近せんとす」（岩波文庫版）。

日清戦争後、にわかに新聞や雑誌でこのような人々がクローズアップされるようになったのは、同時期に欧米から労働問題、社会問題を見る視点がもたらされたからである。当時の日本国内が、急激な変化をとげていたという証拠である。ものすごく物価が高騰し、貧民問題が社会の関心を集めつつあった時代である。たとえば、一八八七（明治二〇）年の物価を一〇〇として計算すると、一八九五（明治二八）年には一三五、翌年には一四五、一八九七（明治三〇）年には一六一になっている。このような急激な物価高騰は、この絵（図2）に描かれているような人たちを直撃し、生活苦に落としめていたのはいうまでもない。

3　横山源之助（よこやまげんのすけ）一八七一（明治四）年生まれ。明治時代の記者・社会問題研究家。毎日新聞の記者となり『日本之下層社会』を著す。二葉亭四迷・松原岩五郎らと交友関係にあった。

米食の普及と貧民街の残飯屋という商売

農村地域で、どこでも作られているのは米である。食料自給率が四割ほどと推定されている今日の日本でも、米だけは自給率が一〇〇パーセントを超えている。日本の米は味もよく、世界に向けて輸出されているのもよく知られているが、農業に従事する者の年齢の高齢化が進み、おまけに後継者難である。地方では、土地を売りたい者ばかりで、買い手はほとんどない。あと一〇年くらいすると、日本の農村風景は、かなり変わってしまうように思う。

二〇一二（平成二四）年現在、全国には埼玉県と同じ広さの遊休農地がある。この遊休農地を利用して太陽光発電とか、風力発電でもしたらどうか。

維新を迎えた日本も、食生活の上でかなりの変化があったらしい。柳田国男は『明治大正史世相編』で次のように書いている。

「第一に米の消費量が、以前は今日のように多くなかった。稲を栽培しなかった土地はすでに弘く、米は通例城下と湊町とより他へは、輸送せらるる途が付いていなかったのである。畑場や山間でこれを常食に供しえなかったのはもちろん、田を耕す村々でも米の飯は始終控え目であった。

明治二〇何年ころにドイツ人のエッゲルトが、政府のために調査をした際には、米は全国を平均して、全食料の五割一分内外を占めているといった。兵士その他の町の習慣を持ち還る者が多くなるとともに、米を食う割合はしだいに増すことであろうと説いている。その予言は確かに適中した。兵営ははやく脚気病の予防などのために、挽き割りの麦を混食させる方針を採ったにもかかわらず、一般にその混用の歩合が少なくなり、目に見えて飯は白くなったのである。

米しか食わない人の数がまた激増して、粗悪な外国米が山奥にも運び入れられることになった。この変化のほうが実は精白過度よりも大きなことである。米は日本人の主食物だということを信じて疑わない人は以前から相応にあった。そういう人たちばかりが、日本の生活問題を論じようとしたこと、それと一方には米の飯は奢りであり、従うて米が食えるのは幸福だと思うような、質朴なる考えとが合体して、始終注意をこの一点に集め、非常にわれわれの食糧問題を窮屈にしたことは事実である。

米以外の食品の研究と改良とが、全く進まなかったのもその結果であった。麦は種類を取り替えて、まだ若干の需要をつなぐことを得たが、その他の穀類の効用は閉塞してしまった」。

ここで注目したいのが、米を常食にするという習慣が、全国に波及していくきっかけとなったのが、軍隊であったという点である。徴兵されて兵営で体力増進のために米を食べていた人たちが、除隊後にそれぞれの地域に帰って、米食を広めたというのである。日清・日露戦争がなくても、毎年決まって徴兵される人間はいたわけだから、年を追って米食文化は全国に広がるわけである。

柳田のいう「粗悪な外国米」というのは、たぶん南京米のことであろう。日本では、天明や天保の大飢饉を経験していたから、その対策として、幕末には南京米などの外国米を輸入していた。飢饉に際しては、村々に「お救い小屋」が建てられ、粥を炊いて飢民を救済した。村には飢饉対策のための「御蔵」が建てられて、米が備蓄されていた。維新初期に作成された村絵図には、この御蔵がたいてい描かれている。

飢饉対策として、また米の消費量の増大するためもあり、農村では「愛国」という種類の米が作られていた。「愛国」は食べるとあまり旨くなく、米の等級としてはよくなかったが、一反あたり何俵と決められていた小作料契約の場合には、好んでこの種類を多く作り、地主に納めた。小作人にとっては収穫量が多く有利だったからである。

農村の貧困家庭では、「愛国」という米を食べたり、仕方なく外国米を食べた。日清戦争後になると都市には「貧民窟」が各地に生まれた。そのような地域に住む人たちは、米を常食とするわけにはいかなかったようだ。「その日暮らし」どころの話ではなく、その都度の食にも事欠く人たちが多くいた様子は、明治期の小説を読むと、よく分かる。

『最暗黒の東京』（乾坤一布衣著）には、後に「帝都の三大スラム」と呼ばれるようになる芝新網町・四谷鮫が橋・下谷万年町といった貧民窟に暮らす人たちが、「残飯屋」から沢庵《たくあん》の切干かす、食麺屑、魚のアラ、焦げ飯などを二銭分だけとか、三銭だけ買っていた様子が描かれている（**図1・2**）。この資料は、最初は国民新聞に連載された。

残飯屋が残飯を仕入れていたのは鎮台営所、つまり軍隊である。買う方は「兵隊飯」といっていた。

1　残飯屋とその家屋（『最暗黒の東京』一八九三年）同書には「店前《みせさき》には黒山《くろやま》の如く待構《まちかま》へて……我《わ》れ先きにと笊《ざる》、岡持を差《さ》し出《いだ》し。二銭下《くだ》さい、三銭お呉《く》れ……其お菜《かづ》の如き漬物《つけもの》の如き。煮《に》シメ、沢庵等は皆手攫《てつか》みにて売《う》り、汁《しる》は濁醪《どぶろく》の如く桶《をけ》より汲《く》みて与え」とあり、家屋内については「幾多の土取笊《ざる》、半切桶《をけ》、醤油樽……不潔《ふけつ》を帯びて不整列《ふせいれつ》に並《なら》ばり居るを見たりき」とある。

2　家の前にある共同便所と貧家の什器（『最暗黒の東京』一八九三年）貧家の什器について同書には「釜《かま》の縁《ふち》は古瓦の如くに欠《か》け、膳《ぜん》には框《ふち》なく椀は悉く剥《は》げたるもの、擂鉢《すりばち》の欠《かけ》たる猶火鉢《なほひばち》として使《つか》はれ……其履物《はきもの》は什麼《いかん》、是れ実に木《き》の片《きれ》に縄《なわ》、綴切《つぎゝれ》、竹《たけ》の皮等《かわとう》を絢《よ》りて僅かに足《あし》を繋《つな》ぐものなり」とある。

『最暗黒の東京』に見る貧民層のくらし

（一八九三年） 図説は同書よりの抜粋

客を争う車夫「免許證を出せ、何時《いつ》車《くるま》を輓《ひ》き始《はじ》めた。……ウヌ生意気吐《なまいきぬか》しあがる擲《なぐ》り倒《たを》すぞ　何だ擲《なぐ》る此の野良《やらう》め　遂に乱拳《らんけん》、撲闘《ぼくとう》を見る」

老車夫「往来人《わうらいじん》は此の廃骨《はいこつ》を買《か》ふべきや。……偶々客《たまたまきやく》を獲《う》れば虫《むし》の這《は》ふごとくに歩《あゆ》み、三丁にして息《いき》を切《き》らし……纔《わづ》かに賃銀《ちんぎん》を獲《え》、以て一椀《わん》の飯《めし》を口腹《こうふく》に補《おぎ》なふ」

暁を待つ無宿の車夫「多くは飛入稼《とびいりかせ》ぎなり……最下層の職業中《しよくげふちう》最も骨力《こつりき》を要《よう》するものなり……買出《かひだ》しの八百屋を見出して其荷《に》を輓《ひ》く……人力車の後押《あとをし》を……」

人夫「其《かの》仕事《しごと》の重《おも》なるものは……道路《だうろ》の修繕《しふぜん》、橋梁《けうれう》の架替《かけかへ》、水道工事、溝浚《かはさら》へ、電《でん》話機《わき》の架設。……大なるは内外用達会 社《ないがいようたつくわいしや》亦は……受負師《うけおひし》より持ち込む事あり」

貧民街の飲食店「両国橋の夷餅《えびすもち》、剛飯《こわめし》、浅草橋、馬喰町《ばくろちやう》のぶつかけ飯《めし》、鎧橋《よろひばし》の力鮨《ちからめし》、八丁堀《はつちやうぼり》の馬肉飯《めし》、新橋、久保田町の田舎蕎麦《いなかそば》……最《もつと》も便利《べんり》とする食物店にして」

屋台「おでん、煮込《にこみ》、大福餅《だいふくもち》、海苔巻稲荷《のりまきいなり》寿司《ずし》、すいとん……屋台店《やたいみせ》は専らに此《この》彼等夜業の車夫《しやふ》に依ッて立つもの。其要衝《そのえうせう》に当る者は毎夜《まいよ》二円より三円近くの食品《しよくひん》を商《あきな》ふ」

巡査が嫌われた理由

明治時代には、刑事事件の「犯人」とされた者のうち三分の一は、無実の罪で刑務所に入ったり、罰金を取られたりしていたといわれる。だから巡査は、「毛虫の如くに忌まれて居る」（「東京朝日新聞」一九一二〔明治四五〕年四月一九日付）と書かれるほどだった（図1〜4）。

「奇怪なる殺人（五）」という東京朝日新聞の記事は、当時の警察がどのような状態にあったのか、詳しく触れている。なお、この頃の新聞記事は句読点があまりつけられていないので、句読点は筆者が適宜つけた。

「通信の不能　御所見村の一有志は云ふ。『警察機関の不備には驚く。一寸《ちょっと》したことでも駐在所から本署への報告は二日もかかる。電話は厚木に行かねばなし。厚木に出る程ならテクテクで藤沢に出た方が早い位だ。撲殺のあったと云ふことを報ずるのでも、巡査は車にも乗らずにテクテクと歩いて藤沢に行くか駐在所を経て次から次へと所謂伝送と云ふものをやる。夫《そ》れでも三、四時間は掛る。藤沢管内でも場所に依っては伝送法で三日を要せねば本署との連絡が取れぬ所がある。

藤沢管内で電話の設備のあるのは茅ヶ崎だけで、外には何もない。又自転車の用意をして居る駐在所は、御所見の一巡査だけで其他は皆テクだ。武助が綾瀬と御所見の境界地で殺された時も、発見は午前十時だったが本署への報告は午後になり、横浜から判検事のお見えになったのは夜の九時か一〇時だった。

夫れから臨検があって捜査方針なども定まるのだから殆んど役に立ちはせぬ。凶行後二十余時間にして初めて犯人捜査の協議が開かれるには驚かざるをえない。斯《か》く設備の不完全な計りでなく、駐在所詰めの巡査は何《いず》れも威張って居る計りで、応援の才能を欠き、人民からは毛虫の如くに忌まれて居る。とても敏活な仕事は出来べき理由がない』と慨然たり」。

「警察の悪辣　有馬村の人口四二一二中、前科者十余人あり。又海老名村の人口五一〇中、前科ある者廿《にじゅう》余名にて窃盗犯、賭博犯最も多し。中には二人の強盗前科もの、一人の放火未遂の前科者あり。警察署は先ず此強盗前科者につき精細なる調査をなせしに、一人は八五郎殺しの当夜不在なりしこと判明したれば、直に引致し取調べしに、当夜は親戚某の家にあり。八五郎殺しとは関係なしと陳弁せし故、直に某を調べ見しに、某は前科者の来らざりしを証明せり。

依って警察は此の男を有力の嫌疑者として益々厳重に詰問せしより、前科者は已むなく当夜平塚の遊里にありし旨を自白せり。警察は再び平塚につき取調べしに、果たして其の言の如く全く撲殺事件とは関係なきこと判明せり。警察のグリ宿の客、前科ものに対する取調べは殆んど人権蹂躙以上にて言語道断のこと多し。斯くても有力の手掛りを得ねば、警察官は尚想像を逞《たくま》しうして撲殺に用ひし凶器は鉄棒なりと仮定し、斯かる鉄棒は鳶職の家にあらんとて、鳶職に対し悪辣なる家宅捜索をなすに到れりと云ふ」。

現在でもまま見られる冤罪の構造そのままではないだろうか。当時の警察は「こいつが犯人」と見込みをつけると、後で証拠は作れるから、とにかく警察署へ連れてきて、メチャクチャに殴って自白を強要するのである。警察署の敷地内には拷問倉があって、たいてい道路や近隣の建物からは離れた所に建てられていた。そこに連れ込んで、皮のバンドなどで徹底的にブン殴るのである。これでは誰だって「自白」してしまう。

この記事でも、殺人事件の凶器の特定ができていないにもかかわらず、とび職の人が狙い打ちにされたとある。典型的な見込み捜査である。当時の新聞でさえ、「悪辣な家宅捜索」と書くほどだったのだから、当人たちの迷惑はどれほどであったか。明治末の頃の巡査は江戸時代以来の三尺棒を持たずに、サーベルを提げていたようだ（**図3**）。

1　警邏する巡査（『東京開化繁昌誌』1874年）二人一組で警棒を持ち見回る。

2　巡査に注意を受けている男性（『東京開化繁昌誌』1874 年）

3　サーベルを提げた巡査（『東京朝日新聞』1899 年）　武士は刀を抜くと処罰を受けたが、巡査はサーベルをガチャガチャいわせたり、抜く真似をしたりして民衆を脅迫した。

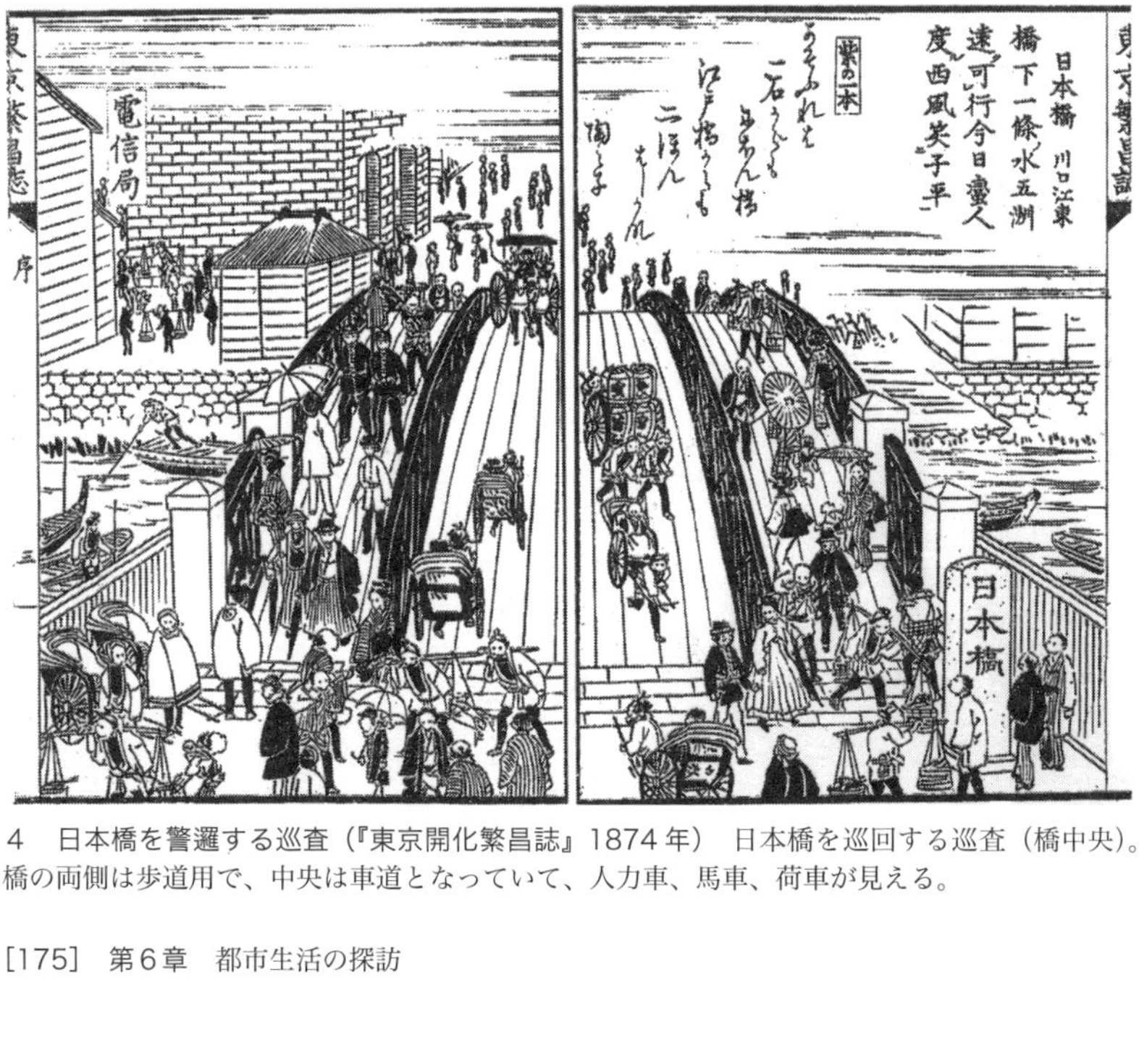

4　日本橋を警邏する巡査（『東京開化繁昌誌』1874 年）　日本橋を巡回する巡査（橋中央）。橋の両側は歩道用で、中央は車道となっていて、人力車、馬車、荷車が見える。

見世物小屋を覗いてみれば

江戸時代、障害者を見世物にした大衆芸能が多くの客を集めていた（図1・6・7）。古くは、仏教徒が「因果応報」の教義を広めるため、障害者を利用していたらしい。

『講座　日本風俗史』によれば、江戸時代に見世物にされていた障害者は、身体の畸形《きけい》五七項二三目、皮膚畸形一〇項八目、毛髪畸形二項六目、珍腫畸腫五項、斗七四項というものすごい種目であった。他の項目でも少し触れたが、障害者という理由で親や家族から捨てられて、諸国を放浪せざるをえなかった人たちは、かなり過酷な社会を生きていた（図5）。

江戸時代には、とくに手のない障害者を「徳利児《とくりこ》」と呼んでいたようだ。『和漢三才図会』には、両手のない「徳利児」が足で文字を書いたり、弓を引いたりしたとある。

江戸時代末期の天保時代の大坂・難波の大衆芸能の町には、やはり「徳利児」が煙草を刻んで煙草を吸い、花を生け、揚げ弓では一本も的を外すことがなく、達筆な文字を書いた芸人がいたといわれる。この難波の「徳利児」は、立ち並んだ見世物小屋のなかでも、かなりの人気者だったそうである。

天保年間には、「早咲小梅太夫」という女性の「徳利児」が全国各地で足芸の興行をし、琴や三味線、生花、縫い物や紙折り、揚げ弓な

1　浅草公園の見世物小屋（『東京風俗志』）

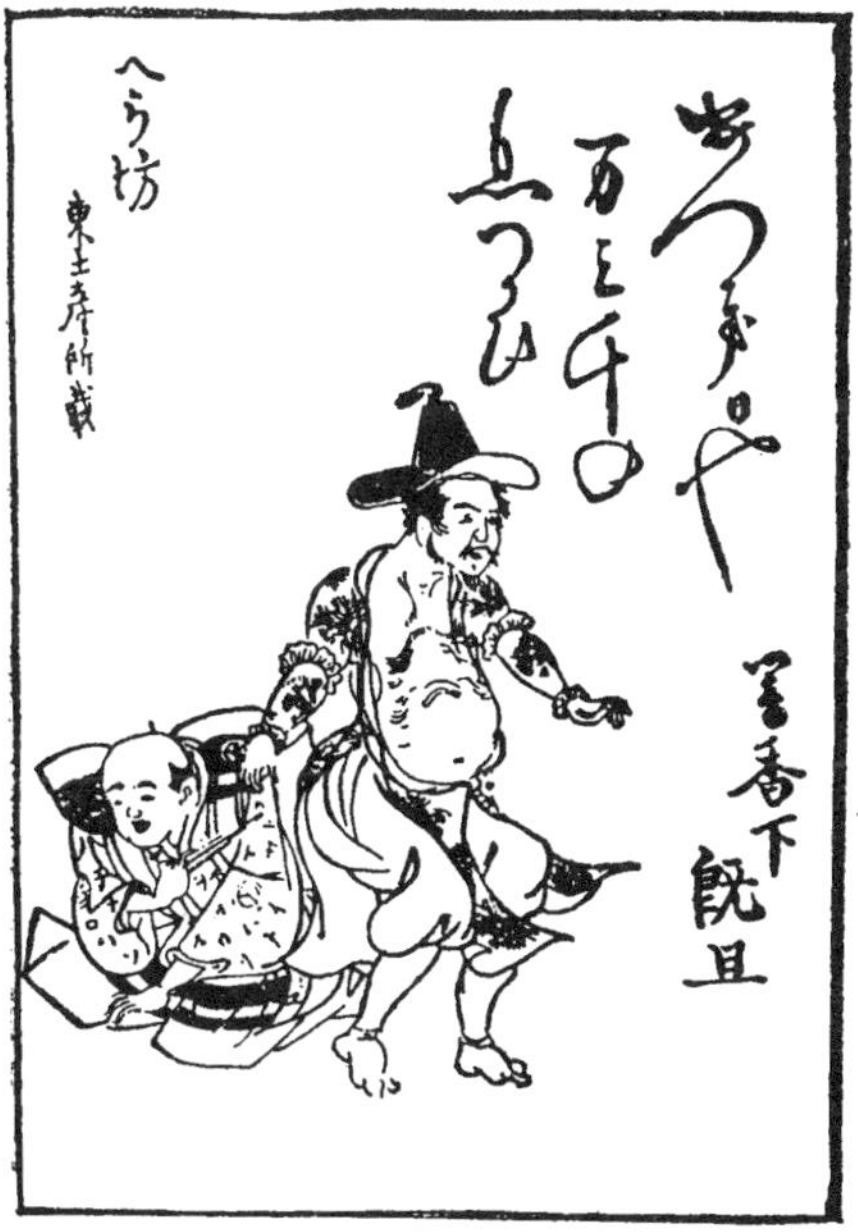

2　べら坊（『俳諧東土産』）

3　からくり（西川祐信画）

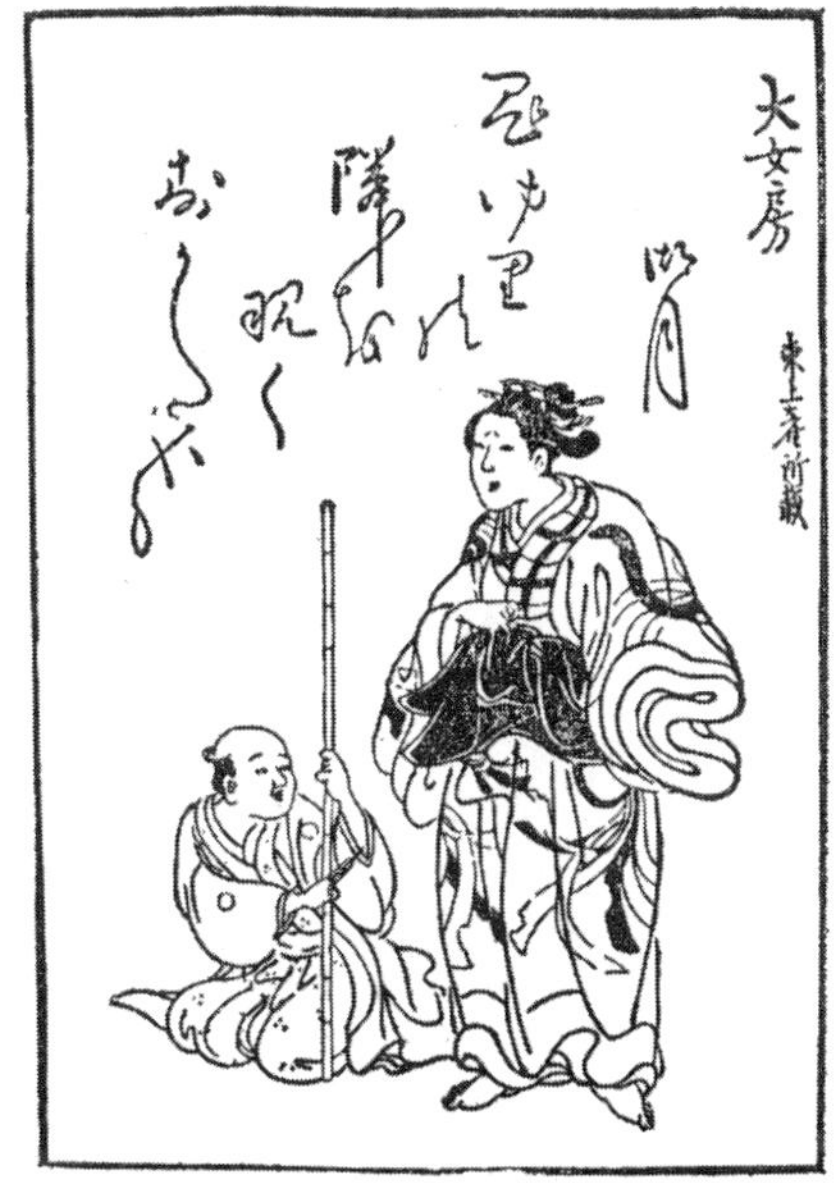

4　大女房（『俳諧東土産』）

5　干瓢を売る一寸男（『日本名所風俗図会』）

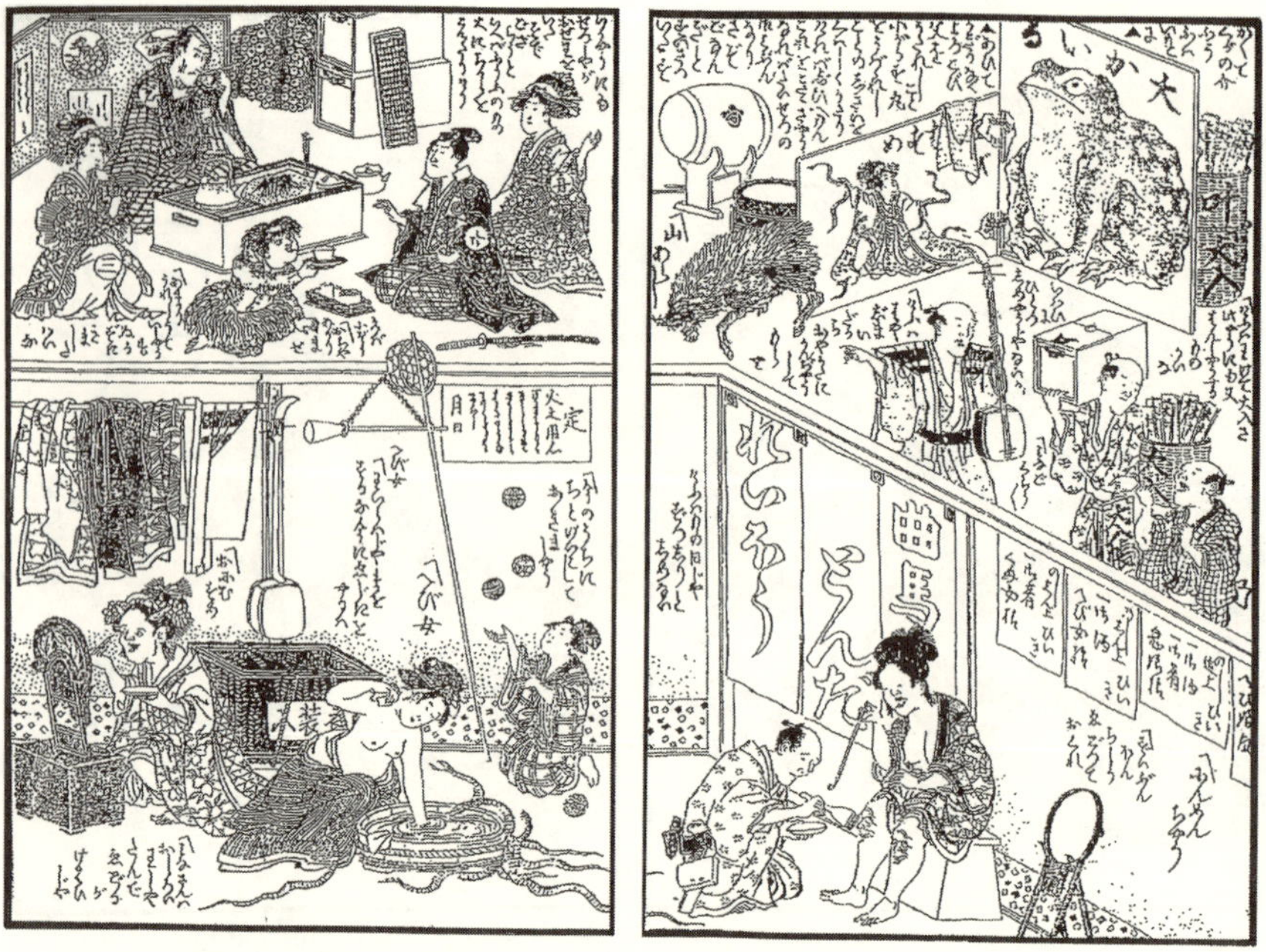

6　見世物小屋の楽屋の様子（『糸桜本朝文粋』1810年）　左図下段には、「鬼娘」や「蛇女」の出演者らがいる。楽屋内には衣装や楽器が所狭しと並べられ、雑然としている。

どの芸を見せていた。小梅太夫は当時三〇歳くらいであり、大変な人気であった。

昔話の『一寸法師』はよく知られた有名な物語であるが、江戸時代の見世物小屋では、「一寸法師」といわれた低身長の障害者が、各地で人気を博していたらしい。この人たちの中には頭だけがかなり大きい「水頭症」の人も含まれていた。

この「一寸法師」は「朱儒《しゅじゅ》」とも呼ばれた。江戸時代中期の江戸の町には「碁盤娘」という、碁盤の上で踊りを踊った「一寸法師」の女性芸人がいた。この碁盤娘は、江戸末期には「豆娘」という名称で見世物に出ていたらしい。『和漢三才図会』には、「朱儒」と呼ばれた男性の「一寸法師」の絵がある（**図8**）。

一八七三（明治六）年六月、政府は、障害者を見世物にする行為を禁止した。この年は、一月に梓巫女や市子、狐憑きの祈禱、狐落としなどの宗教行為にも禁止令が出されている。これらの職業は、主として精神障害者の女性がやっていたといわれている。

それでも、一八七六（明治九）年の大阪・道頓堀前の劇場街では棒呑み、馬かけ、ヘソ芸、女力持ち、女

7　曲力持（一瓢亭芳信画）　大坂の難波新地で演じられた曲力持（力持ちの曲芸）の図。「東都」とあるから、江戸から上方へ上ってきた曲芸人であるらしい。

剣舞、活き人形、足芸、水芸、犬芝居、猿芝居、からくり人形、のぞきからくり、ろくろ首、蜘蛛男、蛇娘、軽業などの見世物芸が行われていた。

江戸時代には、好色的見世物や性的な見世物にはほとんど禁令が出されていない。厳しく取り締まられたのは、芸人が華美な衣装を着たり、豪勢な、ぜいたくな暮らしをしていたことが発覚したときである。

このように見世物芸が禁止されたことにより、障害者の多くは生活の道を絶たれることになった。見世物は、障害者に生活の道を確保させていたという面もあったのである。

8　朱儒（『和漢三才図会』）

明治初期に放火が多かった理由

「江戸っ子の生まれそこない銭をため」という川柳がある。江戸っ子というのは宵越しのゼニをもたない、という気風の良さが信条なのに、セッセと金を溜め込んでいる人間を茶化したものである。

江戸っ子がその日暮らしでも呑気だったのは、日銭が入る仕事がかなり多かったという事情がある。たとえば、江戸は大火（図1）が多かったから、家を作るための大工・左官・屋根屋といった職人仕事は、切れ目なくあったのである。江戸の町に限らず、火災原因の多くは放火であった。明治以後、今日になっても変わっていない。

一八七六（明治九）年一一月二九日、明治時代の東京では最大といわれる火災が起きた。東京の第一大区六小区の数奇屋町二番地で秣《まぐさ》商を営んでいた鈴木という人の秣置き場から、午後一一時二〇分頃に火の手が上がった。やはり放火だったという。

秣というのは、牛や馬といった大型家畜の飼料となる干した草や藁のことである。そのような乾いた干草や藁が積んであるのだから、一度火がつくと、またたく間に燃え広がってしまうのである。

例年、三月と一一月は強風が吹く月である。あいにく、この日の東京は、西北からの強風が吹いていたから、火の手は東南に広がり、燃え広がってしまった。火元の数奇屋町はすぐに燃え落ち、桧物町、新右衛門町、材木町二丁目まで六小区の全焼家屋一〇五〇戸にのぼった。さらに、南伝馬町一丁目から三丁目まで焼け、桶町、南鍛冶町、北紺屋町、具足町など二十ヶ町、三六〇〇戸が焼けた。

その後も火勢は衰えず、大富町、新富町一丁目から七丁目、入船町一丁目から八丁目、新栄町一丁目から七丁目、八丁堀まで一七五〇戸を焼いた。十五小区で二五〇六戸焼けた。町数にして七九町、実に八九〇六戸が灰となったのである。罹災者は二万人余という大火であった。

1　江戸時代後期に発生した山の手の大火（『江戸大火しらべ』）1859（安政6）年2月、青山にある松平江州侯屋敷から出火した。強風に煽られ、市ヶ谷・音羽付近まで燃え広がったという。

2　明治時代後期に発生した吉原の大火（『風俗画報』）1911（明治44）年4月、大火に見舞われる新吉原。左上には、火に飲み込まれる、新吉原の名物であった角海老楼時計塔が見える。

明治時代初期に放火事件が多かった理由は、「菊は栄えて葵は枯れる」といわれた明治維新後の政情不安が背景にあったからである。一八七四（明治七）年には全国各地で地租改正反対の農民騒擾（一揆）が、一八七六（明治九）年には神風連《じんぷうれん》の乱・秋月の乱・萩の乱が立て続けに起きている。茨城県や三重県では農民一揆も起きている。

翌年の二月には、西南戦争が起きた。その時も、東京では放火事件が頻発した。警視庁の巡査が西南戦争に従軍して、市内の警戒が大変に手薄になっていたという事情があった。一八七七（明治一〇）年二月には四四〇人の巡査が熊本に向かっている。このために、東京市内には消防屯所が一九ヶ所増設された。

また、「出火之節延焼予防のため民有地買上け之伺」という史料では、「将来延焼を防ぐための要地と思われる場所は、政府が買い上げて、そこへ煉瓦石室、土蔵などの『堅牢』な家を建て、買い上げた土地は七年賦ないしは一〇年賦を経過したら、元の地主に払い下げる。このような政策を採れば火災に強い堅牢な家が建てられて延焼も防ぐことができるし、火災被害も減少する」と書いている。

この史料によると、政府の民有地買い上げの候補地は、神田鍛治町、神田松田町、神田富山町のうち一九六二坪、西福田町、東今川町のうち一九五四坪であった。

江戸には、古くから各地に裏店とか裏長屋といわれた都市貧困者の集団居住地があった。このような人たちは、いったん火災に遭うと自分たちでは家の再建などとてもできるはずがないから、別の町の同じような職種の人たちが居住している町へと移住していった。都市貧困者の集団居住地は、明治時代中期になるとスラムと呼ばれるようになっていくのである。

『風俗画報』には、一九一一（明治四四）年に起きた新吉原の大火の様子がダイナミックに描かれている（**図2**）。遊廓の上階から飛び降りる下には、受け具があったのだろうか。一九三二（昭和七）年に起きた白木屋百貨店の火災で、飛び降りた女店員を髣髴とさせる絵である。

火事の半鐘は、消防組出動の合図だった

三の酉まである年は、火事が多いといわれる。地方都市や農村では、半鐘が鳴ることによって、人々はどこかに火事が起きたことを知った。最近は、半鐘に代わってサイレンで知らせる場合が多くなっているが、まだ火の見櫓（図1）に半鐘という地域もある。

この半鐘、一般的には火事が起きたことを市民に知らせるために鳴らされるものだと思われているが、実は、消防組の人たちに「出動せよ」と知らせるためのものなのである。

火事を発見すると、火消し屋敷の太鼓がドーン、ドーンと打ち鳴らされ、それから半鐘がジャンジャンジャンと打ち鳴らされるのが決まりであった。半鐘の打ち方は、火事が近くの場合には五回打ち鳴らされ、少し遠くの場合には七回打ち鳴らされるというように決まっていたのである。さらに、延焼した時には、定火消しの太鼓が打ち鳴らされた。半鐘の打ち方は、明治時代になっても江戸の慣習が引き継がれた。

しかし、一八七二（明治五）年三月八日、太政官達により、非常の場合および近火の時には号砲三発によって知らせることになった。その後、非常の場合には五発、近火の際には三発と改められた。

近火というのは、江戸城本丸、大手門、和田倉門、馬場先門、桜田門、半蔵門、田安門、清水門、竹橋門、平川門の九門内を指し、風向きによっては、これらの御門外でも号砲を打った。

半鐘の打ち方についても、寺の釣鐘の音と間違えやすいとして、一八七四（明治七）年三月五日、火の見櫓の半鐘から板木を打ち鳴らすことに変更した。ところが板木では、台風などの風雨の強いときには遠くまで届かず、まったく役にたたなかったので、わずか四ヶ月でまた半鐘を使うようになった。板木は、板が乾いているときにはいい音がするが、雨に濡れたりすると、とたんに音が出にくくなるのである。

江戸時代には、火事の場合には火消し全員が出動したが、明治になると火消しにも当番と非番の別が作られた。そのために、一八七五（明治八）年一月二八日、当番の火消しと非番の別の出動信号が改められて、半鐘の二回打ちは当番の消防組全員が火事場に出動すること、三回打ちは非番の者も出動することになった。だが、皇居周辺は例外で、近火の場合には、半鐘の三回打ちで、当番も非番もなく総出で消火にあたると決められた。

一八七五年一二月には、半鐘の打ち方が改定された。先にも触れたように皇居の近火の場合には最初から三回打ちだが、東京市内の出火の場合には一回打ち、皇居から遠い所の出火の場合には二回打ちで当番消防組だけの出動というように決められた。

『絵入りロンドンニュース』（図2）の消火活動の絵を見ると、右端の人は纏《まとい》を立てているが、これは消火活動に参加している消防組の証《あかし》であった。この頃の消火活動は、建物を破壊して延焼を防ぐのを目的としていた。絵の中ほどに、梯子《はしご》を担ぎ鳶口《とびくち》らしい道具を担いだ人たちが描かれているが、これは、すばやく建物を破壊するための道具だったのである。絵の手前のところでは、桶らしい道具で水をかけているが、これは延焼を防ぐためというよりは、燃え残りの火が邪魔にならないためである。

この頃、竜吐水という手押し式の消防ポンプがなかったわけではないが、わずか一五メートルくらいの放水力しかなかったという。それでも、『絵入りロンドンニュース』（図3）中央の外国人らしき消防士の放水は消防ポンプが描かれていないが、威力があるように見える。外国製の強力な手押し式消防ポンプを使ったのかもしれない。

竜吐水は、一七五四（宝暦四）年、長崎にいたある人がオランダ人の指導のもとに発明したものである。だが、実用化されるにはそれから一〇年もかかっている。幕府が、手押し式の消防用具として正式に採用したのは、一七六四（明和元）年のことで、一三台が整備された。

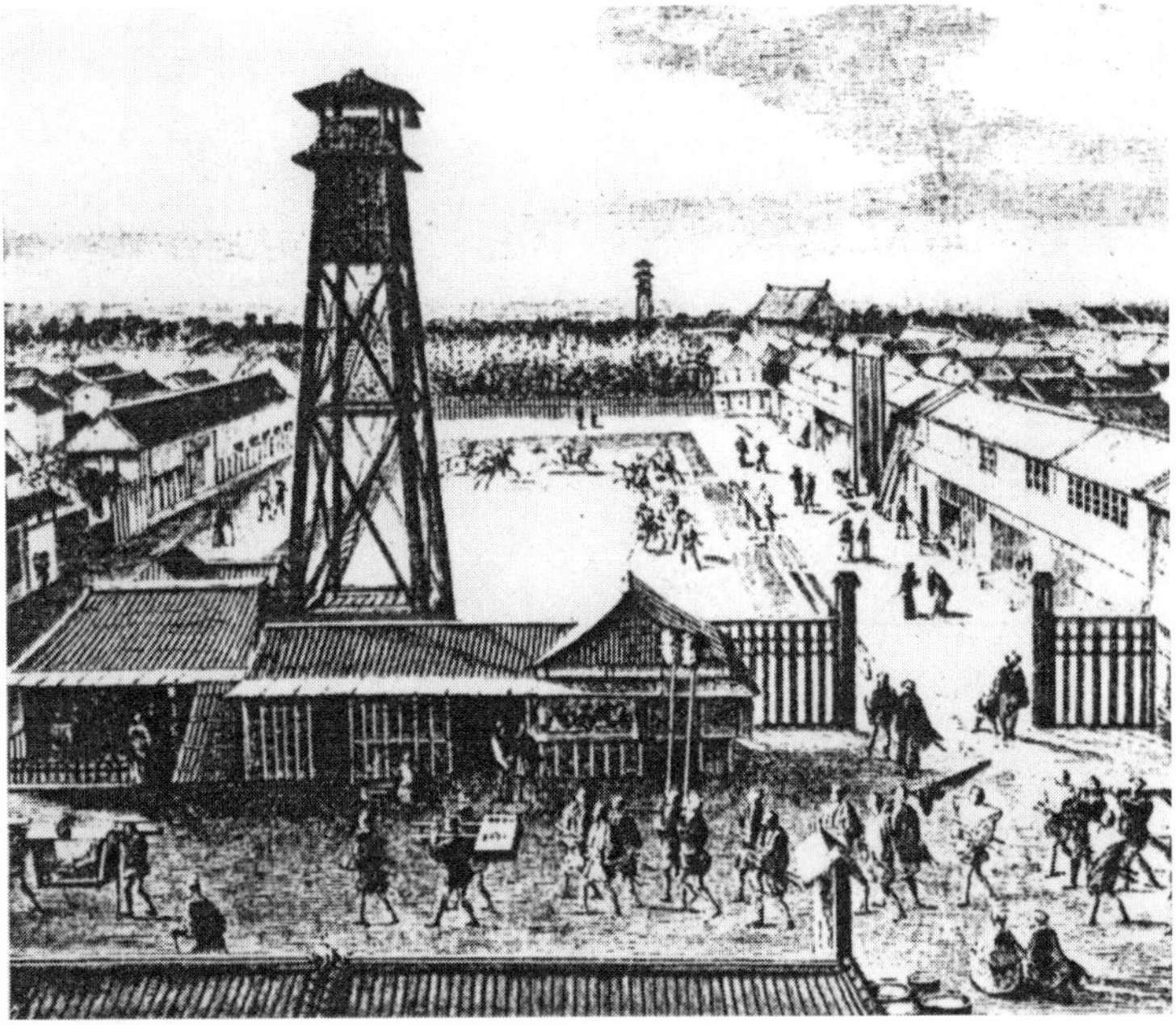

1　火の見櫓（アンベール画）

2　消火活動（「絵入りロンドンニュース」1867年）　横浜大通りでの消火活動。絵の中央には、梯子を持った多くの人が描かれている。最後尾には、水の入った3つの桶を担いだ者もいる。

3　居留地の火事（『絵入りロンドンニュース』1878 年）　中央に、外国人らしき消防士が手押し消防ポンプで消火している。家財を担いで逃げる被災者もリアルに描かれている。

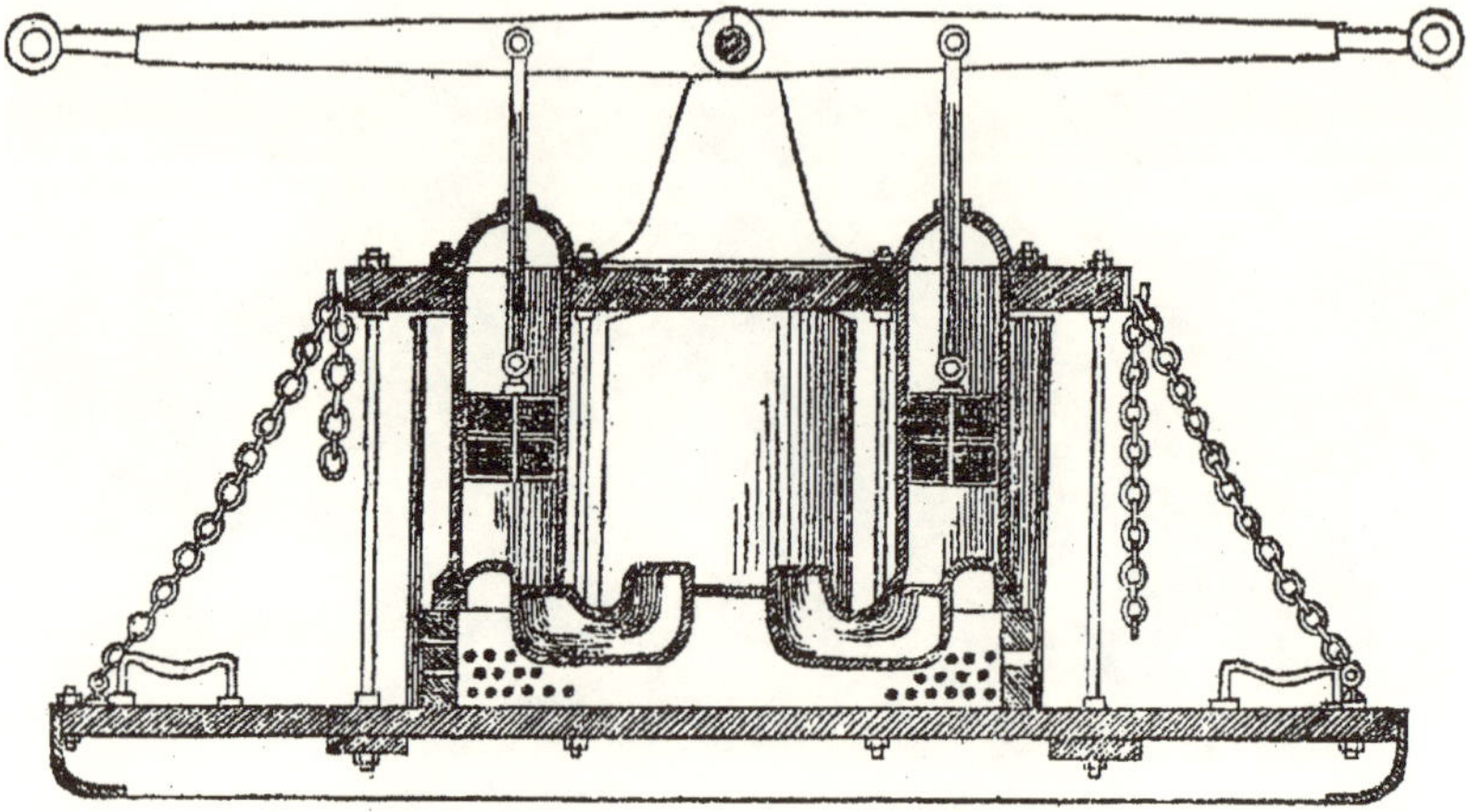

4　手押し消防ポンプ断面図（『石川県消防操練教範』1895 年）

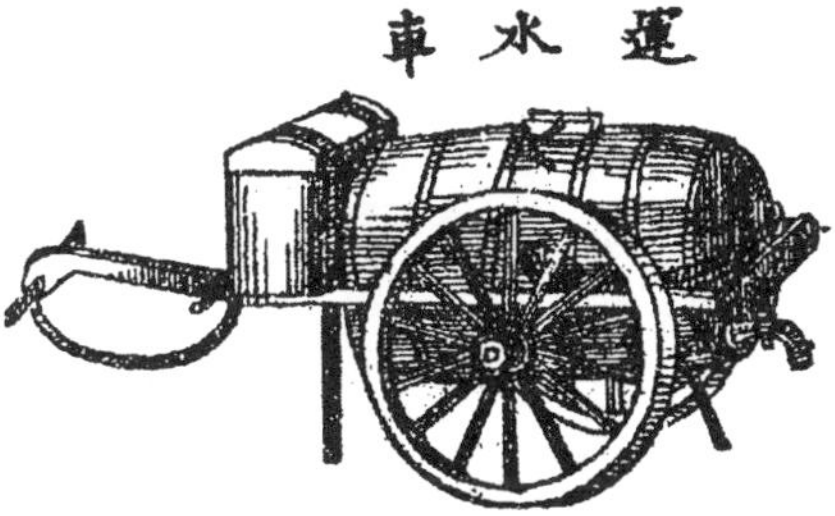

①　運水車　消防ポンプにつなぐ

②　火災現場へ向かう

③　火災現場に到着

④　消防ポンプを移動車よりおろし運ぶ

⑤　運水車にポンプをつなぎ、複数人でポンプを押して放水する

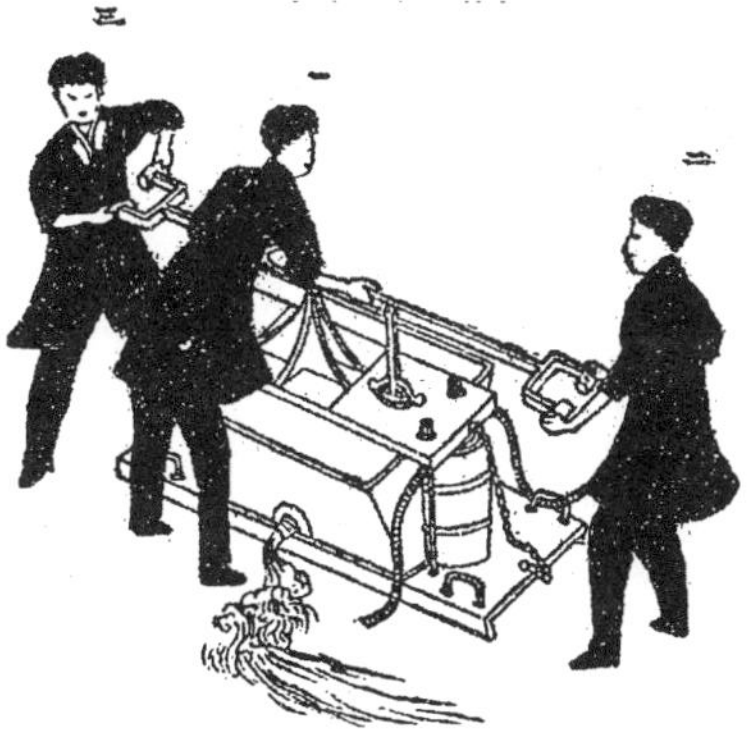

⑥　消火後ポンプ内に残った水を外に出してしまう

5　1985（明治8）年頃の消防操連（『石川県消防操練教範』1895年）消防操練の一部。

火消しは火事場泥棒と野次馬の排除から

「火事と喧嘩は江戸の華」といわれるように、江戸ではおよそ三年に一度は大火があって、かなり広範な町が灰となった。火災が起きると、どこでも大火となってしまう理由はいくつか挙げられる。

まずは、今日にみられるような消防車などの機動力が充分ではなかったこと、そして道路が狭くて消火活動が満足にできなかったからである。また、日本の家屋は、木の柱に障子紙を貼った家屋の構造である。いわば薪《たきぎ》を積み重ねたような家が軒を連ねており、火災には弱い造りなのである（**図1**）。さらに冬には、火を煽る北風が強く吹く。太平洋戦争時、アメリカ軍は、このような日本の家屋の特徴をよく研究して、空襲する前には焼夷弾の雨を降らし、その焼夷弾の中に重油を詰め込んでいたといわれる。

このような家屋構造と深く関係するが、一八六八（明治元）年、京都を発って東京に向かった明治天皇を迎えるため、東京全市で、町火消し組に緊急動員令が出され、火災に関する注意事項が伝達された。それは「御道筋の湯屋、豆腐屋、菓子屋、味噌屋、うどん屋、鍛冶《かじ》屋など大火を焚く者は、当日店を休むべき事」という内容であった。いろは四八組、本所・深川一六組の頭取、頭にも火消し組を通じて、火の取り扱いを厳重にするように申し渡された。

このような禁令は、江戸の昔からあった。将軍が城から出て鷹狩りなどの遠出をするときなどは、火を扱う商人や職人は店を休むこと、という「火食の禁」が出されるのが通例であった。

火事には、火事場泥棒と野次馬がつきものである。これらの輩《やから》、消火活動ではかなり邪魔になった。だから、一八六九（明治二）年、東京府下に三〇〇〇人配置された府兵（羅卒）の職務規定のなかに、「出火の節は、第一に盗賊体の者を能見糺《よくみただ》し、焼けた家の荷運び等障害にならざるよう路傍見物等の者追い払ひ」とある。火事に際しては、火事場泥棒や野次馬を追い払うのが職務の一つとされた。

1　消火活動の様子（『風俗画報』福島星湖画）　近代的な用具も使って消火活動を行う消防隊。細い路地に家々が建ち並ぶ民家の消火は、多くの困難を伴った。

ちなみに、火事の現場に多くの人が集まるのは、地方都市の場合には、出火元の家が自分の親戚であるとか、友人・知人である可能性が少なからずあるからだ。このようなときには、いち早く現場に駆けつけ、消火活動や後片付けを手伝わなくてはならないからである。

知っての通り、地方都市に比べ、江戸であった当時から東京では、他国生まれの者が多く住んでいた。明治政府の役人たちも、東京出身ではなかったりするのである。そのために、火事が起きても、現場がどの辺りなのかわからな

2　大名火消し（『大和耕作絵抄』）

かったりした。おまけに東京市内の道路は、どこも細くて迷路のようになっていた。

　一八七〇（明治三）年、機動力を確保するため、イギリスから蒸気ポンプ一台、馬引き腕用ポンプ四台、小型ポンプ一台が輸入された（図1）。しかし、竜吐水（図3）くらいしか使ったことのない火消し組の人たちは、蒸気ポンプを使うことを嫌い、せっかく輸入した蒸気ポンプだったが、使用することもなく無用の長物となった。蒸気ポンプは後に函館に譲渡され、そののち盛岡に移されて、機械による消火活動の練習用機材となった。

　ヨーロッパの各国では、一八世紀の後半には、蒸気ポンプが開発されて火災の消火に当たっていたのだが。

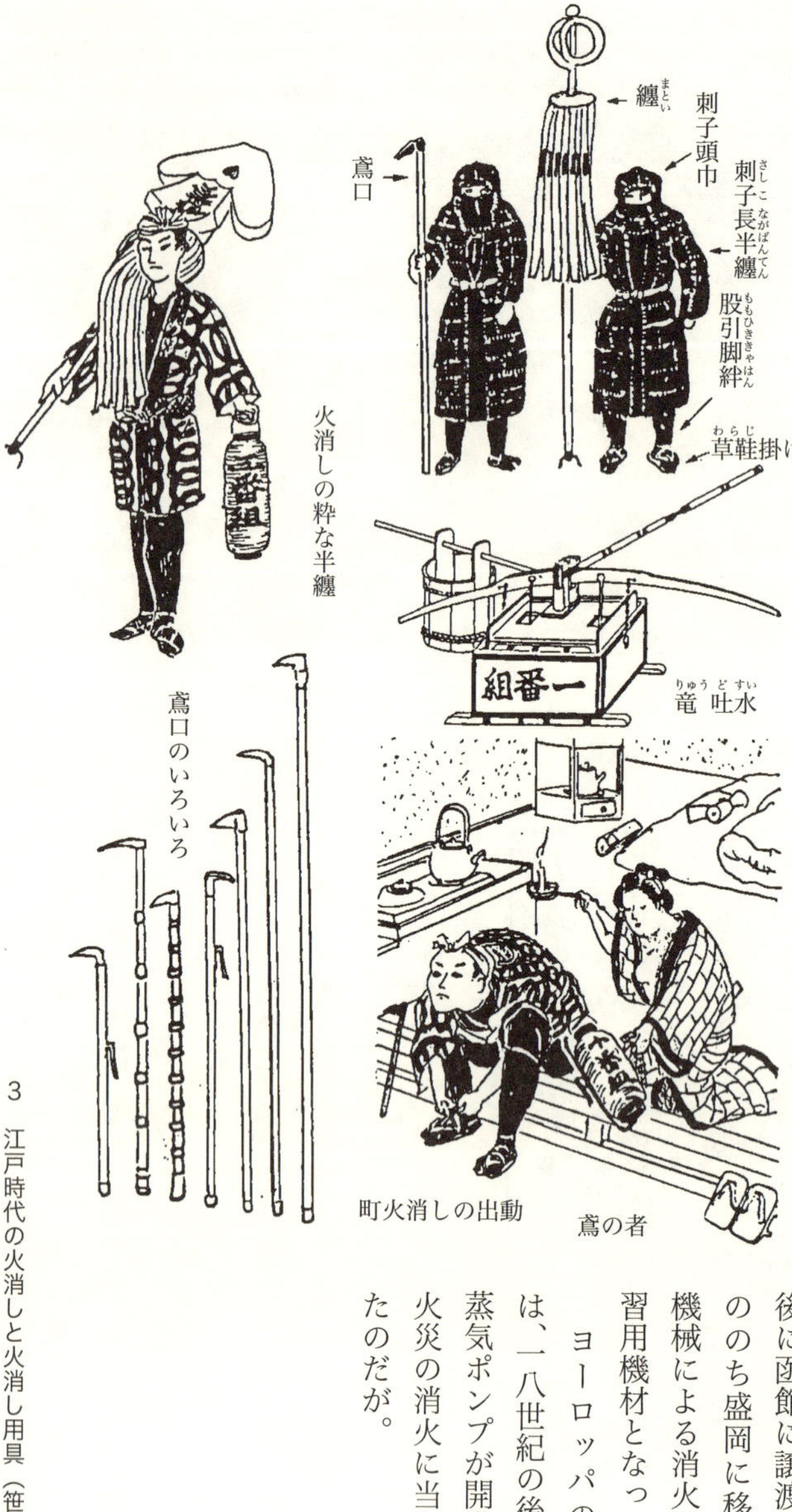

3　江戸時代の火消しと火消し用具（笹間良彦画）

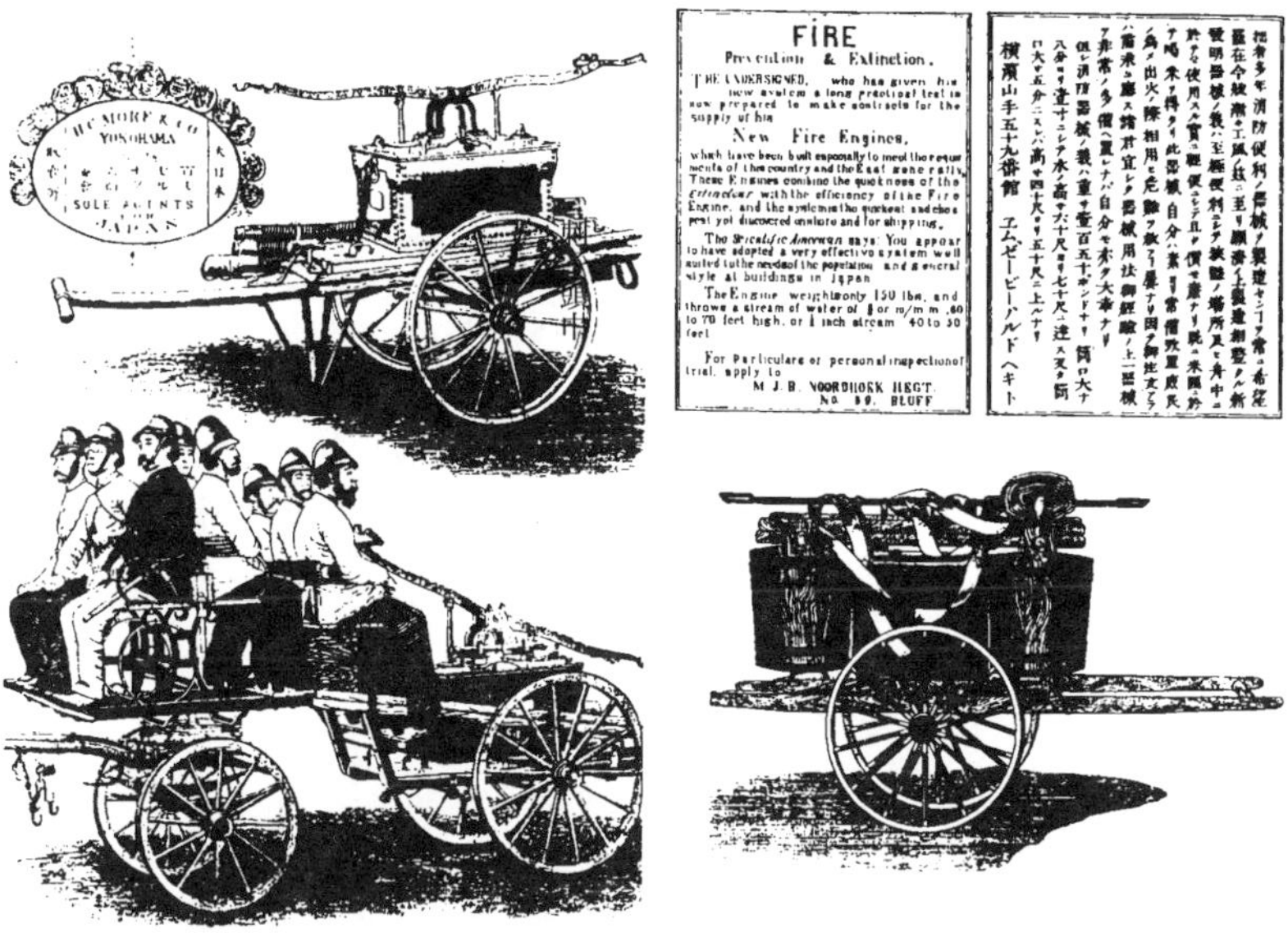

4　横浜の外国商社が販売していた消防機の広告（『日本絵入商人録』1886 年）　左の消防機は当時の最新のもののようであるが、右の消防機は、江戸時代の竜吐水の消防道具に似ていて、少し旧式のように見える。英文と日本語の二カ国語の広告である。

5　横浜外人居留地の消防施設（『日本絵入商人録』1886 年）　江戸時代にくらべて高い火の見櫓である。

明治の書生の悩み事

現在八〇歳くらいから上の世代の人たちで、各界で活躍し、その道で功なり名を遂げたと思われる人の自伝とか評伝を読むと、たいていの場合、出身地の豪農（図1）や事業家から多額の学費をもらって学生生活を送ったという記述がある。「一〇で神童、一五で秀才、二〇歳過ぎればただの人」という諺《ことわざ》もあるが、家族や郷土の人達の過大な期待に応えた人たちは、ただの人にならないために刻苦奮闘したのである。

現在でも、教育には大変な額のお金がかかる。義務制の公立学校では、教育費は無償のはずだが、実際にはさまざまな名目でお金がかかるようになっている。戦前生まれの人の場合には、村では秀才だったのに、家にお金がなかったために中学校や女学校に行けなかった、という嘆き節を話してくれる人が今でも珍しくない。

一九八〇年代、西日本のある地域では、東西本願寺の末寺の住職の家に生まれた男の場合、大学を卒業して住職の後継者になるまでの学費はすべて檀家が持つ、という一種の奨学金制度があった。二一世紀の現在でも継続しているかどうかは知らない。

坪内逍遙の『当世書生気質』には書生と芸妓が花見をしている挿絵

1　神奈川県高座郡上溝村の豪農（銅版画、明治時代）

がある（257頁参照）。だが、書生の身で女遊びをしていたら、たちまち放蕩に身を持ち崩したはずである。このような書生生活を送った者は、当時、軟派といわれていた。これに対して硬派の書生は、禁欲に徹して勉学生活を送った。また友情をかなり大事にした。『当世書生気質』には、次のような記述がある。「女色に溺るるよりは龍陽《りょうよう》（男色のこと）のほうがまだえいワイ。第一互に智力を交換することも出来るしなア。且は将来の予望を語りあふて、大志を養成するといふ利益もあるから」。得がたいのは一生を通じた親友である、とはよくいわれるが、明治の書生たちの理想の一つは、固い友情で結ばれた人間関係を作ることだったのは間違いなさそうである。

放蕩生活を送っても、禁欲に徹しても、当時の帝国大学に入学さえすれば、「末は博士か大臣か」といわれたように、エリート中のエリートであったから、政治家にもなれたし、官僚や実業界では、高い地位が保証されていた。

明治の作家である二葉亭四迷の本名は、長谷川辰之助という。彼が二葉亭四迷というペンネームにしたのは、作家になることを親に反対され、「くたばってしまえ」といわれたことにある。本人自身も「文学は男子一生の事業とするに足らず」と言っていた。二葉亭四迷は東京外国語学校ロシア語科を中退しているが、文士には大学や専門学校中退者が多い。この傾向は現在でも変わらない。

2　明治時代の青年（『大阪朝日新聞』）

「書生」（図3）という言葉は、一般的には学生を指すが、特定の政治家や作家、実業家などの家に住み込んで、日常の雑事をこなしながら勉強している者を指す場合もある。最近では、民主党の代議士である小沢一郎氏の書生だった者の一人が代議士になり、公職選挙法違反で捕まったときに「書生」という言葉が新聞でも使用されていた。まだ言葉としては死語にはなっていないらしい。

3　明治の書生風俗（小杉未醒画『漫画と紀行』所収「書生十五題」一九〇九年）

憐れむべき困眠

老書生

書生より紳士へ

しばらく人の下に屈す

だらくの皮切り

くそ勉強

野心夢に入る

自炊の人

むかしの書生の御馳走は
やき（いも）十三里

都のせがれ、いなかの父

貧乏書生は猫も食べた？

夏目漱石の小説『吾輩は猫である』の中には、書生が出てきて、「猫は美味い」といっているくだりがある。犬が食料になったという話は珍しくないが、明治時代には、猫も食べられていたらしい。

この絵（図1・2）に見られるように、貧乏書生はいつの世にもいたのである。隙間風を防ぐためと思われる紙が貼られ、崩れ落ちて穴だらけの壁や、磨り減った畳が描かれている。ひび割れた壁の前には、横に渡した竹らしき物に手拭《てぬぐい》が掛けられている。右上の穴の開いた壁の前には、六尺棒と思われる物が描かれている。これはおそらく心張り棒であろう。夜間には、この棒で入り口の障子を外から開けられないように、斜めに渡して突っかい棒にしたのである。

この絵の部屋は、お世辞にも立派な造作とはいえない。それでも狭いながら二間あるらしいから、裏長屋の佇まいとしたら広い方である。

当時の長屋住まいは、どのような環境であったのか。一九〇二（明治三五）年に刊行された『貧民窟』によって、再現してみよう。

「九尺二間の棟割長屋、と言へば如何にも詩的めいては居るが、その実詩的でもなければ風流でもなく、その醜穢《しゅうわい》その惨憺たる光景は、殆んど見るに忍びざる惨状を窮めて居るのである。普通各所に散見する之等細民の家屋は、多くは三四軒より五六軒連続して居る棟割長屋で、その大なるものは、六畳一間に店の一つもある所は普通で、その下の部に至ては、即ち九尺二間の六畳一間である」「九尺二間の六畳一間に於ては、その不便不自由は固《もと》より言ふまでもない。客間、寝室、台所等は悉くこの一室に兼帯されて居るので、それも畳とて満足には敷かれず、漸く一家の座臥する所丈けに用いられ、二畳若くは三畳は莚《むしろ》を以って胡魔化されて居るのである」「幾年の風雨に曝されたる家根壁軒等は、悉く朽ち傾き落ち地震若《も》くは暴風雨の度毎、次第次第に傾斜の度を増しつつあるのである。入口の戸障子は破れて骨を露はし」「更らに路地口や裏通りの不潔と言ったら、名状すべき言葉はない。各戸各戸の塵埃は、到る処うづ高きまでに積み上げられ、そが中より発する得ならぬ臭気は、人をして眩惑せしむるに足るので、況や完全なる戸もなき倒れかかった共同便所より漏れくる臭気の之に和するに至っては、確かに人をして卒倒せしむるに足るのである」「比較的清潔なるのは鮫ヶ橋の一部で、町は頽廃して乱雑なれども、戸々可なりに整頓して、比較的襤褸《ぼろ》の見えないのは万年町である。が新網（町）の一部に至っては、尤も甚だしき汚穢の場所があるのである。之等の住民は、乞食と遠く去らない細民が住居して居る」「一家に一間二間を有して居るのは、細民の中でも稍資力のあるもので、甚だしきに至っては、三畳一間に土間の二尺位しかない所は往々見受けられる。（略）什器と言った所で、固より完全無欠のものがあらう筈なく、（略）鍋の縁は古瓦の如くに欠け、膳には框なく、椀は悉く剥げたるもの、火鉢の代用として擂鉢を用い、或は土瓶に汁を煮る位のことは、又敢えて不思議とするには足らぬのである」。

一九六〇年代頃までの貧乏学生は、鍋一つあれば生活に不便はなかったという。鍋があればラーメンは作れるし、お湯は沸かせるし、ご飯も炊くことができたからである。当時の学生生活を回顧している何人もの作家の作品を読んでいると、犬は食べたという記録はあるが、猫を食べたという記録にはこれまでのところ出会わない。こちらが知らないだけなのかもしれないが、戦後は、食料事情が変わってきたということか。

この絵（図1）に描かれた書生が猫を食っていたかどうかは不明だが、貧乏書生だったことは間違いない。それでもタバコは吸っていたらしい。煙管《きせる》と煙草らしき長方形の箱が描かれている。

一九九〇年代、まだテレホンカードが全盛だった頃、来日していた出稼ぎの外国人の中には失業して、上野公園などにいる鳩を捕まえて食べていたという証言がある。また、隅田川などや山谷周辺で野宿生活を強いられていた人たちの一部は、野良猫を捕まえて食べていたという。猫は殺したりすると祟るとかいわれるが、猫を食う話は古くて新しいのである。

1　明治時代の貧乏書生（小林清親画、1891 年）凄まじいばかりの部屋の様子である。

2 「書生の門つけ」（『風俗画報』1898 年） 琴を弾じたりして日銭を稼ぐ貧乏書生。

本当にうるさかった五月蝿《さばえ》

蝿取り器の宣伝広告(**図1**)である。絵には「はいとり」とあるが、関東地方では「ハエ」と呼ばずに「ハイ」という。高齢者や地方の人たち同士で話をしているときには、「ハイがうるさい」などと言っている。

当時の蝿取り器は、絵の上の部分がガラス製ではなく、プラスチック製であった。下の部分も同様である。だが、この絵の蝿取り器は、上の部分も下の受け皿もガラス製であったようだ。そのために、製造会社も販売店も、ガラス屋さんだったのである。一九七〇年代でも、ガラス製の蝿取り器もまだあった。

一九七〇年代くらいまでは、関東地方の農村で、実際に使用しているところをよく見かけたものである。その蝿取り器は、半円形の上蓋の直径が五〇センチくらいあった。豚を飼育していた農家では蝿がよく発生するので、もっと大きいものを使用していて、上蓋が七〇センチくらいもあった。

なぜ蝿が大発生したのかというと、消毒というものをあまりしなかったためである。年に一度や二度、家の中やトイレの消毒をしても、その効果があまりなかったためでもある。

農家の場合には、トイレが江戸時代以来の貯蔵式だったから、暖かくなるとまさに五月頃、蝿が大発生したのである。それに、発生したばかりの蝿は、右に左に飛び回って本当にうるさく、農家の人たちにはストレスにもなった。また、犬の糞が落ちていれば、その糞があるだけでも、蝿は発生する。その幼虫である蛆は、生命力が強く、小鳥や動物の死骸からも発生する。蝿が嫌われるのは、そのような汚い場所で発生するからという理由とともに、伝染病の菌を媒介する存在だからでもある。

蝿の糞は、かなり小さいのだが染みのような感じで茶碗とかにもつく。だから、蝿がいるといつも置いておく花瓶やお釜などの生活用品には、小さな点のような染みができ、いつも拭いていないといけなくなるのである。

今は見なくなったが、一九六〇年代くらいまでは、蝿取りリボンといって、猟銃の薬きょうのような小さな筒の中に入っている蝿取り紙を引き出し、天井や台所に吊るしておいたりしたのである。値段も安かったから、よく利用された。ただ、濃い茶色の粘着性の強い薬品が塗ってあったから、吊るしてある所を忘れたりすると、髪の毛に絡みついたりして、取り外すのに厄介だったりした。

合成洗剤を含んだ生活廃水が川に流される頃になると、蝿はかなり少なくなった。それに、農村でも、畑の隅に備えられていた「肥溜め」といわれていたし尿の貯蔵施設がなくなっていったから、蝿が発生する条件が少なくなったのである。貯蔵式トイレが絶滅状態になったのが、蝿の発生を抑える大きな要因になったのは間違いない。農村でも、一九七〇年代に急速に住宅の構造が変化し、トイレの水洗化、浄化槽式のトイレが普及した。豚などの家畜を飼育している家も郊外に移転したり、また住宅地の付近で酪農をやっていても、蝿が長期間発生しない消毒薬も開発された。

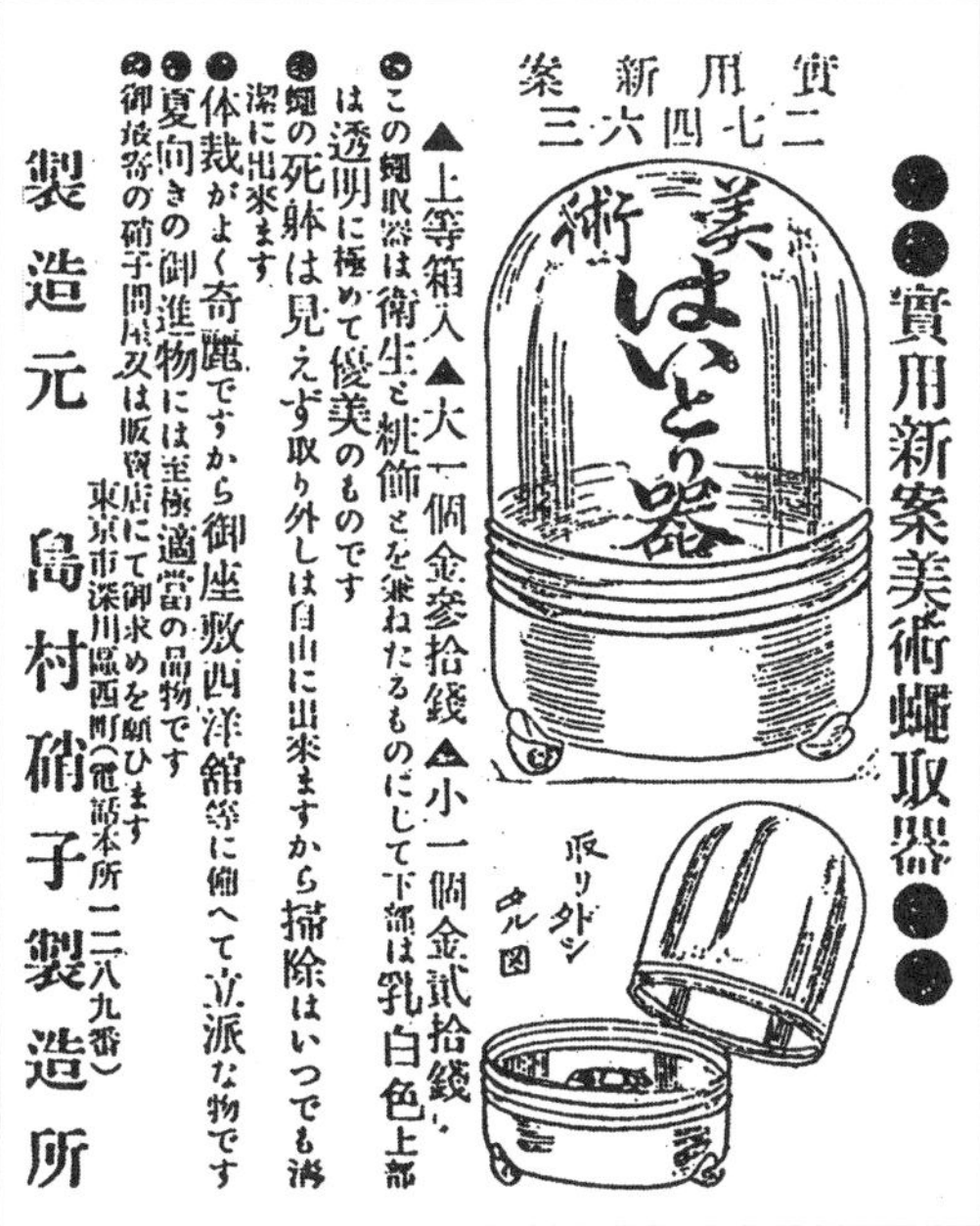

1　「美術蠅取器」の広告（1913年）　広告記事には「この蠅取器は衛生と粧飾を兼ねたるものにして」「蠅の死躰は見えず取り外しは自由にできますから掃除はいつでも清潔に出来ます」とある。右下の「取リ外シタル図」には、丁寧に蠅の死体が描かれている。

絵にある蝿取り器は、かんたんな原理の道具である。受け皿の下のところに犬や猫の足のような物が描かれている。この分だけ畳や床との間に隙間ができる。絵には上蓋を「取リ外シタル図」があるが、下の受け皿の真ん中には丸い皿のような物が描かれている。ここに、ご飯の残り物を少し置いたり、肉片を置いたりして蠅を誘うのである。その受け皿の周囲はトンネルになっていて、蠅は下から肉片などを求めて入ってくるのである。意外と取れる。受け皿の真ん中にある丸いトンネルの周囲には、水が入っている。肉片やご飯にたかった蠅は、飛び上がるとガラスの蓋に遮られて外には出られないから、水に落ちて死ぬという段取りなのである。受け皿に入れておくのは米のとぎ汁も利用した。普通の水よりも匂いが強かったから、蠅を誘ったのである。

2　石油を使った蠅取り方法（『食道楽春、夏、秋の巻』1903年）

一九〇〇（明治三三）年当時の小学校教員の初任給は一〇～一三円だった。これは手当てを含まない基本給である。当時の日雇い労働者の日給が、全国平均でおよそ三七銭だった（『値段の明治・大正・昭和風俗史』週刊朝日編　文庫版）。日雇い労働者の一日の日給と同じ額だったこの絵の「はいとり器」は、やはり高価な物だったのだろう。蠅取りには、一般的には蠅叩き、という道具がよく使われた。

またあまり一般的に利用されていなかったようだが、村井弦斎『食道楽春、夏、秋の巻』には、石油を使った蠅取りの方法が紹介されている（**図2**）。同書には「蠅は石油の匂ひで昏倒《めおまわ》して石油中へ落ちて其儘死にます。（中略）夜になって蠅が残らず天井へ聚《あつ》まった時、（中略）深さ二寸位なブリキ製のバケツの様なものへグルグル回る柄をつけて柄の先を長い棒へ通して下から天井へ届くようにしたのです。此の底へ極く悪い匂ひの高い石油を入れて天井の下持ち回ると、一室内の蠅は十分もかからずに取れて了ひます」とある。

明治のトイレ事情

この絵のトイレ（図1）は、説明によれば汚物を見なくて済む、臭いも少ない、体裁がよい、ペストなどの伝染病が流行った所は、早くこのトイレに変えた方がよい、という宣伝文が付けられている。ようするに、この頃になってやっと江戸時代以来のトイレから、少しずつ変化したということらしい。この絵のトイレは、使用後はたぶん浅草紙を使用したものであろう。地方では、蚕座紙《さんざし》といって、養蚕をしたときに一番下に敷く紙を採っておいて、それを使用することが多かった。戦後になると新聞紙をB5くらいの大きさの正方形や長方形に切ったものを使った。トイレットペーパーを使用するようになったのは、一九七〇（昭和四五）年前後からのことである。ただし地域によって多少時期はズレる。

トイレの様子も、この絵のは陶器製だが、地方の農村では、陶器の部分がたいていは板であった。このようなトイレでは、よくおつりがきたものである。おつりとは、大便をしたときの跳ね返りである。

トイレは、家の中の外れに作られていた場合が一般的だった。だから、夜、子どもがトイレに行くのは恐かった。怪談噺《ばなし》はトイレがつきものだし、夜はかなり暗かったからである。また家の外れに作られていた関係から、まれに痴漢の被害にも遭った。トイレの掃き出し口や、汲み取り口が大きく開いていたから、人間がトイレの中に潜り込めたのである。妙齢の女性がいる家などが狙われる痴漢事件は都市・農村を問わず起こっていた。信じられないかもしれないが、新聞記事にもときたま出てくる。痴漢だけではなく、空き巣などの泥棒さんの侵入路にもなった。

『東京二十四時』には、「便所掃除」という職業の人が描かれている。明治時代の後期になると、トイレ掃除という商売が成立するようになったらしい。陶器製のトイレを設置した家が増加すると、そのような家ではトイレの掃除は自分ではしないで、専門の業者にさせていたのである。

インドでは、現在でもトイレ掃除は、一つの被差別身分の人たちの専業になっている。身分と職業が結びついているのがインド社会の特徴である。日本の場合には、都市下層社会の住民であったのは間違いないが、身分と職業が密接不可分だったということはない。ちなみに、経験からいうと、インドでは、都市の路地にうっかり入ってはいけない。それというのも、路地は汚物で一杯だからである。地方の農村に行くと、どうも臭いなあ、匂うなあ、と思っていると、あたり一面野外トイレという所も珍しくない。そのため、どこかで伝染病が流行ると、またたくまに各地に広がっていくのである。インドでは、トイレで紙を使わないから、野外の場合には、一見しただけでは赤茶けた土の色と見分けがつかないのである。

トイレの中は陶器製になっても、使用後の汚物は貯蔵式だった。だから時々は汲み取らないといけない。『サザエさん』の漫画では、大きな百姓で、いろんな家にトイレの下肥を汲み取りに行っていた人の話がある。その人は高度成長期に土地を売ったか、アパートでも建てて家賃収入が莫大にあるようになったのか、専用の車にお抱えの運転手までいる、という内容である。

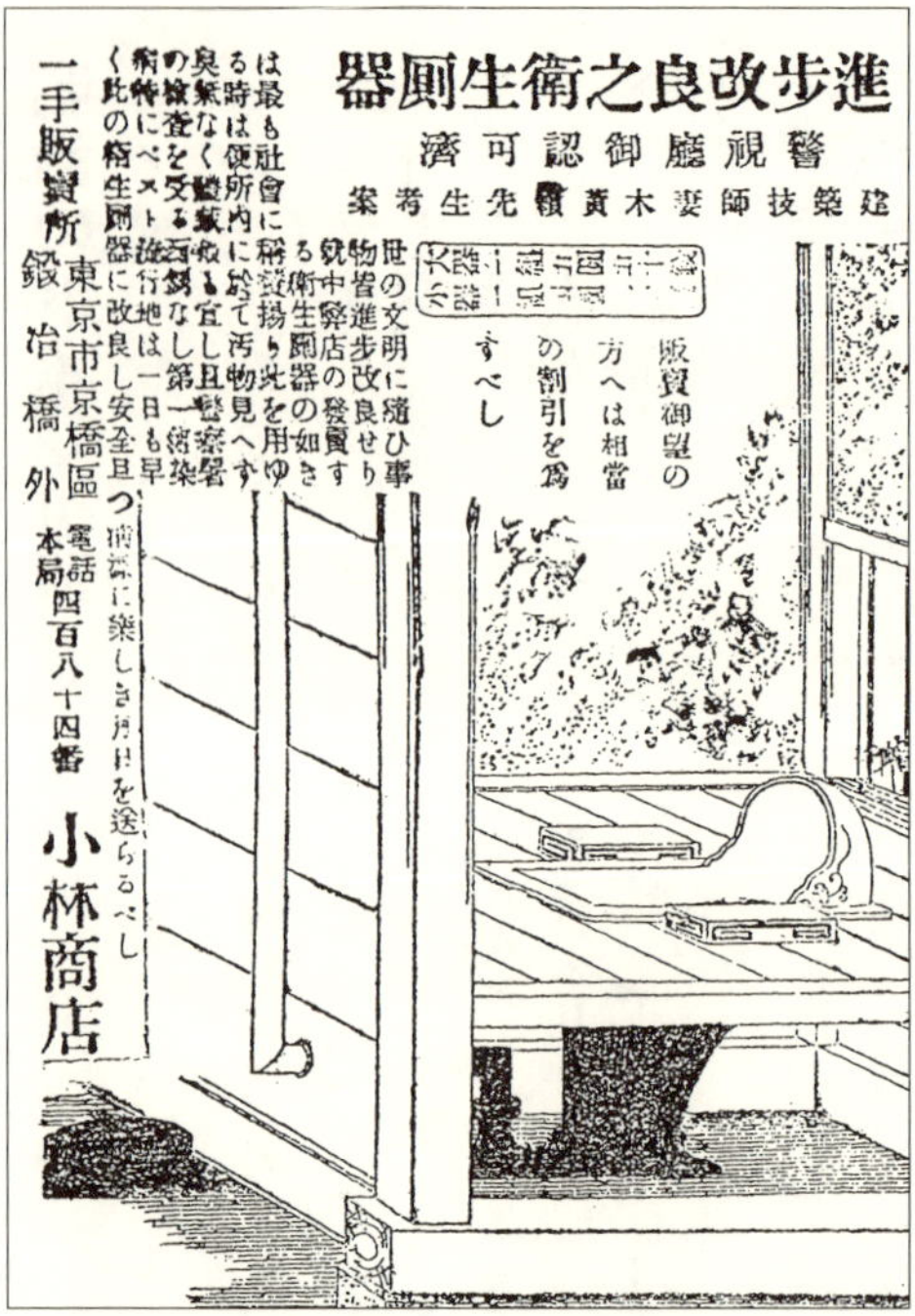

1　明治時代中頃のトイレ（『東京日々新聞』1901年）「進歩改良之衛生厠器」の広告。「安全且つ清潔に楽しき月日を送らるべし」とある。

2　江戸時代（都市部）の家屋の下肥汲み取り（笹間良彦画）　江戸時代、農民は肥料にするため、野菜などと交換して下肥を汲み取りしたが、『サザエさん』の時代には汲み取り料を取って、文字通り肥えたのである。

明治の庶民が丸い食卓に託したもの

レトロな民家が復元された博物館や記念館に行くと、丸い食卓が置いてあるのを見かける。あの食卓は、脚を折りたたむことができ、必要な時に使えるから便利なのである。丸い食卓は、どこが上座というわけでもなく、座り方の形式も平等なのである。今でも、かなり愛好者がいるようだ。

家の中にテレビが入ってくる以前には、食事が終わると食卓の前でラジオを聞きながら、薄暗い電灯やランプの下で、世間話に興じたり、子どもは寝そべって宿題をやったりしていたものである。

小津安二郎監督の映画ではおなじみの食卓の場面だが、このような食卓の風景が一般的になるのは明治時代の後期からのようだ。それまでは、銘々膳《めいめいぜん》ないしは箱膳《はこぜん》（**図1**）で食べていた。茨城県の猿島《さしま》郡では、戦後初期の頃でも、食事は銘々膳で食べていた。食事後は食器を洗わず、大きな戸棚に入れておいた。戸棚に入れるのは、埃除けやネズミの害から膳を守るためである。労働時間の節約や、水が貴重であったからであろう。怠け者というわけではない。

銘々膳が民衆の間に普及するのは、江戸時代になってからのようである。旧家にいくと、まれではあるが、蔵の中に黒塗りの銘々膳が積まれていたりする。足つきで、蝶脚とか猫脚、銀杏脚などと呼ばれた膳である。中には膳に引き出しが付いているのもあり、箸はそこに入れておいた。江戸時代の民衆は、木製のお椀を主に使っていたようである。旗本クラスの武家屋敷の発掘調査の報告をみると、瀬戸物の茶碗や皿といった食器も掘り出されるが、農村の名主クラスの屋敷跡からは、瀬戸物はほとんどなく、古瓦の破片や徳利《とっくり》などが発掘されるくらいである。民衆の間で、瀬戸物の茶碗が使用されるようになるのは、明治になってからであるらしい。

宮本常一は、次のように書いている。「こうした新しい食器の出現と普及につれて、箱膳が食卓にかわってくる。明治の中頃までは一般家庭はほとんど膳によって食事していた。上流の家庭では猫足膳や高膳、一般の家では箱膳を用いた。ただ、山形・富山・石川地方では、昔から使用人の多い家では飯台を使っていた。それが漸次《ぜんじ》一般家庭にも用いられるようになったのは、早いところで一八八七年以後である」(『宮本常一著作集』第二四巻「食生活雑考」)。

ここでいう「新しい食器」というのは、瀬戸物の茶碗とか、ガラス製のコップなどである。箱膳が利用されていた時代の名残として、弁当を食べた後、弁当の蓋にお茶を注いで、弁当箱そのものを洗うようにしてお茶を飲み干したり、お茶で箸も洗うようにして弁当箱にしまっていた人が、少し前までいたのである。

日清戦争以後、産業革命によって大工場が林立したり、小金持ちが多くなった。一般家庭も、このような変化に対応してかなり変質したらしい。いろいろな小説に、六畳一間に暮らす人たちの間でも、男一人の労働によって生活している家庭の様子が描かれている。そこには、働き手の主人がいなくなると、家族はとたんに路頭に迷わなければならない家が増えたこと、そのために一家の生計はきわめて心細いものになった、といった記述がある。一家の主人には魚とか野菜、豆腐などを一品よけいにつけたという記述もよく見られる。明治中期は、今日よくみられる性別による役割分担が進展した社会でもあったのである。すぐにでも壊れてしまいそうな家族を、壊れないように、せめて食卓だけでもみんなで囲んで食べようという意識の表われが、丸い食卓での食事だったのである。

1　箱膳での食卓風景(『ジュルナル・デ・ボワヤージュ』1903年頃)

炭も買えない生活とは？

炭といっても、今日では見たこともない人もずいぶんと増えているのかもしれない。オール電化の戸建ての家とかマンションでは、石油ストーブも必要がなくなっている。

最近では炭を使っているのは、「備長炭を使ってます」、というのがウリの焼き鳥屋くらいか。その焼き鳥屋さんも、環境問題の視点から備長炭を使用できなくなりつつあると聞いている。広葉樹林の伐採が各地で問題になっているからだ。花粉症は、広葉樹林を伐り過ぎて、その後に杉ばかり植えたのが原因の一つといわれている。

電気製品やガスの普及によって、炭を使う必要は限りなくなくなっている。だが、わずか三〇年くらい前までは、炭はまだ活躍する場所があった。『ビッグコミックオリジナル』という漫画雑誌に「三丁目の夕日」という、昭和三〇年代を舞台とした連載漫画がある。少し前に「オールウェイズ」という映画にもなったから、ご覧になった方も多いのではないか。あの漫画の中には、炭屋さんが出てくる。昭和三〇年代には炭は日常生活には必需品であったのだ。

「三丁目の夕日」に出てくる炭屋さんは、炭とか練炭《れんたん》、薪《たきぎ》などを乗せたリヤカーを自転車に結びつけ、各家に配達している。自転車の後ろにリヤカーを括りつけて引く姿というのは、都市や農村を問わず、つい最近までよく見られた光景だった。農村では、寝たきりになった高齢者を医者に連れて行くときや、畑や田圃《たんぼ》に行くときに道具類を載せていくのに、自転車に括りつけたリヤカーは、大変に重宝だったのである。「三丁目の夕日」に描かれているように、少し前までは、商店のご主人や使用人が、自転車の後ろにリヤカーを括りつけて、そこにいろいろな商品を載せて配達とか、仕入れにいっていた姿があった。ホンダの軽四輪トラックが普及して、リヤカーを引く光景はまたたく間に見られなくなったが。

明治時代に書かれた小説を読むと、都市社会では冬の暖房設備というと、コタツではなくて火鉢が圧倒的に多かったようだ。ここに掲げた絵（図1）には、大きな火鉢が描かれている。東京日々新聞に描かれている挿絵（図4）には、丸い大きな火鉢がある。

火鉢には暖房用の大きな物と、手焙《あぶ》りといって直径三〇センチくらいの小さな火鉢があった。絵にあるのは二つとも暖房用の大きな火鉢であろう。火鉢には五徳という三本足の道具を入れておいて、薬缶《やかん》とか鉄瓶を載せてお湯を沸かしていた（図1）。

「豆はバカに煮させろ」という言葉があるように、豆を煮て味がつくまでには時間がかかるから、少し鈍感な人間に煮させたらうまい豆になる、といわれる。火鉢ではそうした豆を煮たり、主にはお湯を沸かしていたのである。お湯は、冬には必需品であったから、いつでも沸いているようにしていた。

火鉢では主に堅木炭を使用した。長い炭を自分で一〇センチくらいの長さに切ったり、店の人に切ってもらったりした。それを火鉢に入れて火を起こしておくと、六畳一間くらいなら、すぐに暖まったものである。少し広い場所を暖めるときには、大きな火鉢を利用したのである。

大きな家では、炭は地下倉のような場所に入れておいた。するとすぐにネズミが入り込んで、炭に小便をかけるから、炭を起こすとネズミの小便の匂いが立ちこめたものである。狭い家ではたいていは箱に入れておいた。

この火鉢の炭の火は、都市生活者にとっては冬の必需品であった。だから炭も買えない生活というのは、イコール貧困ということだったのである。明治時代の小説には、「炭も買えない貧乏人」という人たちがよく登場する。

そのために炭は、たとえ粉炭でもおろそかにはしなかったのである。堅木炭は長時間の使用に耐えた。夜寝る前には火の起こっている炭に灰を薄くかけておいた。こうすると、朝、灰をどければすぐに部屋が暖まったのである。

だが、部屋で炭を利用するとどうしても細かい塵がでる。それに、鉄瓶の水やお湯を灰の上にこぼそうものなら、灰の煙が立ち上ることになったから、火鉢の利用には細心の注意が必要だったのである。

1　長火鉢を囲んでの談話（『浮雲』月岡芳年画、1888 年頃）

4　火鉢で暖をとる女性（『東京日々新聞』1907 年）

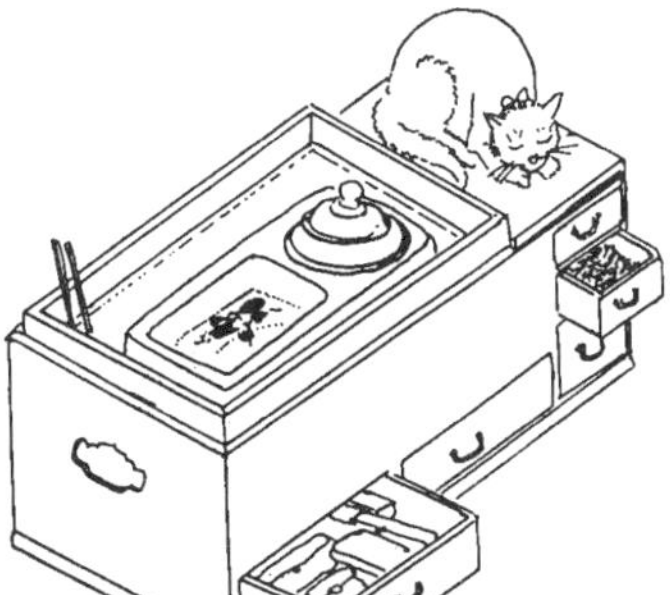

2　長火鉢の構造（笹間良彦『江戸っ子語絵解き辞典』）

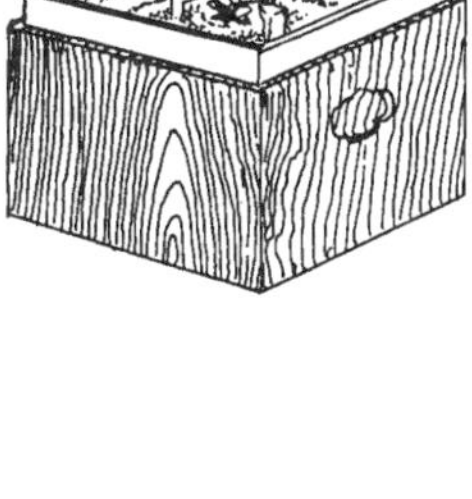

3　手焙り（笹間良彦『江戸っ子語絵解き辞典』）

明治の初めは、都市に浮浪者はいなかった

一九七〇(昭和四五)年頃までの都市には、いわゆる浮浪者と呼ばれる人たちがほとんど存在していなかった。その理由は意外なほど簡単で、往時は天秤棒が一本あれば商売ができたからである(図1)。地方都市でも、家の軒下の、わずか一坪くらいのところを借りて、うどん屋とかそば屋、おでん屋といった商売をすることができた。団子屋とか揚げ物屋(テンプラ屋)などの商売もあった。港町では、狭い場所での立ち食いの飲み屋が盛んであった。

このような商売は、ほとんどが江戸時代からのもので、魚とか野菜など新鮮さが大切なものは天秤棒で担いで売り歩いた。これは、江戸の町が武家屋敷の町と、町人の住む町に区切られていたためである。武家屋敷の町では、町人が店を構えられなかったために、いわゆる行商という形態をとらざるを得なかったのである。

また、町人町でもよほど収益性が高い商売でないと土地の租税が支払えなかったため、誰もが店を開けなかったのである。土地使用の貢租は、間口一間が基準になっていたから、かなり利益が出ないと商売にならなかった。

ところが、明治時代に入ると武家屋敷は次第に撤去され、寺社もあちこちに移転し、上地《あげち》になってかなりの部分が町人町となった。こうなると都市の構造がすっかりと変わってしまうから、旧来の商売では生計を立てるのが難しくなる。明治維新は、庶民生活に大変革をもたらしたのである。

親藩や譜代大名、御三家の武家屋敷を中心に、明治新政府の役所になったり、官員のための屋敷になったりしたこともあり、すべての武家屋敷が町人町に編入されたわけではなかったが、役所や官員の屋敷の周辺には、新政府の利権にありついた、またはありつこうとする人々が居住して、新しい町を形成したのである。

このような町の変化については、田山花袋《かたい》の小説『東京の三十年』や夏目漱石の小説『門』によく描かれている。小説ではないが、『明治文化史』第一二巻には東京の変化が次のように的確に触れられている。

1　さまざまな仕事（『風俗画報』）　図中左下、笠を被った二人の男性が売っているのは、朝顔か。その右では、重ねた団扇を、器用に天秤棒に通して行商する男性もいる。

「そこではいろいろの形で市民の街が出来てきた。従って、旧町内組織を何らかの形で残す地域があったとしても、その様な伝統を持たぬ市街地がその間に混在してきたわけである。（略）そしてそこでは旧町人が持ち伝えた生活様式とはちがった、週制の勤務と職場とを別にした俸給生活者が、急にひろい市内に分布し居住しはじめた。そして旧城下に職能別に集団居住した武家方の組屋敷や職人町なども全く解消して、漸《ぜん》

2　羅宇屋《らうや》（『東京風俗志』1899年）　汽笛を鳴らしながら車を引いたキセル直しの行商人。「羅宇」とはキセルの先端部分の「雁首」と吸い口をつなげる管の部分をいう。羅宇に詰まったヤニを取った。

次《じ》今日の町名にわずかにその名残をとどめるに至っている」

都市東京がこのように変化したために、江戸時代以来の地名が多く出てくる演目の落語は、一時期、観客がまったく理解不能状態になったといわれる。人口も、それまでの一〇〇万都市から一挙に六〇万人くらいに減少したというのである。

都市の構造が変化したのであるから、そこで生活する人々やその人たちを相手にする商売も、それまでのような方法では成立しなくなる。一九六八（昭和四三）年は明治一〇〇年という記念すべき年だったために、いろいろな分野で、記録や回顧録などが出版された。『魚河岸百年』もその一つである。

それによると、一八九六（明治二九）年に旧東京市内一五区には、鮮魚小売商一八八三軒、乾魚商三一五軒、鰹《かつお》節《ぶし》商三三五軒、海苔《のり》商一〇一軒、蒲鉾《かまぼこ》商九一軒、佃煮商一三八軒、菓子屋六八八二軒、米屋二五四一軒、八百屋二五〇二軒、酒屋二〇〇〇軒、豆腐屋五〇五軒、甘藷《かんしょ》屋三六四軒などの小売商店があった。これらの小売商店は、明治から大正時代にかけてさらに増加した。魚屋を例にとると、関東大震災の頃には三一四八軒に増加している。

このように小売商店は増加していくが、江戸時代以来の天秤棒一本での商売人がいなくなってしまったかというと、どうもそうではないようだ。関東大震災の起きたころの数字だが、日本橋魚市場に仕入れに来ていた人たちの職種のいくつかを紹介すると、次のようになる。鮮魚商六二〇三人、魚介類行商七三五一人、料理店五四五五人、飲食店三二二〇人、鮨屋一九八九人、蒲焼商九一二人、天麩羅商一三〇三人、塩干魚商四七一人、その他三〇九〇六人であった。このような数字をみると、天秤棒一本で商売をしている、いわゆる棒手振り商人は健在だったとみてよい。「その他」に含まれている人たちや、鮮魚商人や魚介類商人の多くが、棒手振りの商人だったのではないか（**図1**）。これらの棒手振り商人の多くが居住していたのが、「帝都の三大スラム」といわれた下谷万年町や芝新網町、四谷鮫ガ橋であった。

このような商売人が明治時代の東京には存在したが、『東京の三十年』に描かれているように、現在の山手線の内

3　よかよか飴屋（ビゴー画、一八八三年）「よかよか」と歌いながら飴を売っていた。飴を買った子どもたちは、図中の右上にある旗が貰えた。縁日などで見られた光景。

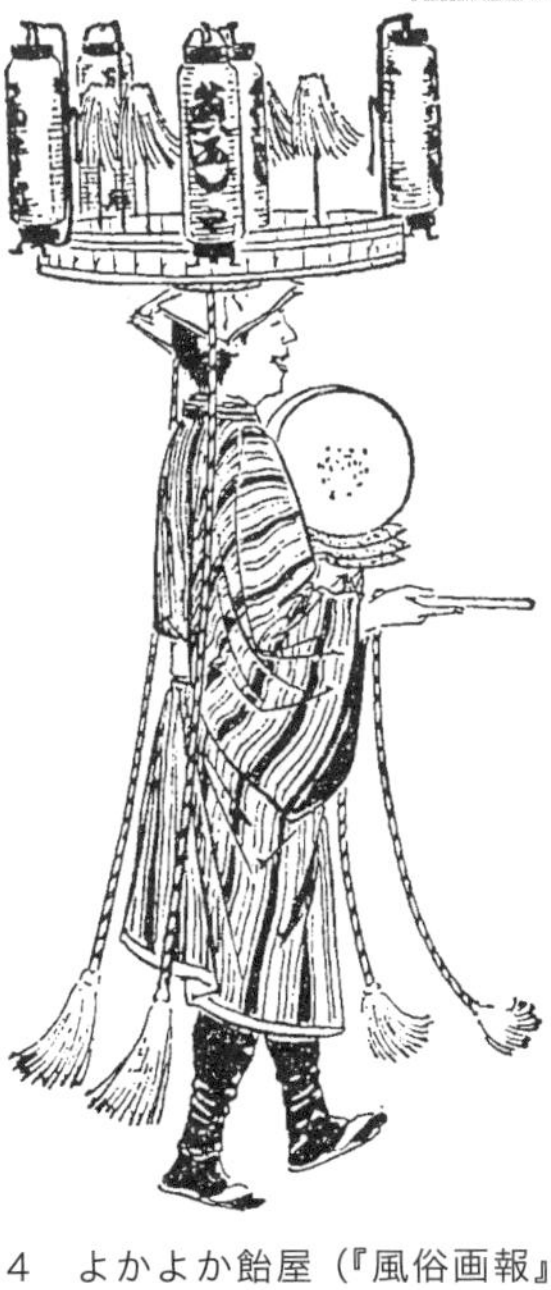

4　よかよか飴屋（『風俗画報』1896 年）　こちらの飴屋は、楽しそうな表情で太鼓を叩いて行商をしている。

側の地域の新興住宅地では、棒手振りよりは、ちゃんとした店を構えた魚屋や八百屋が出現していた。

たとえスラムに居住していたとしても、棒手振りの商売が何とかなっていれば、宿無し状態にはならずに済んだのである。このような商売は、たいていが歩ける範囲の縄張りが決まっていた。

名人と呼ばれる職人たちが少なくなってきた背景

現代にも、刀鍛治《かじ》がおり、文化庁が主催する技術認定の大会もある。一定の時間内に刀を打ち出して、その刀の反りや焼入れの程度、刃に浮き出る縞模様などが、審査員全員から評価されると、文化庁公認の刀鍛冶として登録を許可されるのである。二〇一〇（平成二二）年現在、文化庁から「刀工」として認定されている人たちが、全国に三〇〇人ほどいる。刀というのは、いわゆる日本刀である。刀の反りは最初からあのように曲がっているわけではなくて、刀を叩いて叩いて鍛えているうちに、あのような形になるのだという。その反りの程度や磨きの精度によって、刀としての価値も決まるといわれる。

現在、よく骨董屋さんなどに出てくる日本刀は、ナマクラ刀を接いで作ってある物が多いから、素人が手を出さないほうが賢明である。刀は、よく焼き入れをしないと実に柔《やわ》になるそうで、藁束を斬ったら折れてしまった、なんていう話も珍しくない。名刀といわれる刀は、重量があり、反りもかなりあって、何よりも刃の部分に縞模様が浮き出ている。縞模様が、ちゃんと波のようについていたら、ナマクラ刀ではないと思ってよいらしい。本当の名刀は、とても素人に手が出るほどの金額では買えない。名工の作品なら、銘が刻んである。柄の部分に銘が刻んであるか否か、しかも、はっきりと刻んであるのか、一度削ったような跡はないか、よく確認することである。

先に紹介した文化庁公認の刀工といわれる人たちは、もうお年で実際には刀の製作もしていないし、鍛治屋そのものを廃業している人も多いらしい。実際に活躍している人たちは、二〇〇人程度といわれている。

世の中には、文化庁の刀鍛冶認定試験に合格しないが、それでも刀を製作している人もいる。モグリというわけではなく、文化庁のお墨付きが採れないだけで、かなりの腕前の刀鍛冶もいる。

日本刀と聞けば、任侠映画の影響もあり、その筋の人たちの存在を思い浮かべるかもしれない。文化庁認定刀鍛冶

1　庶民たちの仕事風景〈上図〉（『東京二十四時』一九〇九年）　左の上段から、「ペンキ屋」「佐官」「畳屋」「大工」「下駄屋」「指物師」「瓦屋」「写真師」「かがり屋」「紺屋」理髪店」。

3　庶民たちの仕事風景〈下図〉（『東京二十四時』）「まめや」「せともの　や」「ほんや」「くすりや」「ちくでんきの見世物」などが軒を並べて商い中。

2　職人たちの仕事風景（『日本之下層社会』）

の人たちは、そのような筋からの依頼で刀を製作すると、認定そのものを取り消されるそうで、うっかりしたことはできないという。その筋の人たちは、文化庁のお墨付きが取れない刀鍛冶の人に頼んで日本刀を製作してもらっているらしい。一本作ってくれたら一〇〇万とか二〇〇万出すからといわれたら、生活のために作る人もいるそうである。

農業や林業の衰退によって、農具や鋸《のこぎり》のような道具類など、作る機会そのものが少なくなっているから、本業の鍛冶屋だけでは食べていけなくなっているのである。包丁一本千円で売っても、一月《ひとつき》に何本売れるか。名人の技術を持っていても、それを活かす機会がないのである。現在では、鍛冶屋が刀鍛冶として生きていくのは、かなり難しいといってよい。

「職人は無名の芸術家」といわれるように、昔は、刀鍛冶だけではなく、大工や建具など、その道で腕のよい職人といわれる人たちが多くいた。職人というと、江戸時代に活躍した彫刻職人の左甚五郎《ひだりじんごろう》は有名であるが、あのような職人は、昔の社会では、それぞれの職種に無数にいた。

明治時代以前には、職人は人数が制限されていたし、それぞれが得意先を持っていた。それらの得意先は職人相互の暗黙の不可侵協定の上に成立していた。職人と得意先は主従関係に似ている。だから、職人は、自分の本職以外の用事でも引き受けて、得意先の家に出入りしていたのである。

明治になって、このような関係が断ち切られ、職人は窮乏化せざるを得なくなった。新しい時代の人間関係は、「請負」という方法である。この方式だと仕事は契約関係になるから、代金も仕事の結果だけに対して支払われる。そのために、職人としては仕事を早く仕上げて、できるだけ割りのいい金が取れるようにするのが第一となった。その上、数をこなさなくてはならない。このような経過から、明治時代になり「安かろう、悪かろう」という手抜き商品が横行するようになったのである。近代社会は、職人の中から左甚五郎のような名人が、次第に出なくなる社会でもあったのである（図1〜3）。

明治になっても出没した物の怪たち

落語の怪談噺《ばなし》というと三遊亭円朝が有名である。初代の林家正蔵は怪談噺の元祖といわれている。三遊亭円朝のほか桃川如燕《じょえん》も名手といわれた。

怪談噺は文化文政期頃に始まって、幕末から明治にかけて盛んになった(**図2・3**)。鳴り物や小道具、照明などを用いて効果的に幽霊を出す演出がなされる。

さて、江戸時代に限らず明治時代になっても、幽霊についての新聞記事や目撃談は、数多く残されている。作家の司馬遼太郎さんが新聞記者だった頃、京都市内の北方にある雲ヶ畑の真言宗・志明院という寺で、物の怪を見たという。この寺は修験者の間でも、物の怪が出るところとして有名であるそうだ。

住職さん曰く、「この寺には、毎晩、物の怪が出てやかましくて困る。なんなら一晩泊まってごらんなさい」といわれ、司馬さんは給仕の少年といっしょに泊まることにした。深夜になり、断崖にある茶室の障子が、突然に外から強い力で揺さぶられるようにガタガタと鳴り始めた。三方の障子がはずれそうになるまで鳴り続けたそうだ。司馬さんが障子をガラリと開けたが、外には闇夜が拡がるだけで、ほかには何もみえなかった。障子を閉めるとまたガタガタと鳴り始め、開けると別の障子が鳴り始めるのだという。しかし、この物の怪も、雲ヶ畑に電気が点くと出なくなったそうである。雲ヶ畑は昭和三〇年代まではランプ生活で、電気はなかったという(『日本の民話七　妖怪と人間』小松左京の解説)。

筆者が見た怪異は、一九七〇年代のことである。長く寝たきりだった知り合いのお祖母さんが亡くなり、葬式を済ませた数日後、その家の前を通りかかった時に、何気なくその家の玄関を見たら、死んだはずのお祖母さんが入り口のガラス戸を開けて、家の中を覗き込んでいたのである。身長の高い人だったが、立ったままガラス戸を開けていた。

そのお祖母さんは二〇年近く寝たきりで、立つことはできない人だった。あれっと思ったが、別に怖いとは思わなかった。自分は物置で寝たきりだったから、子どもたちが建てた新しい家に一度も入ったことがなかった。それなので訪ねてきたのではないか、と考えている。

　このような怪異談は、明治時代の新聞記事にもなっている。たとえば一八八〇（明治一三）年八月三一日の「西京新聞」には、次のような内容の記事が掲載されている（図1）。

京都市下京区に住むある人が、二、三箇所で酒を飲み、ある青楼で転寝《うたたね》をしていたら、「三時頃不図《ふと》目が覚めたので四方を見ると、廿《にじゅう》五六の娘が島田に髪を結《ゆい》て鳴海の浴衣に浜《はま》縮緬《ちりめん》の細帯を前で結び、徐り徐りと蚊帳の外を廻って居るゆゑよくよく見ると、宵に呼んだ芸妓でもなし、此楼の嫁さんでもなし、是まで会ふた事も見た事もなひ素的滅法界な別嬪だから、思わず慄っと身の毛が立、気味悪くなったので、一生懸命誰ぞといふたらフッと消えて姿は見えず。是はしたり早々反起、諸人の寝て居る所へ退鼠退鼠はひ込んで夜を明かし」た。

　朝になってからその家の細君がこの人を呼んで、実は前にいた芸妓の一人がこの部屋で首吊り自殺した。その幽霊が時々出るという噂だから、昨夜の幽霊は、その芸妓ではないかと言うのであった。この例でもわかるのだが、幽霊というのは絶世の美人である場合が多い。また、一般的には若い女性が多いという傾向がある。

1　幽霊（『西京新聞』1880年）

　この西京新聞の絵では、灯りは行灯《あんどん》だったらしい。ランプではない。煙草盆や煙管《きせる》も描かれている。鳴海の浴衣というから、現在の愛知県名古屋市の鳴海で製作されていた鳴海絞であろう。鳴海絞は「有松絞り」ともいわれて江戸時代から有名であった。幽霊が出ることでは青森県下北半島にある恐山《おそれざん》が現在でも有名である。行かれた方もあろう。ここにある寺では、深夜、よく幽霊が出るといわれている。その幽霊も五秒間くらいしか現われない場合がほとんどだというが、中には三〇秒間くらい出続けている場合もあるそうである。やはり若い女性の幽霊が多く出る、と聞いている。

2　葛飾北斎が描く轆轤首の女と三ツ目の妖怪（『北斎漫画』）

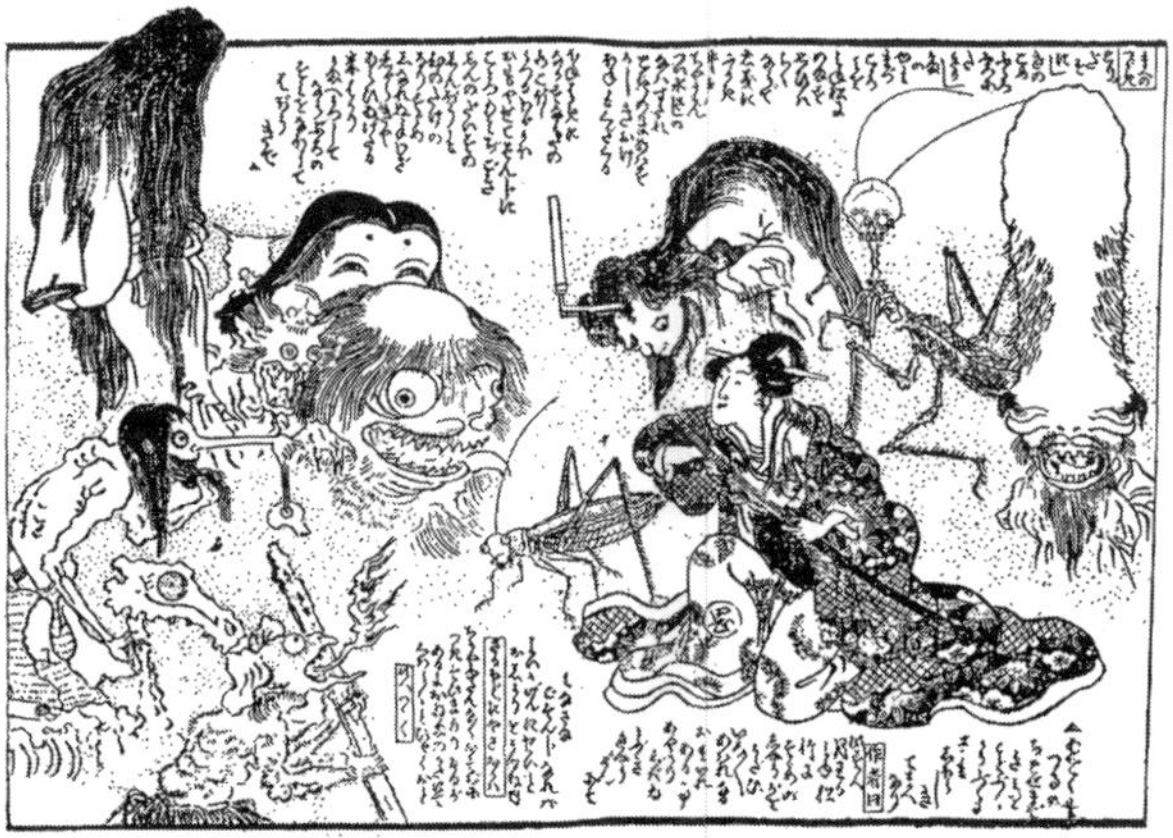

3　江戸の読本に登場する百鬼夜行（『高尾丸剣之稲妻』歌川国貞画）

墓地とか慰霊碑、供養碑などに行った時や近くを通った時に、急に肩が重くなったり、背中が重くなった経験のある人はかなりいる。そのような場所に行って家に帰ってきたら、急に肩や背中が重くなったという人もいる。霊が憑いているのだといわれる。そのような霊感の強い人はたしかにいる。世の中は、まだまだ摩訶不思議な出来事で満ちている。

海水浴は医療目的で奨励された

海水浴は、紀元前、エジプトで行われていたという記録がある。日本でも、古くから潮浴びとか潮湯治などと呼ばれていた。海水を浴びて身体の治療をするという考え方だった。因幡《いなば》の白ウサギの話として知られている神話では、大国主命《おおくにぬしのみこと》が白ウサギに海水を浴びることを勧めている。温泉に入るのも、同じ考え方からである。古代から刀傷とか矢による傷の治療をするために温泉に入ったとある。温泉療法は入浴療法と飲泉療法とに大別されるが、ほとんどが入浴療法が採られている。適応症は慢性リューマチ、慢性皮膚病などに効能があるという。

海水浴の医療効果については、一八世紀の後半にイギリスのR・ラッセルが宣伝してから、各国で流行した。日本には文明開化の時代に、水着とともに入ってきたという。女性の水着は一九世紀以後に発達した。当時の水着はナイトガウン式のものとか、ゆったりしたズボンに上着を組み合わせたものなどであった。

絵（図2）の左側に、子供の手を引いて帽子をかぶり、手には手拭かタオル（？）のような物を提げた女性が描かれているが、この女性が着ているのが、当時の水着である。この女性の上に、同じような格好をした女性が五人描かれているが、この女性が着ているのも水着である。女性は、当時はあまり肌を露出してはいけないと考えられていたから、このような水着を着用していたのだ。一九〇七（明治四〇）年ころになると、いわゆるシマウマ模様の水着（図1・3）が流行した。当時のデパートのポスターや新聞広告などによく使われていた。

1　シマウマ水着（『文芸倶楽部』口絵、寺崎広業画）　明治後期の水着である。その時代の女性が、現代の水着を見たら、「破廉恥」というのだろうか。

2　大磯海水浴場之図（『風俗画報』）　絵の右上には富士山が見える。左中ほどには、五人の女性の手を引いている褌姿の男性や、右下の簾の下では男性らがくつろいでいる。その中にいる女性は、お盆に飲み物を乗せているが、ビールか？

3　海水浴（『風俗画報』）　この絵では、人々は海に入らず、波打ち際で遊んでいる。

この絵（図2）に描かれている神奈川県の大磯海岸は、日本で最初の海水浴場となった。ここが海水浴場として適しているとして奨励したのは、初代の陸軍軍医総監となった松本順（良順）である。

松本順は一八三二（天保三）年、佐倉藩の藩医の次男として江戸の麻布で生まれている。一八五〇年に幕府のお抱え医師である松本良甫《りょうほ》の養子となった。一八五七（安政四）年、幕府の命により長崎に行き、オランダ軍医のポンペの助手として、西洋式医学教育の実施に協力した。一八六二（文久二）年に江戸に帰っているが、幕末の動乱期には幕府方を支持して立ち回った。松本は会津で戦傷兵の手当てをして捕まり、朝敵として扱われた。その後赦免され、一八七一（明治四）年には兵部省に出仕、軍医頭となり、陸軍軍医部を創設、一八七三（明治六）年に初代の陸軍軍医総監となった。一八九〇（明治二三）年には貴族院議員に選出されている。牛乳の効用を説いたりもしている。

この絵にみられるように大磯の海岸は遠浅の海であり、風光明媚な海岸として知られている。江戸時代には、東海道の宿場町として大変な賑わいをみせていた。鴫立沢という名所もある。現在でも旧東海道の松並木の一部が残っている。

ここには、江戸時代には助左衛門という長吏頭《ちょうりがしら》がいた。助左衛門は、ものすごく大量の古文書を残していたことで、部落史研究者にはよく知られている。助左衛門の残した文書類は散逸したらしいが、現在はいくつかの機関に保存されている。ちなみに、松本順は、江戸の浅草にいた長吏頭の弾左衛門《だんざえもん》や、練馬の長吏頭であった杉本総兵衛の所にも出入りしていた。

さて、一時客足が遠のいた大磯海岸は、松本の奨励もあって、一八九五（明治二八）年には大磯を訪れる海水浴客は、年間五万人にもなった。明治二〇年代には、鎌倉の海水浴場も賑わいをみせるようになっていた。神奈川県の保安課は、醇風美俗《じゅんぷうびぞく》を破壊するという理由から、男女の泳ぐ場所を区別したり、肌の露出の激しい女性水着を規制したりした。海の中に綱を引いて、男女の泳ぐ場所を区別したりしたという史実がある。この絵にも、海水浴客の監視台が描かれている。しかし、かなりのんびりした様子が窺われる絵だ。

日本の酪農は大都市から始まった

酪農は、現在は北海道や福島県といった広大な耕地を持つ、農業が盛んな地域で行われている。牛の飼料となる牧草の生育や、糞尿の処理には大規模な土地が必要だからである。

その酪農業、実は大都市から始まったのである。

江戸時代には、今日でいうところの酪農という言葉がなかった。江戸時代の史料や絵を探してみても、酪農と呼ぶのにふさわしい史料は見当たらない。

明治時代初めに日本に来た外国人が、生活するのにもっとも困ったのは、牛乳が手に入らないことであったらしい。有名な話としては伊豆の下田に来たハリスの例がある。ハリスは食事のときに常に牛乳を飲んでいたらしいが、それが日本に来たら飲めないので、当時の幕府と牛乳について交渉しているのである。

「此方、此程當所勤番の者へ牛乳の義申立られ候趣を以て、奉行へ申聞換処、右牛乳は国民一切食用致さず、殊《こと》に牛は土民ども耕耘其外山野多き土地柄故、運送の為に飼置候のみにて、別段蓄殖致義更に之無く、稀《まれ》に児牛生れ候義之有り候ても、乳汁は全く児牛に與へ、児牛を重に生育致し候事故、牛乳は給し候義一切相成難く候間断りに及び候。

彼方、御沙汰の趣承知仕候。左候はば、母乳を相求め度、私手元にて乳汁を絞り候様仕るべく候。

此方、只今申入る候通り、牛は耕耘其他運送の為第一の者故、土人ども大切に致し、他人に譲り渡し候義決して相成難く候」(『日本畜産史食肉・酪農編』一九七六年)。

史料のなかで触れられているように、日本では牛乳を飲む習慣はなかったとある。子牛が生まれたときに飲ませる他は、人間に飲ませるためには提供できないといっている。史料にある「此方」は幕府側、「彼方」はハリスを指している。

ちなみに、ここにある「土民」という言葉は、別に東南アジアやアフリカなどの有色人種を指している言葉というわけではなく、「地元の人」とか「土地の人」という意味である。

日本では、古くから子供が生まれても母乳の出がよくないときには、隣近所で母乳のよく出る人から貰い乳をしていた（**図2**）。産後に母親が亡くなる例も多かったから、一時しのぎでは山羊の乳を利用したりした。米のご飯を炊いて、そのご飯をお粥にして、薄くのばしてスープのようにして、母乳の代わりの一時しのぎに利用したりした。

さて、明治時代の牛乳事情だが、ハリスの要求に対して、下田奉行も無視はできなかったらしく、近隣の村々に対しておよそ一ヶ月間だけ一日平均六勺ほどの牛乳が提供された。代金は、牛乳一合に対して白米一斗余（およそ一五キロ）という高価格だった。ハリスは、そのために自分で牛を飼って牛乳を搾った（前掲）。

このような牛乳事情の中で、酪農業の先駆けとなったのは、横浜で菓子屋の奉公人をしていた前田留吉といわれている。

前田は横浜の外国人居留地で搾乳業をしていたオランダ人に雇われて、酪農業のノウハウを覚え、和牛六頭を買い入れ、一八六三（文久三）年に横浜で酪農業を開始した（**図4**）。

この前田の他にも外国人相手に搾乳業を始めたものもあったが、少数の外国人相手だったから、うまくいかなかったらしい。写真師として有名になった下岡蓮杖《しもおかれんじょう》も、前田と同じ頃に搾乳業をやったが、失敗している。

前田留吉は維新政府に招かれて、雉子橋の厩《うまや》で西洋式の搾乳技術を伝授。一八六八（明治元）年に東京・築地に官営牛馬商社が開設されると、その経営にあたった。そして一八七〇（明治三）年に再び搾乳業を始めた。同年、下谷仲御徒町一丁目や

1　牛乳配達夫（『東京日々新聞』1900年）　絵を見る限り、少年が牛乳を運んでいるようだ。右手に、牛乳ビンらしきものを持っている。

2　子に母乳を与える母親（ビゴー画）　昭和四〇年頃までは、電車の中でもよく見られた光景である。

3　ミルクホール（『日本』一八九八年）　絵の中の貼り紙には「牛乳をとれば新聞は無料」とある。

麹町五丁目、木挽町、築地水町ヶ原で乳牛が飼育され始めていることから、搾乳業の開始年といってもいい。

さらに一八七一～七二（明治五～六）年頃になると旧大名の佐倉藩主・堀田氏が麻布で、忍《おし》藩主の松平氏が下北沢で、榎《えの》本武揚《もとたけあき》は神田猿楽町で牧場を開いている。一八七四～七五（明治七～八）年になると松方正義が芝の三田で、山県有朋は麹町三番町で、副島種臣《そえじまたねおみ》は麹町霞ヶ関で搾乳所を開いている。

このように、日本の酪農業は都市から始まっているのである。まだ東京のあちこちに広大な空き地があったから、酪農業もできたのである。

ちなみに、函館や金沢、神戸や大阪、京都、名古屋、岡山、広島などの都市でも一八七一～二年頃にかけて搾乳業が開始されている。

CLIFF HOUSE DIARY.
TH: HELM.

CIOSE TO YOKOHAMA

横濱根岸競馬場際
牛乳搾取所
チー、ヘルム

4　横浜の根岸競馬場際牛乳搾取所（『日本絵入商人録』1886年）　横浜に居住した外人の需要で作られたものであろう。

第7章　地域・農村の探訪

飢饉でも出生率が変わらない農村力

江戸時代に限らず、農村を悩ませたのは飢饉である。飢饉の原因は、台風などの風水害、冷害、寒害、イナゴの大発生による虫害などであった。

東北の秋田県大館地方では、一六二二（元和八）年から一八六九（明治二）年までのおよそ二五〇年間に、六三回もの飢饉にあっている。四年に一度の割合である。飢饉から回復すると、すぐにまた次の飢饉に襲われていたことになる。

このように、周期的ともいえるほど飢饉に襲われていた東北地方だが、なかでも凄まじかったのは、一八三三（天保四）年の飢饉であった。江戸時代の三大飢饉の一つに数えられ、死者は一〇〇万とも二〇〇万人ともいわれる。

その大飢饉の五〇年前、一七八三（天明三）年には、津軽地方が大凶作に見舞われている。その年は、正月以来、八月になっても快晴がほとんどなく、冷害となった。このような状況のなか、津軽藩には貯蔵米もなく、年末には買越米を買う金もなかったが、藩は、前年に上納させた米四〇万俵を江戸や大坂に回送してしまい、ために藩内では月を追って餓死者が激増したのである。

1　明治時代中頃の農村の女性（ビゴー画、1889 年）
右手で抱えた子どもに授乳をしながら、桶に入った食器類を川に洗い行く途中である。

このとき、藩主は江戸在住で津軽を留守にしていた。それをいいことに、側用人や家老らが権勢をふるい、領民の餓死者や逃亡者の激増という事実をひた隠しにしていた。藩内では強盗、窃盗、追剥ぎ、放火などが横行する始末で、食料もなかったから、人々は馬や犬、猫を始め、人間の肉までも食ったのである。食える物は何でも食ったのであった。

一七八三（天明三）年七月に十三港町に始まった、津軽藩内の米の積み出し阻止の騒動は、青森、鯵ヶ沢、深浦へと伝わり、大規模な打

2　明治時代中頃の農村の風景（『日本史談（小学校用）』）　小学校用の教科書の中の挿絵。文中には「凶年ノ食料ニ必用ナレバ」との記述がある。右下はサツマイモ、その上にはサトウキビ、左下にはニンジンが描かれており、凶作の際には食料になった。

3　流民（『民間備荒録』1775年）

ちこわしを伴った。ともに立ち上がった百姓もいたが、多くの百姓は逃散（図3）という行動に出た。隣の秋田藩や南部藩、仙台藩へと逃げ出した百姓は、数万人にも及んだといわれる。

一家全滅の家も珍しくなかった。そのような場合には、村内にその家の当主や細君の親戚がいれば、その人たちが耕作するのが、江戸時代の慣例であった。土地は、けっして村の外の者に売り渡したりはしなかったのである。

このような飢饉にもかかわらず、東北地方の多くの農村人口は、明治になるまでの間に回復基調を示し、出生率が二・三人ほどの数字を記録しているという。出生率が二・二人を上回っていれば、人口減少は避けられるから、東北地方の農村社会は、飢饉でも壊滅的な打撃は受けなかったとみられる。農民にとって祖先より受け継いできた田畑を次の世代に引き渡すこと、また労働力の確保という点においても子どもを生み育てることは重要なことであった。そのため農民の女性は働きながら子を育てたのである（図1）。

現在の秋田県鷹巣町を例にとると、一八七二（明治五）年、一戸平均の人口はほぼ七人ほどであり、〇～一五歳までの幼少人口はほとんどの村で一戸平均二・二人を上回っている。一六～六〇歳までの労働人口は、どの村でも三・八人ほどであった。

飢饉でも村の壊滅を避けられたのは、その時の備えが充分にできていたということであろう。たとえば、飢饉のときのために、森や林の木々をよく育てておいたといわれる。木々は薪として燃料にもなったし、材木は売ればお金にもなった。粟や稗といった穀物も栽培していた。粟や蕎麦は地質の悪いところでもよく育つからである。今日では、粟や稗は小鳥の餌と思われがちだが、わずか前までは立派な人間の食料であった。また、どのような植物や根菜類が食べられるかという救荒作物や野草などの救荒植物についての知見（図2）も充分もっていた。往時の文献にも味噌と塩は必需品であったとある。いずれにしても、たくましい人間の姿である。

雪国ならではの暮らしと知恵

北国といえば豪雪地帯と思われる方もけっこういるかもしれないが、日本海側の海岸線の地域にはそれほどの積雪はない。むしろ内陸部の地域が豪雪地帯なのである。

中越地震で大きな被害を被った新潟県（旧）山古志村とか、島崎藤村の小説『破戒』の舞台となった長野県飯山地方、上杉鷹山《ようざん》で有名な山形県米沢地方、白虎隊で知られる福島県会津地方などは、みな内陸部に位置している。これらの地域では、降る雪の量が桁外れに多いから、「雪かき」などという作業ではとても追いつかない。地元の人たちは「雪掘り」と呼んで、雪と格闘している。

この絵（**図1**）は、雪の会津地方（岩代国大沼郡本郷町、現在の福島県の西部）の暮らしを伝えている。絵の下には三人の少年が描かれている。左側の少年のところには「をんじくない」という書き込みがあるが、これは「意気地がない」という意味の方言である。

真ん中の少年には背中に「胸掛け」とあり、手に提げている物には「桶」とあるから、これはそのままの意味でもよくわかる。学帽を被った少年は、中学校の生徒らしい。当時流行した回し合羽《かっぱ》を着ている。そこに書き込まれている「御主、をへーこくな」というのは、「お前、へつらいするなよ」という意味である。真ん中に描かれている少年は、どこかの商店の使用人であろう。

「げんじ」という藁沓《わらぐつ》を履き、焼き物を手にした女性は、「昨晩は内の二郎がご馳走になりやした」（**図2**）と隣の女性に話しかけている。厚手の半纏《はんてん》を着ている。隣の女性は、御高祖頭巾《おこそずきん》を被り、その上に藁帽子を被っている。この女性は「又晩にきせーよ、雪ちゃん雪ちゃん」（**図3**）とこたえている。

ここに描かれている藁工品は保温能力に優れており、雪国や雨の多い時期には人々の必需品であった。藁は、稲刈りをして籾《もみ》を落としてから、よく乾燥させ、それを木槌で打って柔らかくするのである。わらべ歌にあるように、「お父は土間で藁打ち仕事」をして藁工品を作った。これはどこの地方でも冬の夜なべ仕事であった。一度乾燥させた藁を、打つ前に少し霧を吹きかけてから藁打ちをする。すると藁は、かなり柔らかくなり、細工しやすくなるのである。上手に作った物なら、藁が皮膚にこすれるようなことはない。

戦前の北国では、綿布団よりも藁布団が使われていたが、これで寝ると冬でも暖かいのである。地方の病院では、藁が詰められたベッドを利用しているところもかなりあった。

ここに描かれている藁で作った帽子には、肩にかかるように長く足がついているが、これがあると雨除けにもなった。だから、寒い時期に田植えをする農民はこの帽子を利用した。犬が放し飼いにされていた時代には、犬は冬になると藁があればその中に潜り込んで寝ていた。

絵の右側には箱そりに載った小さな子供がいる。乳母車の代わりらしい。その後ろには、寒さに手が凍えるのか、息を吹きかけながら箱そりを押しているらしい少年がいる。頭全体を頭巾で覆っている。少年が履いているのは藁《わら》草履《ぞうり》のようだ。

二人の女性の後ろには、肩から胸に太い藁縄らしい物を回して、「うー、うー」という声を出しながら荷物を牽く高年男性がいる。この男性の引いている橇《そり》には、薪らしい荷物が積まれているようだ。木の枝らしい物が描かれている。絵の右側の女性が台の上に載せているのは、酒とかお茶の急須のように見えるが、しょう油差しかもしれない。同じ形の物だから、これから焼き上げるのか。

絵の奥には二人の猟師が描かれている。二人で行動していたとすれば、あるいはマタギと呼ばれた人たちかもしれない。マタギとは、熊撃ちの猟師である。ウサギとか狐、タヌキなどの小動物の猟師なら単独でも行うが、熊などの大型動物の場合の猟は、複数で行うのが一般的なはずである。

豪雪地帯では、ちょっとした用事でも雪中に行動するときは、単独行動はとらなかった。それというのも、途中で

1　「会津雪中の風俗」（『風俗画報』坂巻耕漁画）

吹雪にあったり雪崩にあったりしても、複数で行動していれば、誰か一人は助かるし、救援を頼みに行けるからである。これも豪雪地帯に暮らす人たちの知恵である。

マタギだけでなく、日露戦争では東北地方出身の兵士が多く前線に送られた。それは、冬の雪の中の暮らしになれているからという表向きの理由からである。マタギは射撃の名手が多かったから、とくに軍隊で射撃の訓練をする必要がなかった。

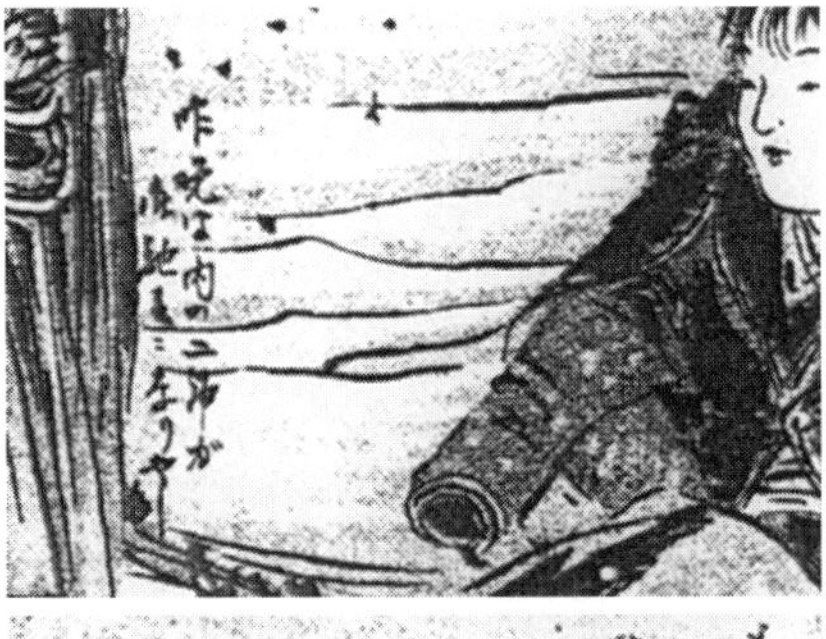

2　図1の拡大

3　図1の拡大

サンカと呼ばれた漂泊の人々

現在でも、「サンカ」といわれている人たちの末裔が住んでいる地域がある。高齢の人たちの中には、山奥に住んでいる人たち＝「サンカ」であると連想されるかもしれないが、彼らは自らを「サンカ」とは言っていない。筆者の知っている人たちは、保険代理店をやったり、土建屋さんだったり、兼業農家だったりする。

サンカは長く「山窩」という文字が当てられてきた。〈やまのあな〉という意味である。山間部に小屋掛けして、藤蔓を使って、農家で使用する箕《み》を製作したり修理したりして生活していたとされている。明治時代になると、深山まで所有権がはっきりとしたために、小屋掛けをしていること自体が他人の土地への不法侵入になったり、樹木を伐り出すことが窃盗罪になり、警察に通報され、逃げ回ることが多くなった。小屋では煮炊きするために火を使うから煙が立ち上る。その煙を見つけられて通報されたりしたのである。

明治時代には、村や町で罪を犯した人たちが、よく山に逃げ込んだ。当時の新聞記事を見ると「山狩り」をやったという記事を、しばしば目にする。この人たちとサンカの人たちが同類と見なされて、サンカといえば犯罪者集団、という図式ができあがったらしい。「山窩」という言葉は警察用語だといわれる。

新聞記事に「山窩」という文字が出てくるのは、明治時代末頃である。東京日々新聞（静岡版）はかなり早かった。だが東京日々新聞（千葉版）では大正五年ころでもまだ「山窩」という言葉は出てきていない。あるいは見落としているかもしれない。埼玉新報という日刊紙では、一九〇七（明治四〇）年頃からポツポツと「山窩」という文字が出てくるようになった。

いずれの新聞記事も、窃盗や強盗を働いて捕まった犯人に対して「山窩」という言葉が使われた。「こやつは窃盗の常習者なるが」といった報じられ方である。ちなみに、その手口は、頑丈な作りの蔵や民家に押し入るときに、土

1　島崎藤村詩集『一葉舟』の挿絵（1898年）

台下に人間が通り抜けられるくらいの穴を掘り、ゴザを身体に巻いてから穴を潜り、蔵や家に押し入るのである。ゴザは滑りやすいから、土の中でも突っかえないのだという。鍵を壊したり開けたりするのは手間がかかるが、家や蔵の土台下の土を掘るのなら、高等技術はいらないのである。腕力だけでよい。

サンカについては、広島県から内務省に宛てた一八八〇（明治一三）年一一月五日付の「伺」が有名である。そこには次のようにある。「旧藩政中、山陽山陰の間、山家乞食と唱るものあり、管下に於ては備後国三次《みよし》・恵蘇及ひ奴可・三上の各郡地方最も多くして、其種族たる諸国流民の烏合する者にして、平民に非す。屠者に非すして、別に一種無籍の頑民あり。夏節は北部の山谷に住み、冬季は南部の地方に移り、常に其居所を定めす。到る所竹木を伐りて柱とし、草茅を刈りて之を庇ひ、以って雨露を凌ぎ、家族多きも雑居し、男女耕織の道を知らす。女児は日々民家に就き食を乞ひ、男は魚猟或は些細なる竹工等を営み、之を以て村民に強売し、間に陰盗をなし、以て成計をなせり」「見受次第、不良の徒は之を制し、否らざる者は説諭を加へ、夫々好みの町村へ入籍方取計候得共、元来水草を逐ふ度外の頑民なれば、町村に於ても之を拒で其入籍を肯んぜず。又該徒も旧来の習俗に甘んじ、民間の交際を厭ふより、一旦定籍すと雖ども、忽ちにして又失踪所在を知らず」。

山間を移動しながらに住んで、戸籍もなく、農業をしていた様子もない人たちについて、このように触れられている。これは取り締まる側の史料だから、そのまま信用できないにしても、漂泊・非定住の人たちがいたのは間違いない。

柳田国男は『「イタカ」及び「サンカ」』（岐阜県大垣警察署長からの聞き書き）の中で、魚を捕りササラ、箕、竉、草履などを作っていたとある。物を乞うのは「セブリ」というとあるが、「セブリもまた主なる職業は窃盗なり」とも書いている。

最近でも、サンカと呼ばれた人たちを探している人がまだいるらしい。だが、山奥の農村に住んで、山刀という手斧を使用しているからといって、すべてがサンカであるとは限らない。それにもかかわらず、山刀をもっているだけでサンカの村と決めつけている人があるが、とんでもない間違いである。誰がそんなに簡単に自分たちの正体を明らかにするか。

ただ、明治期には、まだ列島の各地にはいろいろな集団があり、いろんな人たちが生きていたということは間違いないのである（**図1**）。

2　山窩（サンカ）の人々を髣髴とさせる深山幽谷での山椒魚捕り（『山海名産図会』）「渓澗《たにみづ》水に生まれず。牛尾魚《こち》に似て口大なり。茶褐色《ちゃいろ》にして甲《せ》に斑文《まだら》あり。甚だ山椒の気あり。能く水を離れて陸地を行く。大なるものは三尺ばかり、また　椒　樹《さんしょうのき》に上《のぼ》り、樹の皮を採り食《くら》ふ。この魚　畜《やしな》ひおけば、夜啼きて小児の声のごとし。性至つて強き物にて、常に小池《せんすい》に畜ひ用ゆべき時、その半身を截《たき》ち断り、その半ばをまた小池《なか》へ放ちおけば、自ら肉を生じ元の全身となる。」（『山海名産図会』より抜粋）。

キリスト教布教と被差別部落の関係

幕末から明治時代にかけて、群馬県では、自分の土地や財産をすべて売り払って外国語の普及に努めたり、進んだ養蚕技術の知識を取り入れるために奔走した人たちを、たくさん輩出している。

キリスト教の熱心な牧師であり教育者でもある新島襄《にいじまじょう》も、その内の一人である。一八四三（天保一四）年、江戸の神田小川町にあった安中藩邸で生まれている新島は、一八六三（文久三）年以降、勉強の方法を蘭学から英学に切り替えたのをきっかけに、漢訳聖書などを読み、アメリカの政治や社会の実際を知り、キリスト教に深く傾倒するに至ったのである。一八七一（明治四）年にはアメリカ留学を許されて、岩倉使節団の一員として、アメリカやヨーロッパの教育制度の調査にあたった。帰国してから同志社大学の設立に奔走したのである。

このような経過でキリスト教が日本に広まったのとは違って、開港と同時に横浜や神戸といった港町に入ってきた外国人宣教師もたくさんいたことを忘れてはならない。とくにカトリックの人たちは、大きな使命感を抱いて日本にやってきたとみられるのである（**図1**）。

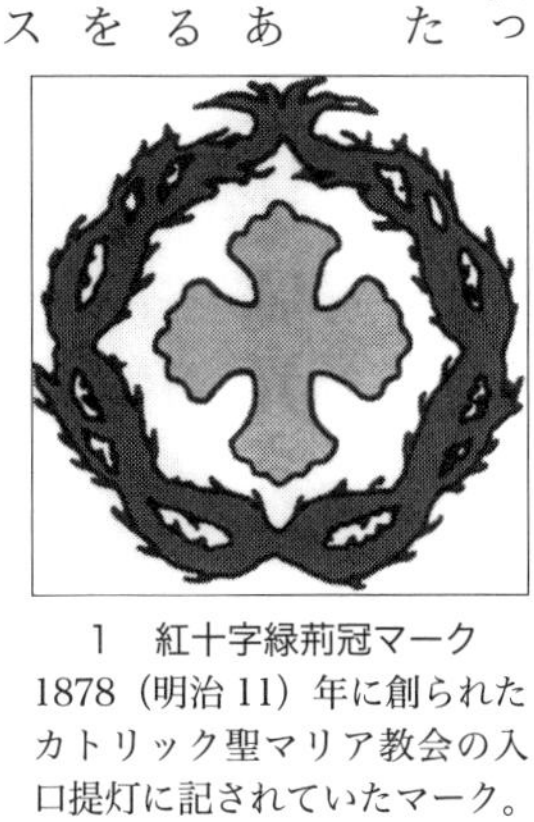

1　紅十字緑荊冠マーク
1878（明治11）年に創られたカトリック聖マリア教会の入口提灯に記されていたマーク。

「八王子の福岡教会に着くと、悪い道で苦しめられた事も、洪水のために遅れた事も色々の当て外れも、皆たちまち忘れてしまった。八王子には約九〇人の信者があり、今後又新たに数名を増加した。教会経営の小学校も従前通り盛んである。（中略）／全信者は皆宣教師に対して最大なる尊敬と完全なる従順を表している。宣教師の滞在費用は残らず信者が支払ってくれる。而して出発の際は、大人も子供も皆村外れまで神父を見送り、彼らの中の一人は次の目的地まで荷物を担って随行する。／此等の感心な信者は、聖霊の賜物に恵まれ、八王子市は公教会の第三段、即ち最高の程度に達したと言ってよい。現在の学校と墓地の土地を買い求めて聖堂を建築するなら、全村挙ってカトリックになる見込みがある」(『テストビート神父伝道報告』(明治一六年)、『声』(一九三九年七〜九月号所収))。

この史料にある福岡(現在の東京都八王子市)という被差別部落には、一八七八(明治一一)年の段階で、カトリック信者が五人いたといわれているが、翌年には五五人に増加したというのである。福岡は、都内でもかなり規模の大きい部落として知られている。

2　横浜天主堂(『横浜開港見聞誌』一八六二(文久二)年に献堂された横浜天主堂と思われる図。

福岡地区には、自由民権運動でも活躍した山上卓樹《やまがみたくじゅ》がいた。山上卓樹の生家は、江戸時代から質屋や皮革製造業を営んでいて、地区の中でも裕福な家であった。親戚であり、横浜で教師をしていた三好千蔵から勧められ、横浜でテストビート神父から洗礼を受けてキリスト教の信者となった。村に帰り、キリスト教の教えを広めるように使命を与えられた山上は、教えを広めるため自宅を開放し活動を開始する。そして一八七七(明治一〇)年、部落の中に聖マリア教会を建てた(一九二七年に再建)。

この教会を拠点に、関係が深かった埼玉県入間市宮寺や狭山市入間川などへの布教が行われたのである。入間市宮寺教会は、市内にある数少ない明治の建物であり、今でも見学者が絶えない。狭山市の入間川では、教会が建てられるほどには信者が獲得できなかったといわれる。

史料をみると、カトリック教会(**図2**)は、各地にあった江戸時代以来の長《ちょう》吏《り》や非人《ひにん》の集団居住地に対して、積極的に布教を行っていったこともあり、長く「カトリックはエタの宗教」といわれることになった。

田舎教師が見た農村風景とは

明治の農村を描いた絵は、それほど多くはなさそうである。ありふれた光景だったために描かれなかったのか。あるいは描いてくれる人を見つけられなかったのかもしれない。この絵（図2）は、田山花袋（図1）作の『田舎教師』の口絵である。

主人公の教師が、茶店の縁台の上で昼寝から目覚めたのか、これから少し昼寝でもしようとするところか。小説では、この教師、現在の埼玉県羽生市から現在の茨城県古河市にあった遊郭まで歩いて通ったとあるが、この点は事実ではないらしい。利根川の堤防を歩けば、たしかに羽生から古河まではほぼ一本道で行ける。その道すがら、よく茶店で昼寝をしたと小説にはある。

古河には、江戸時代の日光街道・奥州街道の宿場があった。江戸・東京方面から東北地方・日光を目指すと、利根川の渡しを渡った付近に遊郭があった。それほど規模の大きな遊郭ではなかったようである。現在は利根川の堤防の下になってしまい、昔の建物とか風景を知るのは不可能である。馬頭観世音と刻まれた石碑が、利根川を渡った古河市側の堤防下に残っている。火災で焼けたのだろう、石塔全体が真っ黒になっている。この付近が、古河の遊郭があったところなのである。

明治・大正時代の人たちだけではなく、戦前までの農村社会は、『田舎教師』の口絵に描かれているような、くすんだ色彩のおだやかな風景がどこまでも広がっていて、春から秋までは緑一色という感じだったのである。郊外の街道沿いには、ところどころに、往来する人

1　田山花袋（たやまかたい）（『現代小説全集』より）
一八七一～一九三〇年。群馬県生まれ。小説家。『重右衛門の最後』で注目され、『蒲団』で文壇での地位をかためる。自然主義文学の牽引者でもある。

２　『田舎教師』の口絵（岡田三郎助画）「四里の道は長かつた。其間に青縞の市の立つ羽生の町があつた。田圃にはげんげが咲き、豪農の垣から八重楼が散りみだれた。赤い蹴出を出した田舎の姐さんがをり〳〵通つた。……五年間の中学校生活、行田から熊谷まで三里の路を朝早く小倉服著て通つたことももう過去になつた。」（『田舎教師』の冒頭）

３　路傍の茶屋（『日本奥地紀行』）　茶屋の右脇にいる外套らしきものをはおり、大きな鞄をさげている女性は、『日本奥地紀行』の著者であるイザベラ・バードか。

の足休みの茶屋もあった（**図3**）。農村だけでなく都市でさえも、色彩の変化には乏しかったのである。

農村地域の庭では、植木の花といえば、春の白梅、夏の百日紅《さるすべり》、冬の椿や山茶花《さざんか》くらいしかなかった。桜はあるにはあったが、農村では花見というのはほとんどしなかったのである。植えられていた桜の花もほとんどが花の小さい山桜だった。

野山に咲いている四季折々の花を自分の庭に持ってきて植える、ということはまずしなかった。野山の草花や木を掘ってきて植えなおしても、ほとんどが根付かなかったのである。わずかな気温変化が、草や木には命取りになった。

昔の人たちは、経験からもそのような知識を持っていた。知識は、紙に書いて残すようになると、とたんに失われるようであると柳田国男もいっている。だから、野山に咲いている草花は、野良仕事の行き来で見たりすればいい、と思っていたのだ。

ではなぜ家の庭には山茶花や椿、百日紅があったのかというと、それらの花は長持ちしたからである。一度咲くとかなり長い期間咲いていて、季節を知らせてくれたのである。しかも、あまり頻繁に手入れというものをしなくてすんだのである。

梅は、「桜切るバカ、梅切らぬバカ」といわれるように、毎年実をならせようとしたら、枝の剪定作業が欠かせない。しかも、梅の木には毛虫が発生する。だから、あまり植えられなかった。その点、百日紅や椿などには、まず毛虫はつかなかった。

以前の農家では、子どもが生まれると、柿とか栗とか梅を植えた。今日でいう記念植樹である。植えられた栗や柿は、子どもの成長に合わせて実るから、「これは誰の木」と覚えやすかったのである。

花を愛でるというよりは、実利が優先していたのである。

4　野草（『大植物図鑑』）

さざんか

つばき

さるすべり

かき［甲斐叢記］

くり

うめ

子守が貧困の象徴だった理由

ここに掲げた銅版画（図2）は、イザベラ・バード（図1）が著した『日本奥地紀行』に収録されている図で、現在の山形県上山《かみのやま》市で記録した「子守をする美しい少女」である。バードは明治初期に日本を訪れ、北海道まで足を伸ばしている。各地の見聞録、とくに明治初期の史料が少ない地域を取材しているので、貴重な紀行文である。

子守をしている少女がおんぶ（背負うこと）しているのは、自分の兄弟姉妹か、あるいは奉公先の子どものいずれかであろう。バードは、子どもをおんぶしていながら少女の動きが敏捷であることに驚いたと記述している。おそらくこの少女は日常的に子供をおんぶすることに馴れていたのであろう。

この絵では、子どもは片手を少女の肩にのせている。少女は手拭いを被っていない。当時、子守をしている少女の多くは、髪の毛を保護するために手拭いを巻いていた（図3）。寝起きの悪い子どもが目がさめたときに髪の毛を掻きむしるからである。

明治になり、政府は「村に不学の戸なく、家に不学の人なからしめん」といわれるような学制をめざし、一八七一（明治四）年に文部省が設立され、翌年にフランス式の学校制度を模範とした学制が公布された。

この学制の特色は、小学校教育に力を入れたことにあった。当時の多くの新興国は、大学教育を優先して、小学校教育を軽視し、国民の教育水準の底上げをしなかった。後の日露戦争のとき、日本兵は全員が文字の読み書きができたのに、ロシア兵の多くは文字の読

1　イザベラ・バード（Isabella Lucy Bird）　イギリスの女性旅行作家。一八七八（明治一一）年に訪日し、日本人通訳一人を連れて、日光から新潟を経て北海道を、さらに神戸・京都・伊勢・大阪を旅し、『日本奥地紀行』（原題：*Unbeaten Tracks in Japan*）二巻を著す。本書は外国人女性の視点で、明治期の各地の風俗を記録した貴重な文献であり、とくに北海道のアイヌの人々の生活や風俗・習慣を記録しており、アイヌ文化研究の先駆的な紀行資料として高く評価されている。

み書きができなかったのである。

　このように明治政府は小学校教育に重点をおいた学制を公布したが、それでも不就学の子どもはかなりの数に上った。特に女子の就学率はなかなか上がらなかった。その理由の一つがこの絵のような「子守」だった。子守のために学校に行くことができなかったのである。そのため、全国各地に「子守学校」なるものが生まれた。この学校は子どもをおんぶしたまま学校に通ってくることを認めたものだった。そのためこの学校は「貧乏人の学校」と呼ばれた。

　明治以後になると、この絵に描かれている子守が「貧困」の代名詞のように記述された史料が多くなるように感じられる。たいていは自分の兄弟姉妹をおんぶしているのだが、江戸時代から子守奉公という子ども特有の就労形態が続いていたからであろう。ちなみに一八七三（明治六）年一月三〇日から「皇族を除くの外、家事用向に使用する僕婢は、僕と婢と十八歳以上と十七歳以下とによりて相違あれども、何れも其主人より納税すべきこと」として税金を徴収することになったが、この法令は不評であったらしく、翌年の一二月三一日限りで廃止された。子どもの就労が経済の一部を支えていたからである（図4）。

2　子守をする少女
（『日本奥地紀行』）

3　髪を手拭いで巻いて子守をする少女（『明治烈婦伝』）

子どもの教育といえば、江戸時代では「奉公人が読み書き算盤《そろばん》ができないのは雇い主の恥」だからと、奉公先の店や農家は、家の中で教育を施していた。ところが、明治なると「読み書きできないのはあんたの責任」とばかりに個人の責任にする風潮になっていった。今日でも政治家がよく使う「自己責任でご判断されたら」という言葉の源流は、こんなところにあったかも知れない。

さて子守といえば、おむつがつきものである。今日では、使い捨ての便利な紙おむつが市販されているが、当時は、手拭いの使い古しや、着古した浴衣《ゆかた》を解いておむつを作った。これらの木綿のおむつは、洗濯すれば何度でも使えたから経済的だった。ただし同じ木綿でも、安物の布団に使用していた布はあまり使われなかった。濡れると布を染めた色が肌によくついたからである。

子守歌では、子守の少女の哀切な境遇を歌った九州の五木の子守歌が有名であるが、全国各地にあるさまざまな子守歌は、このような子守をした少女たちが子どもをおんぶしていた時間が長かったために生まれたといってもいいかも知れない。子守歌も、この絵のようなおんぶするときや、抱くとき、揺り籠に入れるときなど、それぞれに応じて歌われる内容に違いがあるようだ。

4　収穫期の農家の子どもたち（『大和耕作絵抄』）稲の収穫と運搬から、箕を使った籾殻と玄米の風選（図中央）、木臼と杵を使った籾摺り（図左）などの作業。子どもは農作業にかかすことのできない労働力であった。

夜這いという風習のあれこれ

民俗学者の柳田国男が避け続けたのは、日本人の性の問題だったといわれている。たしかに、柳田国男の著作を読んでも、性に関わる論説はきわめて少ない。この点を乗り越えようとしたのが、『忘れられた日本人』を著わした宮本常一さんであろうか。

戦前の農民組合運動や労働組合運動、無産政党運動などをしていた人たちの聞き取り調査をしていると、ある共通点があった。それは、本音を聞くには酒に酔っ払わせるのに限る、ということである。素面《しらふ》では真面目でも、酒が入るとさまざまなオフレコの話が飛び出してくるのである。戦前の運動には厳しい弾圧体制が布かれていたから、農民組合や労働組合などの何かの社会運動を展開しようとすれば、刑務所暮らしは覚悟しなくてはならず、ストレスも相当のものがあったと推測される。オフレコでは、春歌の高唱や色の道のバレ噺がある。地方の農民組合や労働組合の運動家は、吉原や洲崎などの遊郭には行けなかったから、自分たちの身近なところで間に合わせていた。とくに労働運動の場合、製糸工場や織物工場、紡績工場では、女性労働者の割合が高かったから、組合運動をやっている男性労働者は、かなり女性にもて、組合に協力的な女性の間を、次から次へと渡り歩いて同棲していた者がよくいたのである。ようするに、このような色の道が、運動家のストレス解消のひとつの方法だったらしい。解消される方は迷惑この上ないが。

夜這いにまつわる話も、頻繁に聞いた。「あいつは、○○の子どもと言われているが、実は××の子だ」といった内容の話は、酒が入るとよく出てきた（**図1・2**）。夜這いは、男性がやみくもに目指す相手の女性の家に突撃を敢行する場合や、女性とはもう話がついていて縁側の雨戸が少しだけ開けられていたり、裏木戸の鍵が外されている場合などがあった。よく事情を知らない地域の場合には、入る家を間違えたとか、夜這いをかけたまではよかったが目指

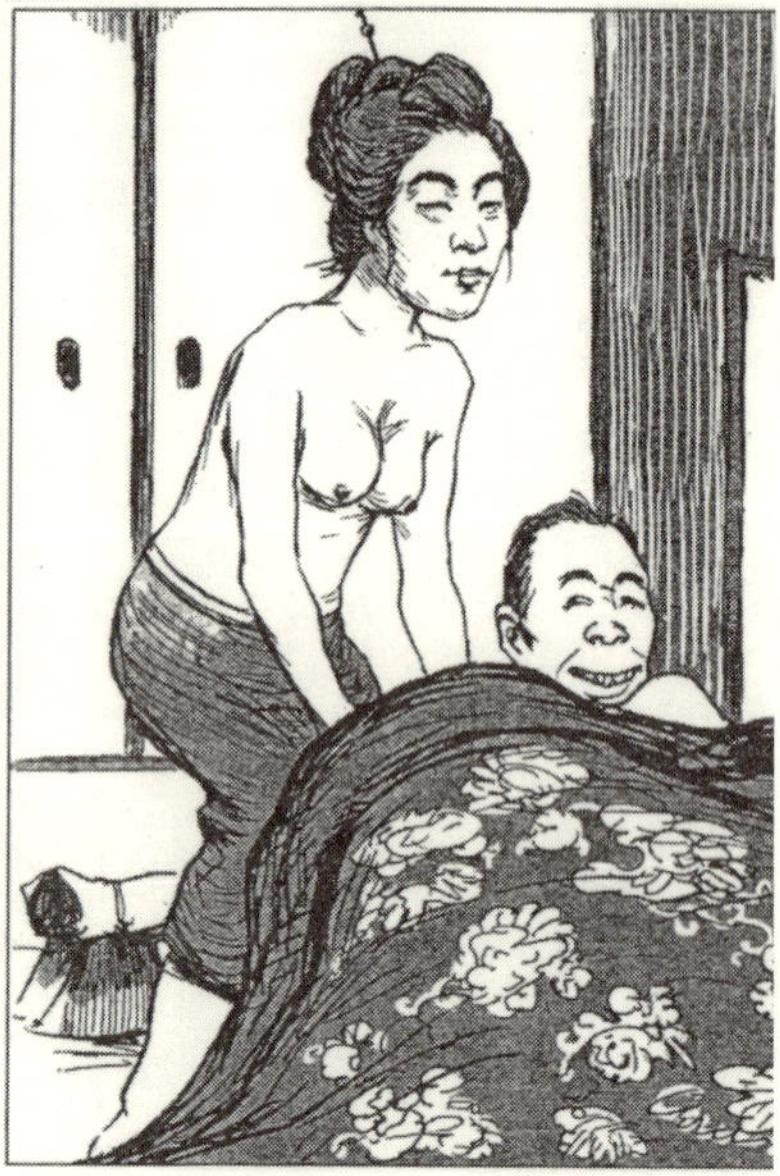

1　不倫現場（ビゴー画、1898年）　腰巻き姿の女が、床入りするところなのだろう。男の表情が、好色顔に描かれている。

2　好色的人生（ビゴー画、1910年頃）　この男女の関係は定かではない。絵からは、疲れた様子の女性と、女性を窺う男性の様子が伝わってくる。団扇があるから夏のようである。

す相手ではなく、母親に迫ってしまったとかの失敗談もいくつか聞いた。夜這いが見つかると、その家の父親から丸太で殴られたり、追いかけられたりするから、そのような危険と隣りあわせの行為でもあった。

　夜這いをかけるのは、遠距離の村を目指したというわけではなく、「勝手知ったる他人の家」が多かった。このような夜這いの風習のあった村では、入学してくる子どもに、小学校の教師が「○○君と××君は親戚ですか」と聞くという椿事がよくあったという。よく似た顔をしているのに、別々の苗字だから不思議に思って聞くと、兄弟とか姉妹というわけではなく、他人であるというケースがよくあったという。

　このような夜這いの話を聞かせてくれたのは、生きていれば二〇一二（平成二四）年現在で九〇歳くらいの年齢の人たちも含まれている。その人たちが親や友人・知人たちから聞いていた話なのである。自分たちの経験なのかどうかは酒が入っていても、明言しなかった場合が多い。ただ、東日本の農山村では、戦後初期頃まで夜這いの習慣が残っていた地域が、間違いなくあった。

アイヌ人と『源氏物語』の意外な関係

アイヌ民族（図1）の社会は、七～一三世紀の擦紋文化期にかけて、日本社会やオホーツク地方の北方諸民族との交渉や交易、対立抗争といった関係を経過して、一四世紀頃に大きな変化を遂げたという。幕末の北海道の絵図・地図をみると、アイヌ民族の集落は、河川沿いや海岸線に沿って形成されている（図2）。河川での鮭漁や海での漁業や海獣漁が盛んだったことの証拠である。また山野での採集生活も行われていたが、採集で重要なのはオオウバユリの球根だった。また粟やヒエ、麦、蕎麦、大豆などの畑作物もわずかながら作られていたらしい。

その交易の民アイヌと『源氏物語』とには、意外な接点があるのかもしれない。

『源氏物語』の中には絶世の美人ばかりが登場するわけではなく、どうみても当代の美人という感覚からはずれた人がいた。末摘花《すえつむはな》である。

赤見を帯びた末摘花の鼻は異様に長く、その先が下に垂れていた。顔は青白くて額は広く、顎も長かった。身体はものすごく痩せ細っていた。光源氏は、末摘花の容姿に驚いただけではなく、着衣にも驚いている。末摘花は古臭く色の変わった衣装の上に、「黒貂のかわぎぬ」を着ていたのである。

黒貂というのは、イタチ科の哺乳動物で北海道や南千島、シベリアなどに棲息している。冬毛はセーブルと呼ばれて、毛足が長く、手触りも艶もよく、毛皮としては最高級品といわれている。つまり末摘花は、現在でいう黒貂の防寒コートを着ていたのである。『源氏物語』の書かれた頃の防寒服については、ほとんど触れられていないから、このような記述は大変に貴重である。

今から一〇〇〇年以上前の京都の貴族の間には、黒貂の防寒コートが出回っていたのである。一体どのように流布したものか。

『源氏物語』が書かれた頃のアイヌ民族の社会は、大きな変化を遂げたのだが、その理由の一つは、日本社会や北方諸民族との活発な交易が原因であるらしい。証明する史料はないが、末摘花が着ていた黒貂の防寒コートは、アイヌ民族の活発な交易の結果もたらされたものなのではないか。

また別の可能性もないわけではない。北陸の敦賀（現在の福井県）には、七～一〇世紀にかけて、朝鮮半島北部からロシア沿海州・中国東北部にわたって領土を持っていた渤海国という国の使節をもてなした迎賓館のような施設があった。渤海からは毛皮・にんじん・蜂蜜などが、わが国にもたらされた。毛皮をなめす方法などが日本に伝えられたという伝承の中には、朝鮮半島経由という話もある。渤海と日本との関係は深く、記録によれば日本には三四回の使節が来ている。日本からは使節団が一三回送られている。

アイヌ民族は古くから狩猟・漁労を中心とした自給自足社会といわれているが、一面的な理解であり、早くから「交易の民」でもあったのは間違いないのである。

1　アイヌ人の古老（『日本奥地紀行』）

2　海辺に建てられたアイヌ人の小屋（『日本その日その日』）小屋の前には、舟が二艘見える。右には、アイヌ人が二人いる。

富士山は女人禁制だった

『万葉集』にも詠まれているように、富士山は古くから名山として有名だった。『伊勢物語』には「富士の山をみれば、五月のつごもりに、雪いと白う降れり」（九段目）とある。幕末から明治になって日本にきた外国人にとっても、富士山はやはり有名な山であったようである。外国人が書き残した当時の絵などをみると、富士山を描いたものは意外と見つけられる場合が多い（**図2**）。

富士山が活火山であることは忘れられがちだが、七八一（天応元）年から江戸時代の一七〇七（宝永四）年まで、十数回の噴火の記録がある。一七〇七年一一月には、宝永山が噴火し火口が生じた。あまりに大量の火山灰が江戸に降ったため、一二月一日、お堀や道端、河岸などに灰を捨てることが禁止された。

最近では、老若男女、多くの登山客で賑わう富士山（**図1**）だが、明治になるまでは女人禁制の山であった。廃止されたのは、一八七二（明治五）年三月のことである。このときから比叡山や高野山も女性の登山ができるようになった。

女人禁制の理由は、お産にまつわる「血のケガレ」が主な理由とされていたのである。相撲界では、この「血のケガレ」を「伝統」だと主張して、女性が土俵に上るのを排除している。しかし江戸時代には、女子プロレスの江戸時代版といってもいい、素人の見世物芸で女相撲というのがあり、かなりの人気を博していたのだが。

国技館が東京の両国にある理由は、勧進相撲が主に両国の回向院の境内で開催されていたことが根拠となっている。相撲取り自身が「相撲という芸を売る被差別民」だった時代があったのである。地方の被差別部落の小頭の家にある文書の中には、勧進相撲を取り仕切って、揚がりの何割かの金を上納させていた、という記録がある。江戸時代の勧進相撲は、江戸を始め、京都や大坂のほか、全国各地で行われていた。地方で勧進相撲を興行するときには、そ

1　富士山５合目の様子（『風俗画報』）　中央に立っている洋装の女性が、一際目立つ。登山にそぐわない服装に見えるが。ここで一息入れ、山頂を目指すのだろうか。

の地の長吏《ちょうり》小頭とか革多《かわた》頭にあいさつに行き、許可を得ないと興行が行えなかったのである。

ところで「女人禁制」である。富士山に女性が登れなかった理由について、次のような解説もある。「信仰上、女性をけがれ多く、また僧の修行を妨げる者として、特定の寺院・霊場で女性の立入りを禁止したこと。区域を定める結界石を立ててこれを標示したことから〈女人結界〉ともいう。禁止の事実は、比叡山・高野山・金峯山その他にみられ、平安時代の記録や文学作品に徴し得るが、この用語の見えるのは、室町時代のころからのようである。女性に本堂の内陣に入るのを許さないのも禁制の一種といえよう。道元・法然・存覚らは女人禁制を強く批判否定した」（『岩波仏教辞典』）。

伝統という、わかるようなわからない根拠で、女性を土俵の上から排除するのは、理由としてよくわからない。何事によらず伝統とか生活上の慣習というものは尊重されなければならないが、だからといって女性を排除してよいとする理由にはならない。そのような価値観が人権よりも優先するというのは論外と考える。

2　富士山登山（オールコック画）　現在とは比較できない軽装での登山。絵の右下には、大きな荷物を背負っている強力《ごうりき》らしき人物が描かれている。

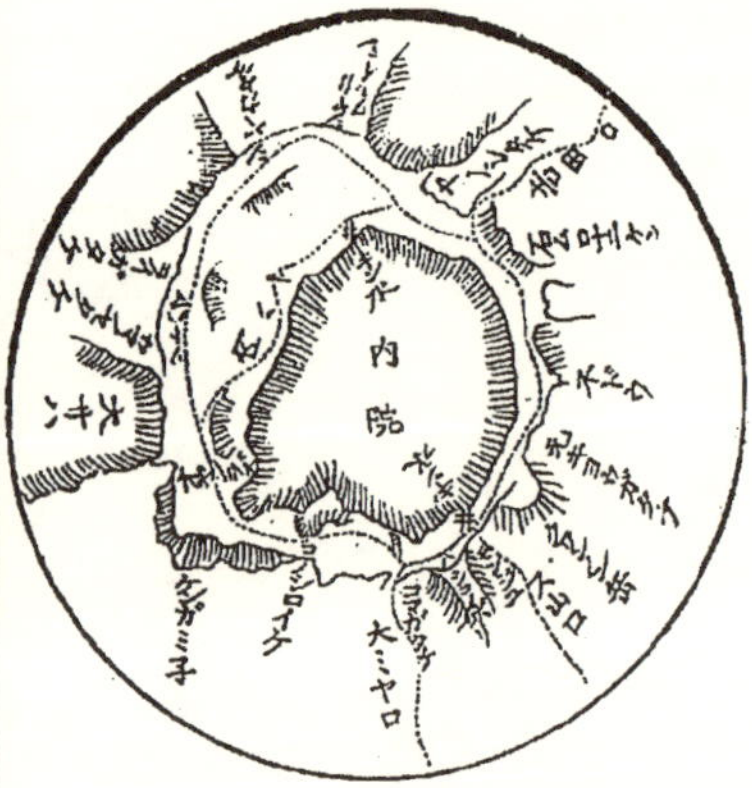

3　絶頂諸名所の位置概図（『富士山大観』1907 年）「駒岩は東南の交に介す、旧と駒岳と言ふ、蓋し嶽を施すべからず、積石を以て峰を成す。……神池の深さ数十丈、広輪各数百歩、水を畜へず沙間に石を挿む、四方の石壁懸絶なり、……玉井は北極の下に在り石有りて自ら之を囲む、清冷言ふべからず」。

4　富士山の頂上部（『富士山頂上独案内』1880 年）「○浅間岳　浅間神社の鎮座す所といふ。此岳の形麓より神山を望むが如し　○浅間神社　前に在る鳥居は駿河国庵原群岩淵村なる講中の建てしなをとぞ。当社ハ国幣中社の摂社にして祭神ハ木花之佐久夜毘売命に坐て大山祇命の御女にて天孫瓊々杵尊の皇后と為り給ひし御神。即ち天朝の御先祖に坐せり此所より頂上の神符又白衣の神印出るなり。休室三戸あり亀屋米屋酉京屋といふ」。

6　富士山山頂（『富士登山』1909 年）

5　富士山の三合目（『富士登山』1909 年）

第8章　教育の探訪

明治の学生・書生にも受験地獄はあった

左に掲げた絵（図1）は、まだ明治維新から間もない頃の、越前国福井藩の藩校明新館で教鞭を取ったお雇い外国（アメリカ）人教師ウィリアム・エリオット・グリフィス（図2）の著した『明治日本体験記』に収録された学生の姿を描いたものである。

この福井県だけでなく、おそらく全国どこでも、当時の学生が勉強している姿を描いたら、このような絵になったであろう。学生は、頭には髷《まげ》をのせていないが、短く刈り込んだ、いわゆるザンギリ頭が、まだ板についていないように見える。学生が勉強するために利用しているのは、江戸時代以来の燈火である行灯である。行灯《あんどん》の明かりの下で本を読むこの姿には、いかにも苦学生らしい雰囲気がある。

「蛍雪《けいせつ》の功を積む」（貧しい中で苦学して、成果を得、成功を収めること）という中国の故事を思い出させる。いまでは、蛍の光や降り積もった雪明かりで勉強をするという姿を想像しにくくなっているが、かつての学生はそれほどに勉強していたのである。

当時はまだ大学の数も少なく、進学率が二〇パーセントほどだった頃でも、高校生の間では「三当五落」（毎日三時間の睡眠だけで勉強すれば、希望の大学に入れるが、五時間寝ていたら危ないということ）といわれていた。ぜいたくをいわなければ、大学全入時代を迎えた今日では、「浪人」という言葉は死語に近くなっている。そのかわり就職難と「ひきこもり」は、いまの青年像をますます貧弱にさせているようだ。

それはともかく、この絵からは本を読む学生の真剣そうな様子が伝わってくる。本は和綴本らしい。かなり大型である。学生の姿にくらべて本が大きく描かれているように見えるが、寺院の経典など、和綴本の中にはこのような大型本がよくあるので、誇張されて描かれているわけではない。

内容にもよるが、一般に当時の和綴本の刊行部数は大変少なくて、二〇〇〜三〇〇部程度というものも珍しくないのである。そのため、とりわけ経済的にゆとりのない苦学生は、本を一週間とか一〇日ほど借りて、その間に書写するのである。

1　行灯の灯りで勉強する苦学生（『明治日本体験記』）

本自体が貴重品であったから、借りられない場合は、手弁当持参で、本の持ち主のところへ出かけていって、その場で必要な箇所を筆写したのである。

今の学生の多くは、必要な資料は、複写機で丸ごとコピーすることもできるし、インターネットからダウンロードすることも容易にできる。だが筆写の利点は、そのまま手と目を伝わって内容が自然と身についてくることにある。

図書館で高校生が勉強をしているところを見ていると、一五分ほどは教科書や参考書を睨んでいるが、すぐに眼を離してしまう。これは、一五分おきにコマーシャルの入るテ

2　ウィリアム・エリオット・グリフィス（William Eliot Griffs）

明治期に来日したアメリカ出身の理科教師・牧師・日本学者。一八七一（明治四）年に来日し、福井藩藩校の明新館で教鞭をとった。廃藩置県で福井藩がなくなると、大学南校（東京大学の前身）で教鞭をとり、一八七四（明治七）年に帰国した。日本での体験をもとにした『ミカドの帝国』あるいは『皇国』（*The Mikado's Empire*）を出版する。その第二部が「明治日本体験記」である。

レビ放送の影響なのであろう。

　この絵に描かれている学生の部屋は、畳敷きではなく板張りの床のようだ。床の上に薄縁《うすべり》（裏をつけ、縁《へり》をつけた筵《むしろ》）を敷いていたらしい。行灯の奥に開き戸のある本箱が置かれている。この中に和綴本が入っているのだろう。

　本の埃除けと日焼けを防ぐために本箱があった。明治時代の小説には、和綴本にかぎらず、本を質屋に持っていったり、古本屋に売りに行く場面がでてくるが、これは本の価値が大変に高かったからである。本は財産として大事にされていたのである。

　グリフィスの『明治日本体験記』などを読むと、明治初めの福井の学校（旧藩校）には八〇〇人ほどの学生がいたという。学部は英語・中国語・日本語・医学・兵学に分かれていた。医学部には江戸時代以来の伝統を継承してオランダの医学の本が多く、フランス製の男女の人体解剖模型もあった。イギリスやアメリカで刊行された洋書もかなりあった。

　とくに兵学校には、戦術に関する洋書が数多くあり、そのほとんどが英語版だったという。黒船の軍艦で来航し、日本に開国をせまった英米の影響であろう。富国強兵という明治の幕開けを強く感じさせる。

　明治の受験地獄を題材にした久米正雄の『受験生の手記』という作品がある。一高の試験に何度か落ちた受験生が、七高とか八高なら入れるかもしれないと、しだいに受験校のレベルを落していく様子が描かれているところがある。主人公の受験生は、作品の中では最後は自殺をしてしまう。明治の時代にも受験地獄は存在していたのである。だが、最近ではかなり以前から、大学受験に落ちたからといって自殺したという話はトン

3　坪内逍遙（つぼうちしょうよう）
一八五九～一九三五年。岐阜県生まれ。小説家・評論家・翻訳家。開成学校（現在の東京大学）を卒業し、東京専門学校（現在の早稲田大学）の講師となる。一八八五年の『小説神髄』にて、写実主義の文学を提唱。その実践として『当世書生気質』を発表する。『早稲田文学』を創刊し、近代文学の指導者的立場にあった。

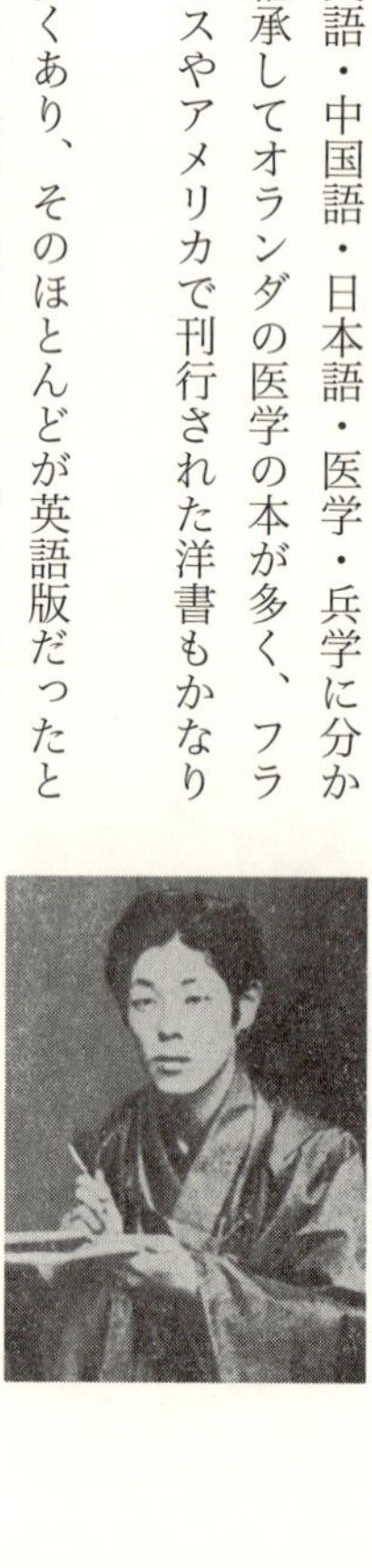

4　芸妓と花見をする軟派書生（『当世書生気質』）

と聞かなくなった。

左の絵（図4）は、坪内逍遥（図3）の『当世書生気質』に載せられた書生と芸妓が花見をしている挿絵である。この書生という言葉は、一般には学生をさすが、政治家や実業家などの家に住み込んで、日常の雑事を仕事としてこなしながら、学費をだしてもらって勉強をしている者をさす場合もある。

この絵の舞台は、江戸時代から桜の名所として知られた東京の飛鳥山である。さきほどの当時の受験地獄ではないが、このような女遊びをしていたら、受験には失敗したはずである。

このような書生は軟派と呼ばれ、勉学一筋の学生は硬派と呼ばれた。軟派の学生でも、なかにはみごとに学士様となり、遊びと勉学を両立できた優秀な者もいたところが面白い。

高齢者は、生きている図書館だった

明治・大正時代に建てられた家には、囲炉裏があるのも珍しくなかった。囲炉裏が切られていなくても、どこの家でも火鉢が置かれていたものである。その火鉢というのも、この絵（**図1**）にあるように長方形の火鉢の外には、丸い大きな火鉢が使われたのである。長方形の火鉢は、たいていの場合、材質はケヤキで作られていた。ケヤキは、手垢でまみれたりした後をよく磨くと、見事な光沢が出たものである。職人の技が生きている家具の一つだった。

火鉢には、外側が鉄製のものやアルミ製のものもあった。よく見かけるのは、直径が一メートルくらいある焼き物の丸い火鉢であろうか。現在は、植木鉢として利用されているのを見かける。道具が一つの役割を終えた姿なのであろう。

この絵（**図1**）に描かれている火鉢には、鉄瓶が掛けられている。お湯を沸かすため、堅い材質の木材を使った炭が利用された。柔らかい木や若い木、細い木の炭は長持ちしなかったのである。柔らかい木や細い木の炭は、すぐに粉になってしまったが、都市貧困者は粉炭でも利用せざるを得なかったのであった。

テレビやラジオが普及する以前、このような火鉢の周りで、年寄りはよく子どもたちを集めて昔話や物語を話して聞かせたものである。物語というのは自分の家に伝わる話であったり、村や地域の歴史であったりした。子どもたちは、そのような話を繰り返し聞くことで、自分の家や地域の歴史、勧善懲悪の考え方や生き方を学んだのである。村の中に伝わっている昔話は、語り伝えた家によって、少しずつ内容が違っていたものである。柳田国男の『遠野物語』が生まれたのは、このような年寄りの営みが営々と続けられてきた成果である。

家の歴史が古い旧家になると、家に伝わる鎧・兜・刀や槍の由来から始まって、書画骨董の来歴、古文書類の意味などについても、教育されたのである。家を継ぐということは、単にご先祖様の位牌を継承するというだけでなく、

1　子どもたちに話をする老婆（『明治日本体験記』大沢南谷画）　話をする老婆の前には、鉄瓶がかけられた箱火鉢がある。

2　子どもを諭す父（『国語読本』一九〇〇年）　父親が子どもにアブ（図中の父親の肩辺りにいる）は花粉を花の芯につけ、キュウリを実らせるから、殺してはいけないと諭している。

3　明治の一般的家族構成（『教授必携国定読本図解の方法』1912 年）　左図の解説文には「ワタクシノウチ」の見出しに、「ウチニハネエサンガ一人、ニイサンガ三人、オトウトトイモウトガ一人ヅツアリマス。一バンウエノニイサンハイマヘイタイニイッテヰマス。ネイサンハコノアヒダトナリムラヘオヨメニイキマシタ」とある。絵の上左には両親、左右の下には祖父・祖母が土台のように描かれている。

家に関するさまざまな故事来歴も受け継ぐということである。だから、家クセという、その家独特の雰囲気とかものの考え方なども生まれたのである。

高齢者は、そのような知識や経験をよく覚えていて、子どもたちに伝えたのである。次の世代に自分の知っていることを伝えるのが役目だったといえる(図2)。いってみれば、高齢者は生きている大きな図書館といってもよい存在だった。一九七〇(昭和四五)年頃までは、選挙に際しては家族全員の支持を取り付けようとしたら、高齢者一人の支持をつかめば票数が計算できたのである。一九六〇年代末の全共闘運動の成果の一つは、このような「ミニ天皇制国家」を解体したことにある。明治政府は、「戸主権」という権利を家の継承者に与えて、家全体を、個人としてではなく、一つの家単位で管理したのであった。全共闘運動は、明治時代以来の家(図3)という制度の解体や、個人の自立に大きな役割を果したといえる。

明治時代になると、このような家の中での教育から、国家が主体となっての教育体制に変わっていったことが、この絵のような教育方法が姿を消していった原因であろう。学校では、人間が生きていく上で必要な実学の知識よりも、学問という名の実生活からかけはなれた知識を詰め込む教育であった。民衆知は、取るに足らない知識として政府からは退けられ、明治時代以後には地域社会に伝わるさまざまな伝承や昔話が、大量に失われたのであった。

このような民衆に語り伝えられてきた知識が、果たして明治政府のいうように荒唐無稽であったかというと、そうではなかった。民衆は、文字が書けなかったわけではないが、全てを文字で記録に残すようなことはせず、記憶していたのである。文字にして残すと、とたんに記憶があいまいになったり、忘れたりした。それに、今日のように人の出入りが激しかったわけではないし、一つの村の中では、ほとんどの家がそのまま何十年、何百年という単位で継続していたから、文字にして残す必要がなかったのである。文字にして残さなくてはならなくなったのは、家の継続が難しくなり、人の出入りが激しくなってきた明治時代も以後からである。江戸の昔に比べると、社会が流動化して不安定になったという側面はたしかにある。

特権化した中学校に対抗して開かれた私塾・夜学校

自由民権運動とともに生まれていた若者たちの教育運動は、全面的な展開をみせる間もなく、明治政府によって潰されてしまったが、活動そのものは別の形で受け継がれていった。それが一八八七（明治二〇）年前後から各地で盛んに結成された夜学会や私塾であった。その多くは、地方の豪農や名望家の家が教室となっていた。中には、若者たちが自主的に運営していた私塾などもあった。私塾の大半は英語塾であり漢学塾であった。私塾は、戦前まで続いていたところもあった。

日本の教育制度は、中等教育に限ってみると、一八八一（明治一四）年「中学校教則大綱」が、そして一八八六（明治一九）年には「中学校令」が定められて、一般大衆は、中等教育を受ける必要はないとされたのである。

「中学校令」では、中学校が高等・尋常の二つに分けられ、公立の尋常中学校は各府県に一校だけとされ、区町村費で運営する中学校は禁止された。このために、府県ではすでに設置していた中学校を廃止したり合併したりした。町村立中学校は全廃され、全国の公立中学校はその数が半分に減ってしまったのである。

薩摩藩士であった森有礼《もりありのり》初代文部大臣は、このような措置の目的を、高等中学校を「上流の人にして官吏なれは高等官、商業者なれは理事者、学者なれは学術専攻者の如き社会多数の思想を左右するに足るへきものを養成する所」と言っている。小学校（**図1**）や尋常中学校は、社会の「中等以下のものを教育する所」であるが、尋常中学校は将来「社会の上流に至らすとも下流に立つに非《あらざ》る」者の学校であるといった。中学校が特権化されたため、若者に勉学の意志があっても、中学校の門はかなり狭いものとなった。森有礼は「国家の為に行ふ所の教育は則国家の良民と為る様に児童を薫陶養成するを謂《い》ふなり」とその目的を語っている。（**図2・3**）

このような、中学校の設置方針に不満を持つ地方の若者たちが、私塾などの開設に向かったとみられる。たとえば、群馬県原市町の場合、「都下に遊学するの資なく、或いは家累の為其郷関を出る能《あた》はさる者」が私塾の開設に尽力したという（「開設趣意書」）。長野県諏訪郡宮川村には、「顧れば地方中学に入るを得ざる青少年尠《すくな》からず」という記録が残っている。一般的には地域社会の豪農や有力者が学習指導者となった。各地の小学校校長や教員が、指導者となった所もある。私塾や夜学会では、英語や漢学だけではなく、当時、中学校で使用していた数学、作文、歴史、物理、地理などの教科書を用いて学習していた。ようするに、私塾や夜学会では卒業証書はもらえなくても、中等教育の代用になっていたと思われる。

だが、このような私塾・夜学会運動も、一八九三（明治二六）年に出された「実業補習学校規定」によって、中学校教育ではなく、実補《じっぽ》と呼ばれた実業補習学校に誘導されていくのであった。

実業補習学校は、「諸般の実業に従事し又は従事せんとする児童に小学教育の補習と同時に簡易なる方法を以って其の職業に要する知識を授くる所」と規定され、尋常小学校または高等小学校に併設され、使用する校舎や器材は、併設された学校の物を利用した。修業年限は三年以内、教師もその小学校の教師が主に担当した。授業科目としては「修身、読書、習字、算術及実業に関する科目」があった。

実業補習学校は、一八九四（明治二七）年には一九校だったのが、一九〇一（明治三四）年には二二二校に増加している。さらに翌年には「実業補習学校規定」が改定され設置基準が緩和されると、学校数は飛躍的に増加し、一九〇三（明治三六）年には一三四九校となり、在校生は六万人を超えたのである。どのような形態であれ、若者たちの中等教育に対する勉学熱は高かったといえよう。

戦前、実業補習学校といえば、安価な中等教育代用機関であり、農業補習学校といわれるくらいに数が多かった。国民の間では中学校設置要求が強かったが、正式な中学校の設置に、国は頑強に反対し続けた。その理由は、若者たちが「中等以上の学校教育を受ければ筋肉労働を嫌ふ」からであると、大正中期の文部省社会教育課長は正直に述べている。

2　高等中学生の体操風景（『風俗画報』）

1　明治時代初めの小学生たちの登校風景（ビゴー画、1884 年）

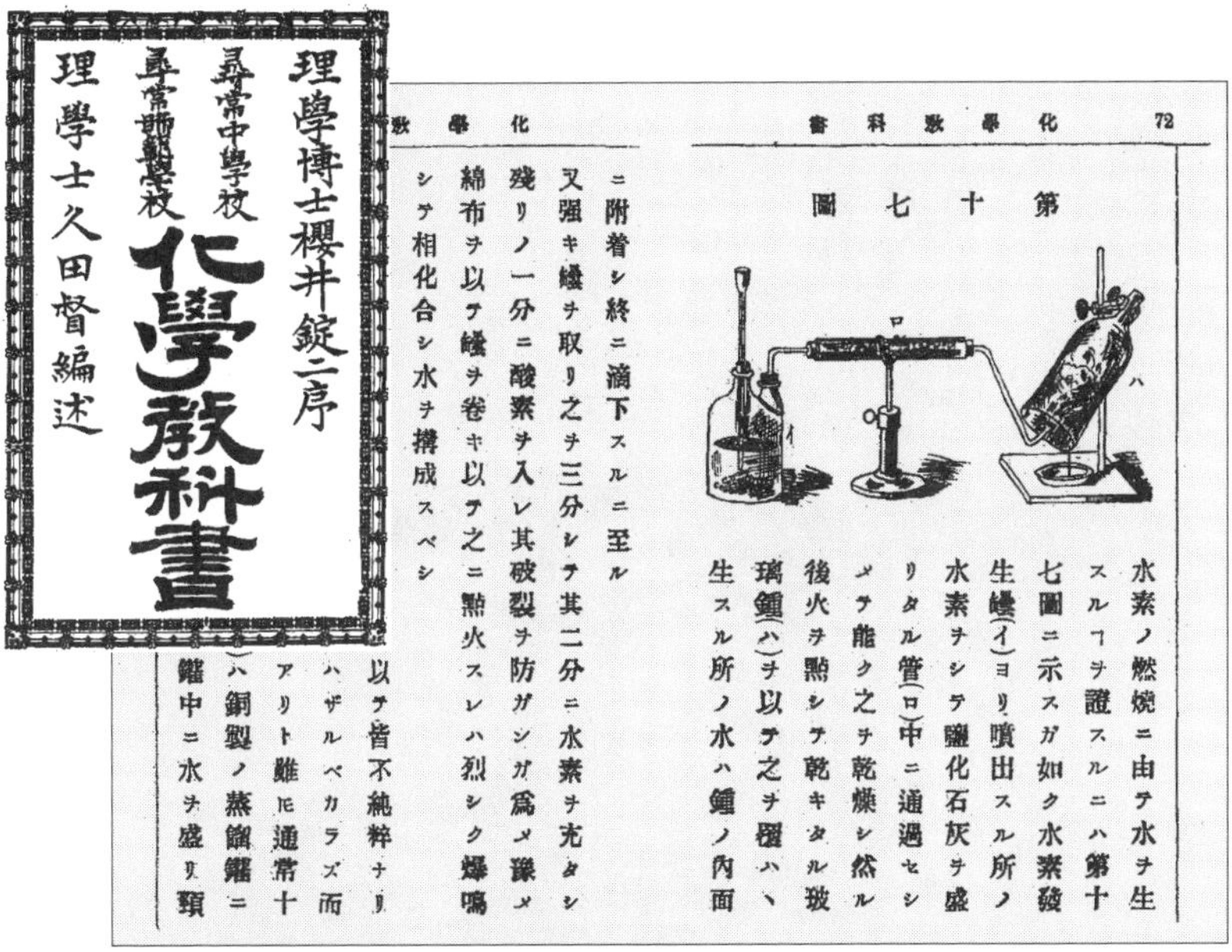

理學博士櫻井錠二序
尋常中學校
尋常師範學校
化學教科書
理學士久田督編述

化學教科書　72

第十七圖

イ　ロ　ハ

水素ノ燃焼ニ由テ水ヲ生スルコトヲ證スルニハ第十七圖ニ示スガ如ク水素發生罎(イ)ヨリ噴出スル所ノ水素ヲシテ鹽化石灰ヲ盛リタル管(ロ)中ニ通過セシメテ能ク之ヲ乾燥シ然ル後火ヲ點シテ乾キタル玻璃鐘(ハ)ヲ以テ之ヲ覆ハヽ生スル所ノ水ハ鐘ノ内面

化學教

ニ附着シ終ニ滴下スルニ至ル
又強キ罎ヲ取リ之ヲ三分シテ其二分ニ水素ヲ充タシ殘リノ一分ニ酸素ヲ入レ其破裂ヲ防ガンガ爲メ豫メ綿布ヲ以テ罎ヲ卷キ以テ之ニ點火スレハ烈シク爆鳴シテ相化合シ水ヲ搆成スベシ

以テ皆不純粹ナリ
ハザルベカラズ而
アリト雖𪜈通常十
)ハ銅製ノ蒸餾罐ニ
罐中ニ水ヲ盛リ頸

3　明治後期の化学の教科書（『化学教科書　尋常中学校・尋常師範学校』1889 年）　水素を燃焼して水を生じさせる実験。

自由民権運動は教育運動改革でもあった

自由民権運動といえば、秩父《ちちぶ》事件に代表されるように、郡役所や高利貸し、警察署の襲撃という、実力闘争をともなった革命運動の面だけが強調されているきらいがある。ところが、自由民権運動（図1）というのは若者を中心とした一大教育運動でもあったのである。

一八七二（明治五）年に公布された「学制」では、男女の区別なく就学することが奨励された。しかし、政府は中学校を特権的な学校として考えていたこともあり、明治一〇年代を通して、中等教育は上層階級のための学校として制度化されつつあった。

このような政府の動きとは別に、地方社会においては、若者たちを中心とした教育に対する活発な運動が各地で起こった。

教育は、何も学校教育に限られる営みではない。民衆の教育運動はいろいろなところで展開されていた。少し後に、たとえば農民は、小作争議を闘う傍ら、農民自身や子どもたちのための学校を建て自分たちで運営してきた。労働争議の過程でも、労働学校が開かれてきたという伝統がある。

そこでは、資本家と労働者の関係、地主と小作人の関係などの社会主義的な思想教育にも取り組んでいた。今から考えれば、観念的な階級闘争至上主義的であったが、時代の要請としてはやむを得ない教育内容であった。

1　不許演説入管内（『団々珍聞』一八七九年）　自由民権派の集会等の活動に対して、兵庫県令である森岡昌純がとった措置への風刺画。扁額には「懸安寺」とあり、落款は「妨害」となっている。

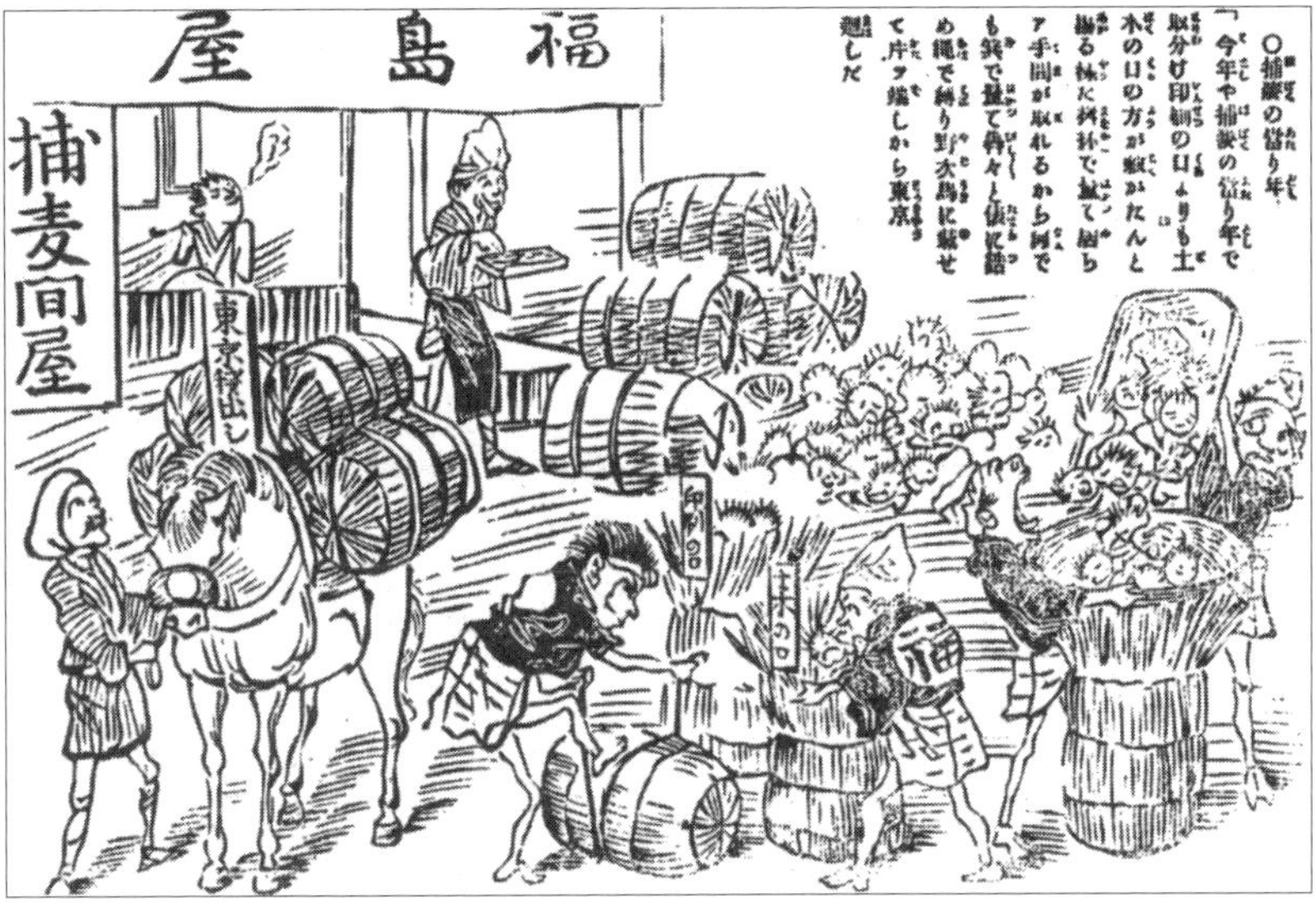

2　福島事件の風刺漫画（『団々珍聞』）　右上には「捕縛の当り年」との見出しに続いて「今年や捕縛の当り年で／取分け印刷の口よりも土木の口の方が敷がたんと／揚るようだ桝杯で量て居りぁ手間が取れるから／何でも箕で量てびしびしと俵に詰め縄で縛り／野次馬に載せて片っ端しから東京廻しだ」と書かれている。

一八七八（明治一一）年の「愛国社再興趣意書」では、「夫れ人相会して、時事を討論し、意見を交換するが如きは、智力を研磨するの実学にして、其功益測る可からざるものあり」と主張していた。今日でいうディベート（ある議題について肯定と否定の両方の立場に分かれて行う討論）を中心とした教育である。

このような教育は、私塾的な組織であり、年長の者が後進の指導にあたった。

一八七四（明治七）年、板垣退助らは高知に立志社を結成し、同時に立志学舎を設立している。運営費は、生徒から徴収した授業料だけではなく、立志社から毎月三〇〇円という高額の補助があった。それだけ教育に賭ける熱意が強かったのである。

「立志社設立之趣意書」には、次のようにある。「夫れ我輩斉しく我日本帝国の人民たり、則ち三千有余万人の民尽く同等にして、貴賤尊卑の別なく、当に其の一定の権利を享受し、以って生命を保ち、自主を保ち、職業を勉め、福祉を長じ、不羈独立の人民たるべき事、昭々乎として明白なり」。

この学舎は藩校を借りて行われ、当初は漢学・洋学・数学を教えていた。また、馬五頭を飼って、洋式馬術を学んだ。一八七六（明治九）年に学舎を旧板垣退助の屋敷に移し、加えて慶応義塾の卒業生二人を招聘して英語教育も行うようになった。学舎は自由・平等・自主独立の精神にあふれていたという。

また「現今の如き注入的ならず、生徒相互の研究に重きを置き、疑問の点に就いてのみ教師の解説を求めしむることとし、自由主義に即して理解力を高むるの方法」を採っていた（『片岡健吉先生伝』）。

立志社からは、自由民権運動に従事した俊才を多く輩出していることから、世間ではこの立志社を「関西の慶応義塾」と呼んで賞賛した（同前）。

河野広中《こうのひろなか》らが福島県石川町に創設した石陽社も、結社と同時に石陽館を設立して、若者のための学習運動を展開した（**図2・3**）。石陽社は、組織の中心が豪農・豪商であった関係から、豪農民権という性格が色濃かった。先の立志社は、出発当初は旧藩主から設立資金を借りていたように、どちらかというと士族的民権運動の側面があった。

石陽館は、福島県の農山村に次々に生まれていく学習塾の第一号であった。「石陽社社則」には「財産の多少を問はず、本社に入るを許すべし。又入社の上は尊卑の別なく同等の権利を有す」とある。

石陽館では、自由原論・民約論・代議政体論・英国文明史・仏国革命史・万国政体論など二一科目の学習が行われていた。塾生は「学員」と呼ばれ、無月謝であった。教師も無料奉仕だった。塾の経費は有志からのカンパで賄われていた（『福島自由民権運動史』）。

このような私塾的教育運動は、あまり長続きはしなかった。明治政府の日常的な監視やスパイ活動によって、次第に圧迫されていったからである（**図4**）。自由民権運動そのものが大弾圧をうけて組織が壊滅的な打撃をうけると、塾の存続そのものが立ち行かなくなり、多くの塾生は、教育運動ではなく実戦運動に飛び込んでいったのである。しかし、このような教育運動が、各地で展開されたことを忘れてはならない。そのために家屋敷をすべてなくした、という民権家も珍しくなかったのである。

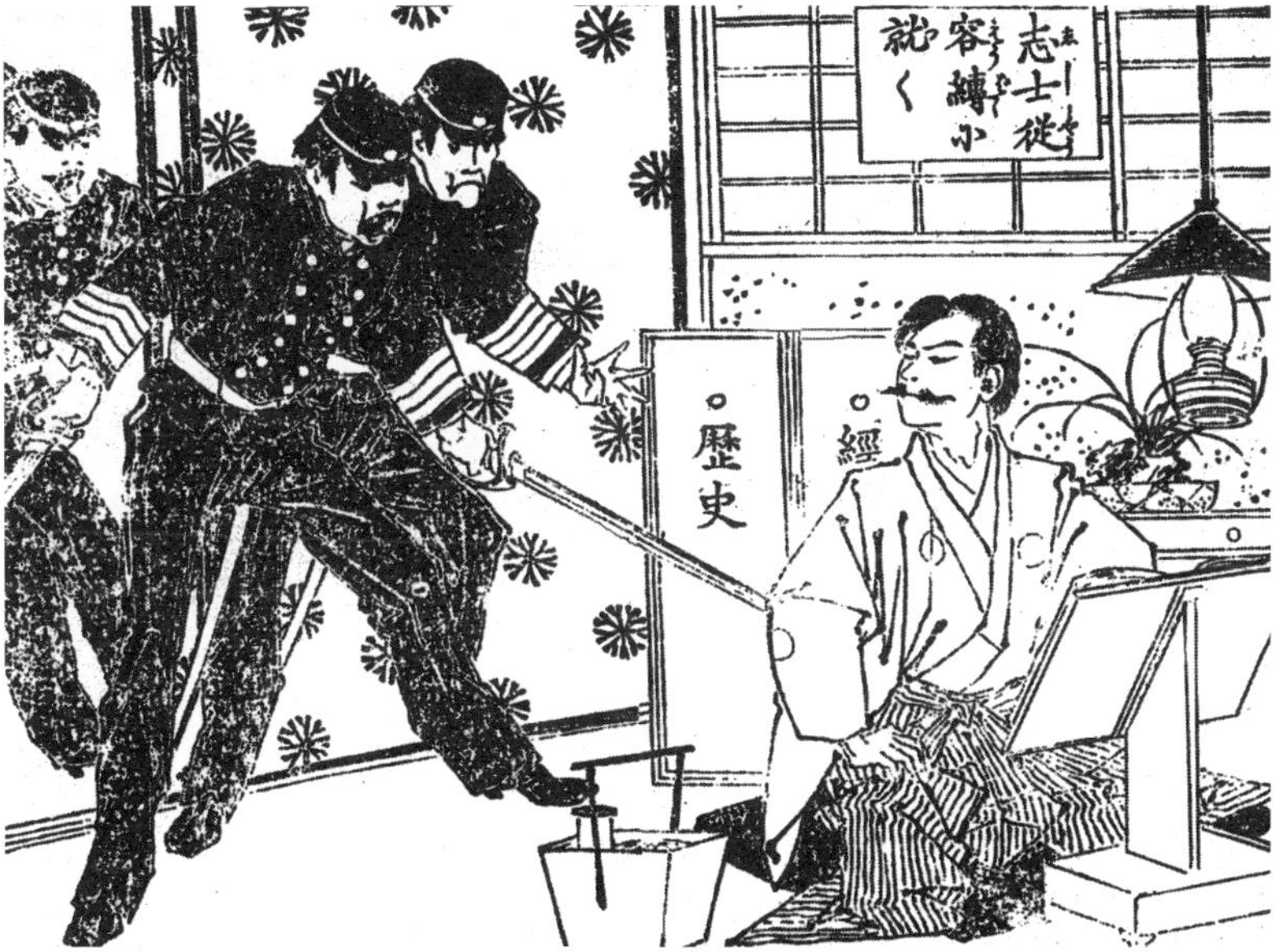

3　福島無名館で警官に逮捕される河野広中（『絵入自由新聞』1882 年）

4　官憲に拉致される民権壮士（『花間鶯』末広鉄腸画）

日露戦争によって軍に組み込まれた義務教育

農村調査で各地を歩いていて、寺や神社や墓地を訪ねると、日露戦争の戦死者の供養塔と戦利品の献納碑が、残されているところが多いが、日清戦争の戦死者の供養塔はまれにしか見る機会はない。

日露戦争の戦利品献納碑は、たいていの場合、村の神社に残されている。長さ三〇センチくらいある大砲の弾と、その半分くらいの大きさの大砲の弾が献納されたことを示す記念碑である。現物の大砲の弾は赤さびているが、中には石で弾を模した物が置かれているところも珍しくない。聞けば、太平洋戦争のときに貴重な鉄製品だからと供出してしまい、最近になって大砲の弾の形に石を作り直したというのである。

日露戦争は、朝鮮や満州の支配を巡る戦争だが、この戦争についての文献や資料は、おびただしく残されている。日本はこの戦争にたまたま勝ってしまったから、後々に災いの種を残すことになった。負けた側は、「なぜ負けたのか」という反省をするものだが、勝ってしまった日本は天狗になり、「反省」とか「自己批判」をせず、軍の装備や作戦に関しても「これでいいのだ」と押し通し、太平洋戦争で悲惨な結果を招いたのは、よく知られている。

太平洋戦争のとき、アメリカ軍は、日本の作戦をほぼ予想できていたといわれる。日本は負けても負けても同じ戦法で攻撃をしかけてきたから、次にどう出てくるか予測がついたというのである。当時は偏差値という言葉はなかったが、偏差値秀才は、臨機応変に作戦が立てられないのである。この点は、今日のわが国の閉塞状況をみればいい。前例主義に拘泥して臨機応変な政策が立てられないから、こんな状況のままなのである。

日露戦争は、日清戦争の時の三倍の戦死者が出た。これは人間の命を何とも思わない人命軽視の思想が日本軍の中に脈々と流れていることを示している（**図1**）。乃木希典《のぎまれすけ》を司令官として、旅順《りょじゅん》攻撃では、第三軍の三次にわたる総攻撃で、日本側は五万九〇〇〇人余の死傷者を出し、一九〇五年一月にやっと占領できたのであった。

1　街頭での千人結い（『風俗画報』1905年）　武運長久、弾除けを祈願して兵士たちに渡される千人結（千人針）。日露戦争のころに定着したといわれている。

日清戦争には戦時動員という事情もあり、およそ二四万人、日露戦争には日清戦争のときの四・五倍の一〇九万人が動員されている。この数字からもわかるように、日露戦争の時の戦死者供養塔が多いのは、それだけたくさんの人間が死んでいるからである。

日露戦争時、軍の内部では兵士の質の低下が問題となった。花柳病や、結核感染者、トラホームに罹っている若者のほか、戦闘意欲のない兵士が目立つようになり、兵士の低学力問題も明らかになってきたのである。その打開策として、義務教育を終了した青年を訓練・教育する機関として、青年団を軍や内務省が指導権を持って組織するようになった。義務教育と軍事教育の連動を図ったこの組織は、後の青年訓練所となり、義務教育とされるようになった青年学校へと発展していくのである。こうして男たちは、義務教育・青年教育・軍事教育と、一生涯、戦争体制に繰り入れられることとなったのである。

また、除隊した人たちを中心に組織されていた「尚武会」とか、「尚兵会」などと名乗って活動していた全国各地の在郷軍人組織も、全国単一の組織に再編された。在郷軍人会の再編は一九一〇（明治四三）年に開始された。

第9章 庶民運動・マスメディアの探訪

厳しい弾圧を受けた社会運動

現在では、労働組合は珍しい存在ではないが、明治時代、少数の人たちによって始められた運動だった。日本の労働運動は、日清・日露といった大戦後に高揚期を迎えるのだが、戦争をきっかけとして資本主義経済が急激な発達を遂げたからである。日清戦争後には産業革命あり、巨大工場が出現するようになった。日露戦争後には、銀行などの独占資本が成長し、第一次世界大戦後には、その基盤が確立した。産業革命が進めば、必然的に工場で働く労働者も増大することになる。

戦前、労働運動や社会運動の弾圧はすさまじかった（**図1・2**）。一九〇〇（明治三三）年に制定された治安警察法は、それまでにあった集会条例や保安条例、集会および結社法を集大成した法律で、戦後になってやっと廃止された。労働組合のストライキ権・団結権の禁止条項は一九二六（大正一五）年に削除されている。

労働組合や社会運動の機関紙だけではなく、一般の新聞や出版物に対しても、頻繁に発売禁止処分が実施された。天皇制や風俗関係の記述では、とくに発売禁止処分が激しかった。そのために、文章を発表するには細心の注意が必要で、事前に内閲を受けたり、自主規制して発禁処分に該当するような部分の伏字、削除などの措置をとらなければならなかった。

警察犯処罰令、違警罪即決令、行政執行法、暴力行為取締法などの法令も、社会運動の取り締まりに猛威をふるった。たとえば、行政執行法第一条は、次のような内容であった。

「当該行政官庁は泥酔者、瘋癲《ふうてん》者、自殺を企つる其の他救護を要すと認むる者に対し必要なる検束を加へ戎器、凶器其の他危険の虞《おそれ》ある物件の仮領置を為すことを得暴行、闘争其の他公安を害するの虞あるものに対し之を予防する為必要なるとき亦同じ前項の検束は翌日の日没後に至ることを得す」。

1　言論弾圧の最中（ビゴー画、1888年）　各新聞社の記者が官憲から口をふさがれている。

2　弁士を拘束する警官（『絵入自由新聞』）　聴衆から土瓶などが投げ込まれている。

　これは警官の判断だけで執行されたから、とにかく乱用された。とくに労働者のストライキを禁止した治安警察法第一七条の廃止（一九二六年）以後は、さかんに乱用された。労働争議やストライキの指導者は、「公安を害するの虞あるもの」であるとして、すぐに検束されてしまったのである。「公安を害するの虞あるもの」という理由は、社会運動の弾圧には現在でも利用されている。この法令の執行にあたっては、ほとんど理由が明示されなかったのである。それに、「検束は翌日の日没後に至ること」を禁じているが、実際には一度釈放して、その場で再び検束してしまうという違法行為が繰り返された。

　これらの法律は、主に労働運動や社会運動の指導者や幹部だけに適用されていたものであるが、もっと根本的な問題は、権力による思想統制にあった。人間にものを考えなくさせることに、戦前の権力機関は異常なまでの精力を注いだ。

労働運動や社会運動が高揚してくると、すぐに言われるようになったのが「国民思想の退廃」という言い方である。問題となったのは共産主義だけではなく、社会主義、自由主義、平和主義、キリスト教、その他の宗教教団までもが、権力から非難されたのである。

それでも、悲惨な労働者状態を何とかしようという人たちはいた。一八九七（明治三〇）年四月、二九歳の高野房太郎は工業協会の総会で「米国における職工の勢力」について演説し、「職工諸君に寄す」（二九二頁参照）という文書を配布、労働組合の結成を呼びかけたのである。文書は「労働は神聖にして結合は勢力なり」で始まっていた。当時は、何も資産を持たず、自分の身体だけが資本の労働者は、世の中からは被賤視されていたため、「労働は神聖」という表現になったのである。この表現は、かなり後にまで使用されていた。

高野房太郎は、その後も労働組合の宣伝を続け、同年七月五日、労働組合期成会を結成した。これは労働組合というわけではなく、労働組合を結成しようという宣伝啓発組織であった。同年一二月一日、東京砲兵工廠、石川島造船所、日本鉄道会社大宮工場、福島工場、仙台工場、青森工場などの熟練工を中心にした「鉄工組合」を組織することに成功したのである。一九〇一（明治三四）年四月に開かれた「労働者大懇親会」は、この労働組合期成会が協力して開かれたものである。

鉄工組合の結成式と同日に「労働世界」という機関紙も創刊された。編集部長は片山潜である。鉄工組合は労使協調を基本として、消費組合の設立をさかんに行った。最盛時には三〇〇〇人を超える組合員がいたが、一九〇〇（明治三三）年に制定された治安警察法によって、大打撃を受けた。片山潜は、その後「社会主義研究会」を作ったが、同研究会は一九〇〇年には「社会主義協会」と改組している。

渡良瀬遊水池に沈んだ谷中村の抵抗の記録

田中正造とか足尾鉱毒事件というと、強制破壊されて滅亡した栃木県旧谷中村を忘れてはならない。栃木県藤岡町の東側には、現在では野鳥や野生動物の貴重な生息地となっている巨大な渡良瀬遊水池がある。この遊水池の中に、旧谷中村の跡がある。遊水池入口の北側に、旧谷中村の中にあった庚申塔や道祖神、馬頭観音などの石造物を一括して保存している区画がある。

一九〇七（明治四〇）年六月に、谷中村に残っていた村民の家屋を強制破壊（図1〜3）したときや、それ以前に村から退去した人たちが、村内にあった石造物を集めたのである。旧谷中村の中には、四八〇年続いていた旧家もあった。

旧谷中村の周辺は、承平・天慶の乱として知られている平将門の乱に関係があるという伝承を持つ文化財や館跡などが点在している。そのような歴史的背景があるからと思われるが、石造物の中にはかなり古い物もある。一部の人たちの墓石や道祖神などの石造物は、旧谷中村跡に入っても残されている。家々は強制破壊されて跡形もなくなったが、村役場跡などが残されている。

旧谷中村の家々が強制破壊されたときに、足尾鉱毒問題を世間の耳目を集める事件として取り上げさせた田中正造が立ち会っていた。正造は、村の破壊にやってきた官憲に向かって次のような発言をしている。

東京朝日新聞の一九〇七（明治四〇）年六月三〇日付の紙面は「強制破壊の第一日　二八日古河特派員発谷中村の滅亡――田中翁の咆哮人生悲惨の極――村民の意沮む」との見出しで、次のように旧谷中村の強制破壊を伝えた（句読点は筆者が加えた）。

「居宅とは名許りにて、麦藁屋根の古屋なり。黒木綿の袷に毛襦子の袴をつけ、腰には矢立と毛糸の大黒頭巾を挟み、足袋跣足の伬扇片手に握り締め、厳然として立てるは言わずして、是れ田中翁なるを知る。周囲には二、三〇名の村民集り、早中津川保安課長破壊の通告を終り、人夫等が今将に家財道具を畠中に搬出せんとする時なり。

余等の着するを見るや翁は、『聞いて下さい。堤防を毀すも法律だ。堤の石を盗むも法律だ。樋門の口を釘付けにして三〇〇町歩の麦を取らせなかったのも法律だ。今復家を毀すのも法律だ。皆法律の活動だといって一人の人間が命令の下に働いて居るのでがす。法律は知らないけれども、畜生でなければできない仕事だ。人間には出来ない事だ。此奴は憎い。恨みがある。夫でヂット忍んで居るのに家を毀す時に迄、此奴をつかふのは喧嘩仕掛でがす』。眼を怒らし地団駄踏みて扇を振りつつ怒号して止まず。

傍に在りし巡査微笑するや翁は見咎めて、『笑ふとは何だ。人の家を毀されるのが何で可笑しいのか。人の憂ひを喜ぶとは何事だ。毀されるものの身にも為って見ろ』と総髪の頭を突き出し喰ってかかりしかば、巡査も可笑しく、猫の如く立ち去りて事なきを得たり（中略）。

翁は四部長等に向かひ、自分は此処に寄留し居るを以って、情に於て忍びざる所なり。故に少しく訴ふる事ありとて『取り毀す人の名前を知りたし』と問ふ。植松第四部長は、県庁の責任にて彼等は只余等の命令により動作するものゆゑ明言するを得ず、と答え此に於ても亦翁は、窃盗強盗を為す人にもあらざるべきを以って是非に聞きたしといひ、部長は責任の帰する所を諄々として説き翁の言に逆はざるに努む」。

そして強制破壊に抵抗をする住民の無念を田中正造は『晩年の日記』（林広吉解題）に次のように記している。

「七月一日は島田熊吉方を破壊す。……

二日は更に人夫数十人を増し、島田政五郎、水野彦一、染宮与三郎の居宅を破壊す。彦一の女リウは『父上在さざれば一指たりとも触れしむべからず』と、稟乎として拒絶し、与三郎の老母某は祖先の家を去るに忍びず、『殺せ々々』と泣き叫びたりき。此夜大に雨降る。

三日は水野常三郎、間明田条次郎、同千彌等の家を破壊せり。間明田条次郎方は村民進退の策源地にして、また参

1　谷中村の強制破壊の様子（『東京朝日新聞』1907年6月30日付）　佐山方家の家財を片づけている。朝日新聞の挿絵だが、その記事には「主人梅吉は口を堅く結びて持ち運び行く荷物をヂッと見遣り六ツなる小娘は今毀される柱に凭りかかりて集まれる人を珍らし気に眺め……」とある。

2　谷中村の強制破壊の様子（『東京朝日新聞』1907年6月30日付）
記事には「斯て人夫は煤けたる箱やら徳利やら戸障子などを運び了り愈家の取毀しに着手し容赦なく麦藁をめくり初めたり……」とある。

3　強制破壊の処分を受けた谷中村の略地図（『東京朝日新聞』1907年6月30日付より）

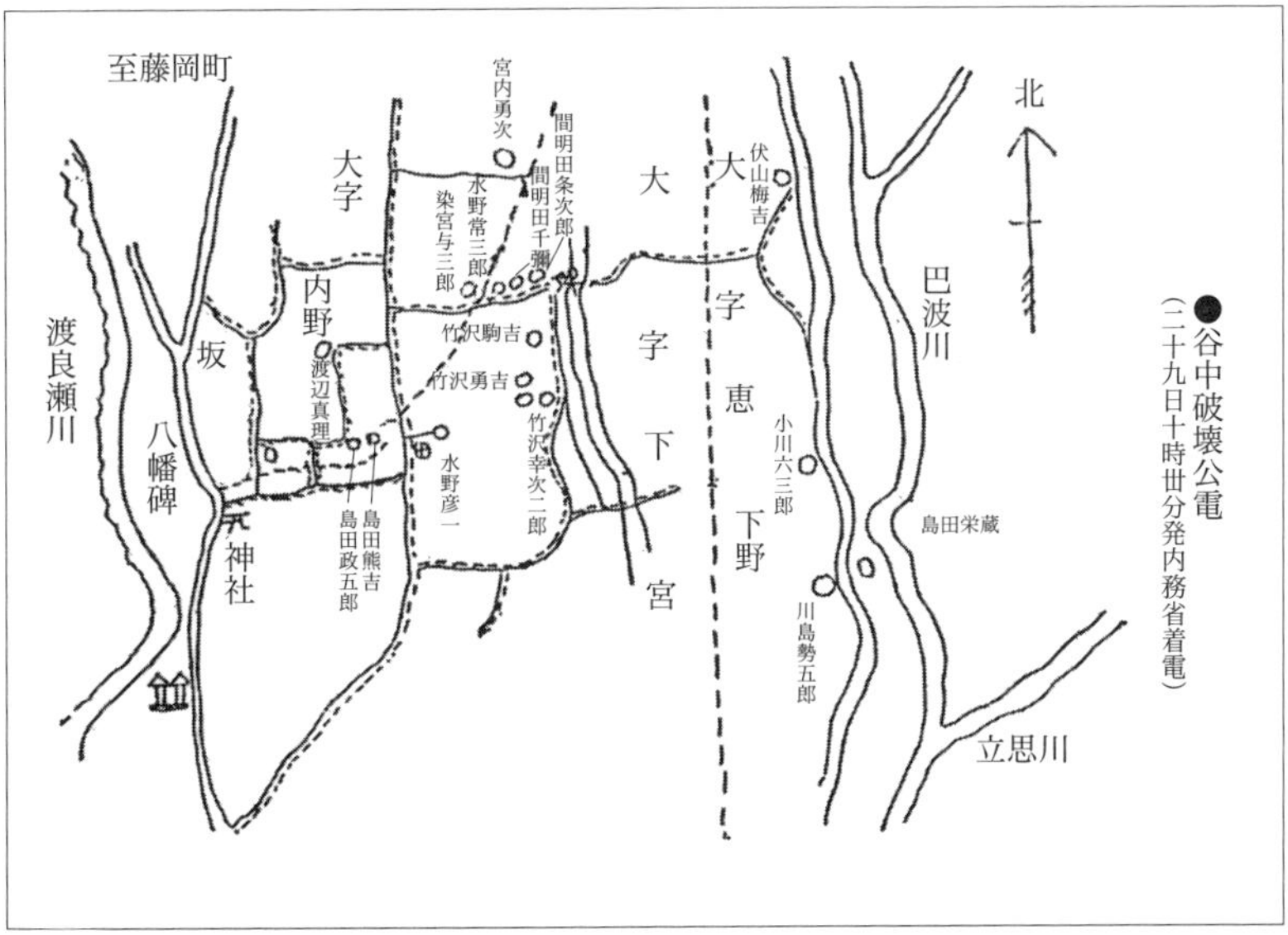

謀本部なりき。されどいと穏かに執行を受け、水野方また無事終了す。独り間明田千彌夫婦は、頑として是れが命に服せず、保安課長に向つて曰く『六月十五日植松第四部長は我等を藤岡町役場に召喚して、汝等を抛り出してもブチ壊すといへり。面白し、余は抛り出さるゝまで立退かざるべし、と辞色ともにはげし。既にして四部長来り、巡査に命じて手取り足取り、千彌夫婦を抛り出せり。（荒畑寒村『谷中村滅亡史』一一五―六一頁）

このようにして四日五日と七日を費して十六戸全部破壊し、百十六名の村民はその夜から小屋をかけて辛じて雨露をしのがなければならなかった。そしてその日以来谷中村の名は日本の地図から消えてなくなってしまったのである」。

渡良瀬遊水池がある所は、遊水池ができる以前は、利根川の支流の渡良瀬川が流れていた。本流は福島県境から発して足尾銅山の下を流れ、群馬県に入ってからは桐生や足利を通って赤麻沼を通り、埼玉県の栗橋で利根川と合流している。この川は、近世から暴れ川として有名だった。現在の茨城県古河市にあった古河城は、洪水で流されたこともある。一九一〇（明治四三）年から利根川の工事に引き続き、渡良瀬川では改修工事が始められている。旧谷中村の強制破壊・移転は、この工事に先立つ出来事だった。

渡良瀬川が利根川に合流する地帯には、巨大な低湿地帯があった。この付近は「九曲がり」といわれるように、複雑な屈曲をしながら利根川に合流していた。洪水の時には利根川の流れに押されて、渡良瀬川の流れは押し戻されるような形になり、利根川との合流点付近は洪水のたびに大きな被害をこうむっていたのである。

ここに三八〇〇町歩という巨大な遊水池を作るという計画が立てられて、利根川の水量を調節しようとしたのであった。遊水池の周囲には堤防が築かれ、渡良瀬川の流れは付け替えられて九曲がりもなくなり、沿岸の地域の村々も洪水の被害はなくなったのである。谷中村の村民が、住んでいた所を追われたという犠牲があったからである。渡良瀬川の上流にあった赤麻沼までは、東京湾から船で直接乗り入れられた時代もあった。改修工事は、一九二六（大正一五）年にはだいたい完成した。

現在も続いている足尾銅山鉱毒問題

明治時代を代表する鉱毒事件といえば、足尾鉱毒事件（図1～5）であろう。この事件は、現在の栃木県佐野市出身の田中正造が、天皇に直訴し、大きく取り扱われることとなった。また幸徳秋水などの社会主義者との関係も確認されているから、有名な事件となった。

田中正造は佐野市内の名主《なぬし》の家に生まれている。生家は現在も残っていて、室内を見学することもできる。名主といっても、それほど大きな家ではない。自由民権運動に関係して入獄し、代議士となってから足尾鉱毒問題に一生を捧げた。この田中正造の生家の近くには、長吏《ちょうり》系の被差別部落と少戸数の非人系部落がある。

ほとんど知られていないが、明治という時代にあって田中正造は、生家近くの被差別部落の人たちを自分の家の農作業に従事させて、分け隔てなく扱ったために、他の村民から大変に嫌われたという史料がある。

また一八八〇年代の後半から足尾銅山の鉱毒問題が深刻になったとき、渡良瀬川沿岸の村々に被害調査と運動の支援を訴えて歩いたときにも、被差別部落を差別扱いはしなかった。栃木県足利市内の被差別部落では、何回かS家を訪ねてその家に寝泊りしている。たしかにS家は当時三〇〇〇坪ある屋敷に住んでおり、部落内の大地主であった。こうした田中正造の行為を、「金のある家ばかりをねらって行った」とかの中傷が、地元を中心に今でもささやかれている。実際に田中正造に下心があったにしても、部落に対する差別意識が強くなった明治中・後期という時代に、直接部落に足を運んでいるという事実は、特筆されてよい。

さて、鉱毒事件である。渡良瀬川は魚の種類も多く、川漁だけで生計を立てている漁師がいたが、鉱毒が流されるようになると死の川になってしまった。渡良瀬川に沿って北上すると足尾の街に着く。かっての栄華を偲ばせる建物もいくつか残っているが、さらに進むと、今でも植林をしても木の生えない荒々しい山肌が見られる。精錬所から出

1　有害な廃液を垂れ流す足尾銅山の精錬所（『古河足尾銅山写真帖』1895 年）

2　足尾銅山坑内の劣悪な環境の中で採鉱する坑夫（『古河足尾銅山写真帖』1895 年）

3　溶鉱高炉の外観（『古河足尾銅山写真帖』1895 年）

4　銅山で栄えた往時の足尾町の全景（『古河足尾銅山写真帖』1895年）

5　足尾銅山の鉱夫らが待遇改善を求めて暴動を起こし、鉱山施設などを破壊、放火、軍隊に鎮圧された（『風俗画報』）

る亜硫酸ガスを含んだ排ガスは、付近の山々を裸にしてしまった。木が生えていないから、豪雨のたびに山崩れが起き、汚染された土砂が渡良瀬川に流れ込み、下流の市町村に被害を与えているのである。植林作業は今でも根強く続けられている。

精錬所を臨む各地には、墓地があちこちにある。かなり荒れた墓地ばかりである。それらの墓石に刻まれた文字を見ていると、全国各地から労働者が集まっていたことを知ることができる。戒名の脇に出身地が刻まれている墓石がかなりたくさんあるから、このような場所もぜひ訪ねてほしい。

戦後初期に、自民党員である、群馬県太田市の毛里田地区鉱毒被害根絶期成同盟の会長や役員が、自民党本部に鉱毒問題の解決のために陳情に行った。村々の田圃《たんぼ》では、鉱毒のために戦後になっても稲や麦の育ちが悪くて、鉱毒に関係のない田圃の稲や麦に比べると、株が三分の一くらいの大きさにしか育たなくなった。収穫量は少なくなるし、「このような米を食べ続けているとガンになる」として、鉱毒被害が継続している証拠なのだから、何とかしてほしい、と陳情に赴いたのである。ところが、「今頃鉱毒問題だと。いいかげんにしろ、バカヤロウ」と怒鳴られたという逸話がある。怒鳴ったのは山梨県選出の代議士で、後に汚職で代議士を辞めさせられた男である。

鉱毒被害根絶期成同盟の人たちは怒って、地元で粘り強く運動を展開して、後に大きな石碑を建てて、事の経過を記録したのである。その碑には、鉱毒の被害は史実として後世に伝えなければならない。しかし鉱毒被害は後世に伝えるべきではない、という決意が刻まれている。

今日では、栃木県佐野市には市立郷土資料館があり、その資料館から北に数キロの所に田中正造の生家が残っている。田中正造に縁《ゆかり》のある神社とか墓石などは栃木県内だけでなく群馬県内にも各地にある。

しかし、事件や問題が博物館や資料館、記念館に入ってしまうと、人はもう問題は解決したかのような印象を受け、それから先に思考が及ばないという傾向がある。群馬県太田市毛里田地区だけに限らず、渡良瀬川によって運ばれて、土壌に蓄積された銅などの鉱毒は、今なお沿岸住民に被害をもたらしているのである。

眠る秩父谷の農民蜂起の資料

「東京から来る学者先生とか物書きというのは、本当にバカだね。『秩父事件を知ってますか』というから、『秩父事件っていうのは知らねえなあ、何のことだい』って返事しとくと、『今では地元の秩父でも、事件を知る人はいない』だの、『事件の記憶は風化した』なんて書くんだからなあ。俺らあね、先祖のやったことは忘れやしねえよ」。

こんな話を親しい秩父谷の友人たちからよく聞く。歴史書や社会運動史関係の文献では有名な話だが、一八八四（明治一七）年、埼玉県秩父地方を中心に、負債の減免などを求めて、困民党と一部の自由党員の主導のもとに数千人の農民が蜂起した事件が、秩父事件である（**図1**）。だが、地元に古くから暮らす人たちは、秩父事件という呼び名で大騒動の記憶を語り継いではこなかった。

地元に暮らす人たちは、秩父地域のことは「秩父谷」という。秩父は、農民蜂起があった当時、郡役所とか警察署、高利貸しなどが住んでいた町を中心にして、東には秩父の象徴である武甲山が聳《そび》え、西には荒川が北上して流れている。この荒川を境にして、秩父谷の経済構造は大きく異なっているのである。

秩父谷は、閉鎖的な地域である。長野県や山梨県に行くと、新しく引っ越してきた人のことを「来《き》たり者《もん》」というが、秩父谷でも同じような表現をする。だから、同じ地域に住んでいても、村の付き合いで酒くらいは一緒に飲むが、昔から住んでいる人は、「来たり者」に昔話などは一切話さない。明治一七年の大騒動で、監獄に入ったという人の末裔は数え切れないほどにいるから、関係資料はないわけではなく、それぞれの人の「蔵」の中にごっそりあるのが実情なのである。このような話も「来たり者」には一切話さない。だから東京から偉い学者先生や物書きが秩父谷へ来ても、適当に相手してお帰り願うのである。

秩父事件関係資料は、当時の事件に連座した当事者の末裔の人たちの間に秘蔵されてきただけでなく、事件に関係しなかったわずかな人たちに預けられたりして残されたのである。一揆など村にとって火急存亡の際には、わざと事に連座しない家を二軒とか三軒残すのである。資料が預けられたのは、このような家である。そして事件のほとぼりが冷めたら、関係資料は元の人のところに少しずつ戻すのである。

警察に家宅捜索をされないよう、事件に関係ない家を複数残すのである。一軒だけだと逆に怪しまれたり、その家にプレッシャーがかかるからである。村の英知といえようか。

また、社会運動史研究では、関係者を訪ねたときに「何か資料を持っていませんか」という聞き方をするが、これではダメである。調査の対象となる事件や事象について、およその経過や内容がわかっていたら、「裁判記録はありませんか」とか、「古い写真はお持ちじゃないですか」とか「大会記録とか古い新聞などは持っていませんか」と、具体的に聞いたほうがよい。

研究とは無縁の人たちは、自分の持っている文書や記録について、どのような意味があるのかなどは、深くわからない場合が多い。ただ「ご先祖様が残した貴重な物」という意識があるから、そのような所有者のプライドを傷つけないように資料探しは行われる必要がある。

1　秩父事件の新聞報道（『土陽新聞』1884年）

秩父事件の場合には、秩父谷の農民は、農民を苦しめる高利貸しや高利貸しを援護する警察や裁判所、郡役所などの権力機関が、自分たちの味方ではないことを学んでいた。秩父谷の農民は、本当の世直しを目指したのであった。しかし、世間の多くは農民を「暴徒」などと遠ざけて、事件の本質をまったく理解しようとしなかった。このために、関係資料はまだ秩父谷の奥深くに多数眠ったままなのである。

女性労働者の悲哀

明治時代の日本を語るとき、必ず耳にするのが「女工哀史」という言葉である。ちなみに当時は、紡績業と製糸業では「工女」と「女工」と呼び方も違っていたが、ここでは「女工」で統一する。

一九七〇年頃までは、全国各地に製糸工場（図1〜3）があり、多数の女性労働者が働いていた。工場の近くには、女工墓とか工女墓といわれる墓地がある。多くは寺の墓地にあるが、寺の墓地ではなく畑や山の脇の無縁墓地にある場合もある。有名な群馬県富岡製糸場（図1）は、工場の近くの寺に墓がある。

営業を開始した最初の頃は、女性労働者も旧士族の娘ばかりが募集されたせいか、それぞれ独立した墓石に亡くなった女性の名前が刻まれている。ところが、労働者の構成が変わって、広く農山漁村から女性労働者が働きに来るようになった明治中・後期になると、合葬形式の墓碑になっていく。それでもまだ、名前が刻まれただけ、少しマシであったか。

製糸工場の労働者が亡くなる大きな理由は、結核である。結核は別名が栄養失調病である。戦前には不治の病といわれたが、戦後になると人々の栄養状態がよくなり、姿を消した病気である。製糸工場で出される食事は、とにかく栄養などという問題はまったく考えられていなかった。

戦前の貧困家庭の食事は、「菜っ葉とお新香」が代表的であった。お新香というのは大根の漬物、菜っ葉というのは、白菜とか大根の葉の漬物のことである。食事といってもこれだけで食べる。魚とか肉はまれにしかつかない。

このような貧しい食事内容は一般社会だけでなく、製糸工場でも同じ食事内容であった。毎日、低賃金・長時間労働だったから、疲労もかなりのものがあった。それに加えて貧しい食事である。だから栄養失調から結核になる者が多発したのである。このような結核患者がでると、工場経営者側はすぐに実家に知らせて、引き取りに来させた。映

1　富岡製糸工場（明治期の錦絵）

画『野麦峠』に描かれているのは、ほぼ事実である。

ちなみに、明治時代の中・後期に各地の農山漁村で結核患者が流行した主な理由は、製糸工場に行っていた女性が、結核菌を村々に持ち込んだからである。各地の村の住民も、豊かな栄養を採っていたわけではないから、結核が流行したのである。

女工になることが忌避されなかったのは、かっての社会では女性が働くのは当たり前だったからである。中世の昔から行商は女性の専業といってもいいし、明治の時代でも重い荷物を持って、一日に二〇キロくらいは平気で歩いた。

工場での事故でも、多くの女工が亡くなった。明治の女性は、緑の黒髪をしていた。長い髪を姉さん被りで覆って仕事をしていたが、回転する動力に髪の毛が引っかかって首吊り状態になったり、頭の皮膚まで大きく剥げてしまった大事故もよく起きている。

日清戦争後になると、労働者保護という問題が浮上してきた。しかし、渋沢栄一や住友財閥の広瀬宰《さい》平《へい》などは、労働者保護のための工場法制定には反対

2　金沢の製糸工場俯瞰（西尾慶治画、明治期の錦絵）

3　金沢の製糸工場の内部（西尾慶治画、明治期の錦絵）

した。日本では労使双方が温情的な労働条件で働いているから、そのような法律は必要ない、との理由である。

政府は基礎資料を得るために、当時の労働者状態を調査し、『職工事情』がまとめられた。この記録は一九〇三（明治三六）年に出ている。紡績・生糸・織物・鉄工などの職種の労働者状態が触れられているほか、第四・第五巻では女工などからの聞き取り、警察記録、新聞記事が載せられている。これを読むと、当時の労働者の状態は温情的関係どころの話ではなく、奴隷といっていい状態だった。この中で、とくに唖然とさせられるのは、零細工場が多かった織物工場の女工虐待である。経営者には、人権などという考え方はなかった。

有名な女工虐待事件としては、現在の埼玉県旧大宮市の金子初五郎にかかる事件がある。東京控訴院の判決では、虐待の事実を次のように断罪した。かなりおぞましい事件であった。

「被告初五郎は其邸内に二棟の工場を有し工女二十七八名を使役し機業に従事するものにして、工場の周囲には堅牢なる柵を設け、表門及び裏木戸は昼夜の別なく常に之を閉し、少しも工女の外出を許さず。又外部より工場の模様を窺ふことを得ざらしめ、工女を使役する極めて過酷にして日々その織るべき過度の定尺を課し、定尺を織る能はざる工女に対しては、夜間深厚に至るも強いて就業せしめ、かつ或は其食を減じ、或は全く其の食を塀去し、或はその衣服を塀去し、或は寒中裸体となして殴打し、若くは冷水を注ぎ、或は制縛して殴打する等すこぶる過酷を極めたるものにして、明治三十三年以後自宅に於て左の行為をなしたり」。

このような虐待のほか、女工を裸にして「寒中邸内を引廻」したり、「裸体となし股より肩にかけて之を縛し居宅鴨居に釣上げ置きて殴打」した事例を二〇件も記録している。これが一〇〇年前の労働者の姿の一端である。

日本最初の労働組合の結成

今日では、労働組合がストライキをやる、という行為そのものが珍しくなくなったが、明治時代の社会では、ストライキはそれこそ命がけの行動であった。

ここに掲げている絵（**図1**）は、労働組合のメーデーやデモ行進を描いたものではない。二六新報社という新聞社が、一九〇一（明治三四）年に開いた「労働者大懇親会」の様子である。二六新報社は、当時発行されていた萬朝報のライバル紙である。萬朝報には、明治の社会主義者として有名な幸徳秋水が勤務していた。

さて「労働者大懇親会」であるが、会員を募集したところ、全国から五万人の申し込みがあったという。一年中額に汗して働くばかりの労働者相互の親睦を図る目的で、東京の向島にある白髭神社付近で催された。下町の工場地帯である。

今では「神武天皇祭」といってもかなりの高齢者しか知らない祭日かもしれないが、懇親会が開かれたのは、その祭日の四月三日だった。ちょうど花見の季節である。警察は治安警察法を楯に、参加者を五〇〇〇人に制限した。酒の持ち込みも規制された。当時の遊びであった「豚追い」という余興も禁止されたが、懇親会に参加できなかった人たちによって、行われたらしい。絵の左上にはその様子が描かれている。

治安警察法は、一九〇〇（明治三三）年二月に制定された、労働組合運動や社会運動全般に対する弾圧法である。よく知られているのは、労働組合のストライキを禁止した第一七条であろう。「政事に関する結社」や「政事に関する集会」は警察に届け出ることが義務付けられ、警察は「臨監」と称して、集会に出席できた。その上、警察は、集会での発言者が「安寧秩序を紊す」と判断すると、発言を中止させ、集会の解散を命じる権限を持っていた。ただ、この「安寧秩序」は、警察官個人の考え方に大きく左右されていた。

治安警察法は第五条一項で、「女性は政治結社には参加してはならない」とあり、二項では政談集会への参加を禁止しただけでなく、集会の発起人になることも禁じられていた。女性は一人の人間として認められていなかったのである。

「労働組合期成会」と協力して開かれた懇親会への参加は、先着順であったという。前夜から会場周辺に泊まりこんでいた労働団体もあった。開会は夜中の午前零時五分。新橋鉄道局の人たちを先頭に、続々と各労働団体が入場して、明け方には定員の五〇〇〇人になり、七時に開会を告げる花火が打ち上げられる。主催者のあいさつや労働団体代表の演説は、拡声器で会場の隅々に流された。戦前には恒例行事であった天皇陛下万歳の三唱と、君が代が演奏された。

会場中央には一労働者から身を起し、「鉄鋼王」と呼ばれるようになったアンドリュー・カーネギーの油絵肖像画も飾られていた。入場門は傘の飾り門だった。酒樽も積み上げられていた。

カーネギーは、一八三五年にスコットランドの小農の子として生まれ、一八四八（嘉永元）年、アメリカに渡っている。機械工や電信技手、鉄道員などの職を転々とした。南北戦争をきっかけにして製鉄所や鉱山業を興し、アメリカの鉄鋼業界を支配した（**図2**）。カーネギーホールを設立して文化振興に多大の貢献をしたことでも知られる。カーネギー教育振興基金を設立し、公共事業も多く手がけた。

労働者たちの間では、自分たちもああなりたいと思う者が多かった。そのために、肖像画が掲示されたのであろう。毎日毎日同じことを繰り返すのが労働者の生活である。カーネギーが崇拝されるのは当然である。

懇親会は、「豚追い」が始まるとその後は大混乱だったらしい。絵の下段に描かれている「散会後の大椿事」が、その模様を伝えている。傘の飾り門は破られ、カーネギーの肖像画も破壊されたらしい。傾きかけている屋根の建物は売店らしいが、これも破壊された。懇親会は暴動騒ぎになった。この懇親会を「社会主義協会」が主催したと書いている論文もいくつかみられるが、間違いである。

『日本之下層社会』に描かれているように、製糸工場の女工の低賃金・長時間労働といった悲惨な実態がどこでも

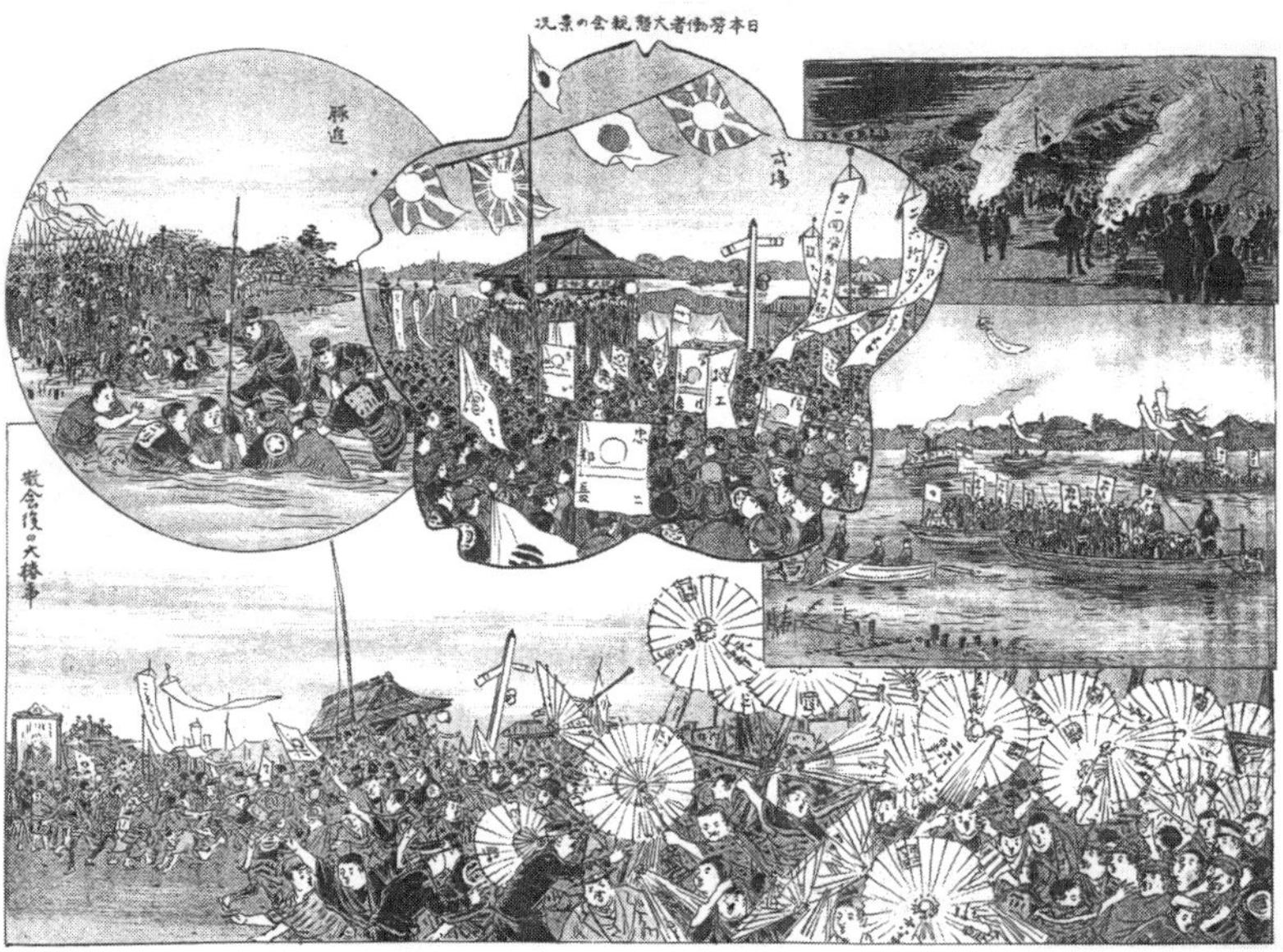

1　「日本労働者大懇親会の景況」（『風俗画報』黒崎修斎画）　図中の下には、「散会後の椿事」として、暴徒と化した五千人ほどが描かれている。

2　アメリカピッツバーグのカーネギー製鉄所（『最近世界地理』1930年）

当たり前だったから、労働者の生活そのものが危機にあることが実感として知られていた。警察が集会参加者を力で押さえつけるのは無理な相談だったのである。この労働者大懇親会が開かれた年の年末、田中正造が足尾鉱毒事件の被害を天皇に直訴した事件も起きている

日本では一八九七（明治三〇）年に日本最初の労働組合である「鉄工組合」が結成されている。日本のストライキ統計が作成されるようになったのも、同じ年からである。この頃には、労働者が一つの大きな社会的勢力になっていた。

職工義友会　高野房太郎『職工諸君に寄す』

来る明治三十二年は実に日本内地開放の時期なり。外国の資本家が、低廉なる我賃銀と怜悧なる我労働者とを利用して、巨万の利を博せんとて我内地に入り来るの時なり。（中略）夫れ労働者なるものは、元来他の人々の如く、其身体の外には生活を立て行くべき資本なき者にて、所謂《いわゆる》腕一本脛一本にて世を暮し行くことなれば、何か災難に出遇て身体自由ならざることとなり、又は老衰して再び働くこと能はざるに至る時は、忽ち生活の道を失ふて路頭に迷ひ、又は一旦死亡するときは跡に残れる妻子は其の日の暮しに苦しまん。其有様は恰も風前の燈火の如くにして、誠に心細き次第なりと謂ふべし。左れば労働者たる人は、古人の所謂易きにありて難きに備へよとの教を守り其身体の強健なる内に他日の不幸に備ゆるの道を設けでは、人たるの道、夫たり親たるの道に背くも計り難し。実に諸君の熟考を要する所なり。（中略）既に前には外敵の攻め来り内には甚だしき弊害ある今日に於て、同業相争ふ如き事を止め、大挙事に従ふの必要火を睹《み》るより明かなり。諸君にして堅く集まりて散ぜず、社会進化の大勢と伴ひて、内健全なる思想を養ひ、外着実なる行動をなし、以て外人に対し、無情の雇主に対し、将た又弊風の矯正に務めんか、世間諸君の意の如くならざる者幾何《いくばく》かあるべきや。況《ま》して労働は神聖にして結合は勢力なり、神聖なる労働に従事する者にして、勢力なる〔ある〕結合を造る。羽毛能く船を沈め得べくんば、諸君の熱血の迸《ほとばし》る所、何事か為し得ざるべき者あるべき。嘗《か》つては亜米利加《アメリカ》に於て十五万人の無資無産の鉄道工夫は、八億余万弗の資本を有する廿四の鉄道会社を相手として三週間汽車の運転を止めしめたることもあり。三万人の小揚人夫は三ヶ月間英国倫敦《ロンドン》市場に食物の欠乏を来さしめたる例しもあり。仮令短小の時日を以て其目的を達するを得ざる迄も、其為す所は革命党の如く華麗ならざる迄も、其進むや堅く、其守るや強し。遅緩なると共に確実に、穏和なると共に完全に平和の下秩序の内、其目的を達す。諸君の採るべきの手段誠に是れあるのみ。我輩は爰《ここ》に再び諸君に同業組合の組成を勧告する者なり。然らば如何にして同業組合は組織すべきか。

第一　一郡市内同業者七人以上ある職業者集まりて地方同業組合を設くべし。

第二　一郡市内にある種々の同業組合聯合して地方聯合団を設くべし。

第三　全国処々にある地方同業組合聯合して全国同業聯合団を設くべし。

第四　全国処々にある全国同業聯合団を聯合して大日本全盟団を設くべし。

落語は反権力、講談・浪曲は権力追従

維新を過ぎて参勤交代などで江戸に来ていた武士や諸大名の家臣たちが、それぞれの国元に帰ると、東京の人口は百万都市からほぼ半減したといわれる。その後、東京に流れ込んできたのは、薩長土肥の藩閥政府の役人や、いわゆる「一旗組」といわれた功名を求める者や、地租改正などで離農してやむなく東京に出てきた人たちであった。

だから江戸の昔から寄席（図1・4）で話されていた人情話や滑稽話、怪談話といった落語は、地方から出てきた人たちにはまるで外国語を聞くようで、チンプンカンプンだったという。大坂で発達した上方落語（図4）もあるが、江戸で発達した話も数多い。

江戸での落語は、当然、江戸の町名や地名が頻繁に出てくるし、言葉もいわゆる江戸・東京の言葉である。地方から出てきた人たちは、東京言葉がわからなかっただけではなく、自分の住んでいる地域の町名地名のほかは、ほとんど何もわからなかったのであった。こうなると、客に受けるためには、それまでの内容とは違う落語に改変しなくてはならなくなる。一八七九（明治一二）年頃には、苦肉の策として「ステテコ踊り」などという落語も行われた。

改変の結果生まれたのが、いわゆる古典落語である。古典落語というのは、主として江戸時代から伝えられていて、明治時代に内容の完成をみた話をいう。

それ以後に創作された落語は新作落語と呼ばれて一応区別されているが、実際にはその境界はあまりはっきりとはしていない。

落語は、戦国時代、大名に仕えていたお伽衆《とぎしゅう》の話術に遡るともいわれているが、一般的には江戸時代初期、安楽庵策伝が大名などを相手に滑稽話を聞かせたのが始まりといわれている。一七〜一八世紀になると、辻噺、お座敷噺となって大衆化することとなった。

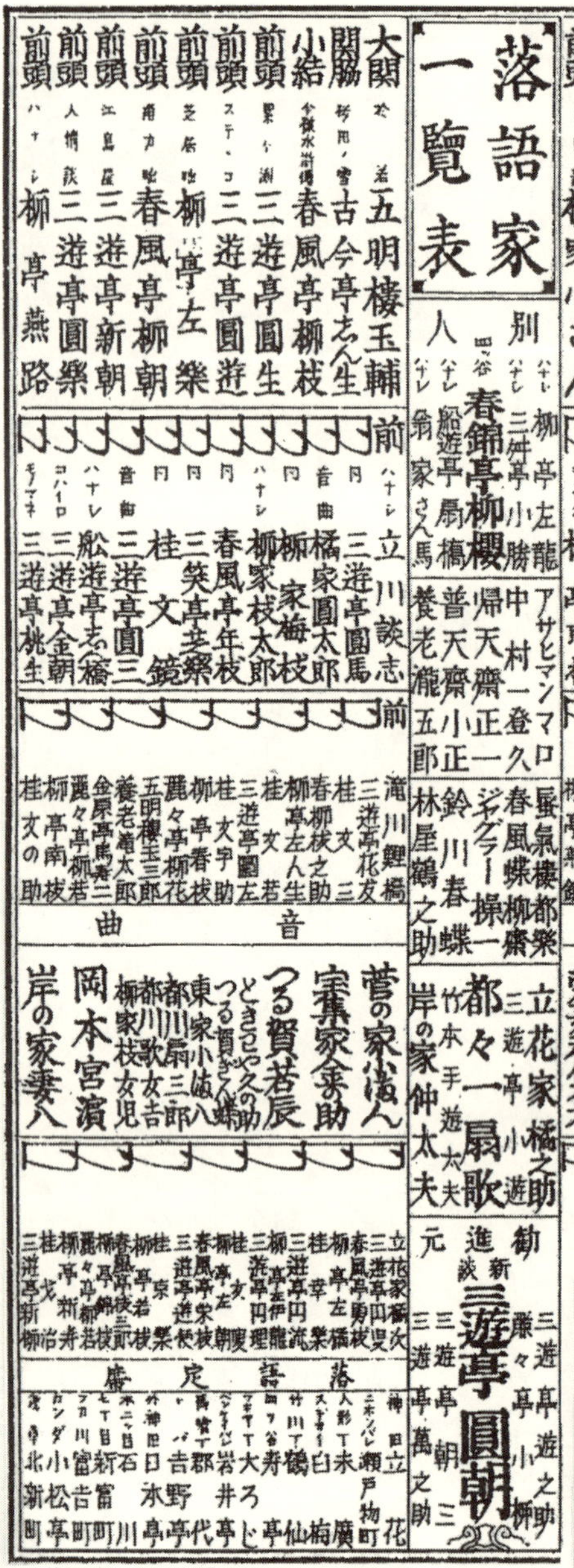
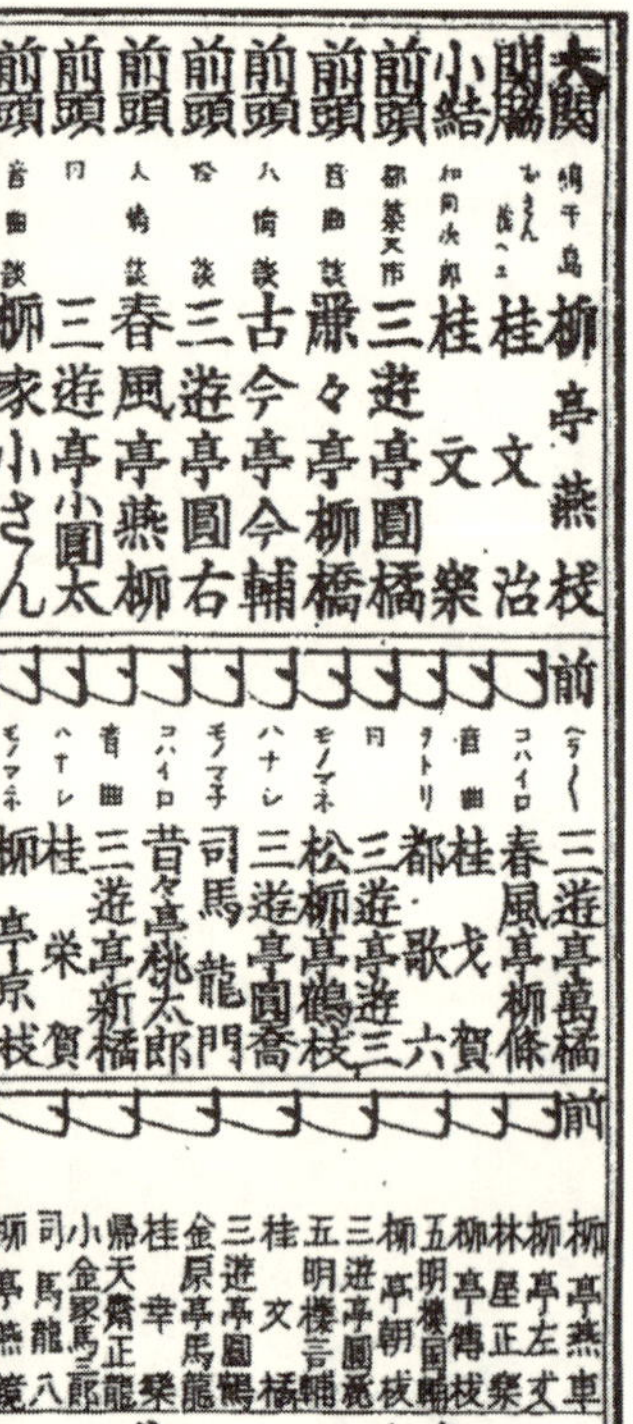

2　落語家一覧表（『番附集』1889 年）

1　江戸の落語（『東京風俗志』）

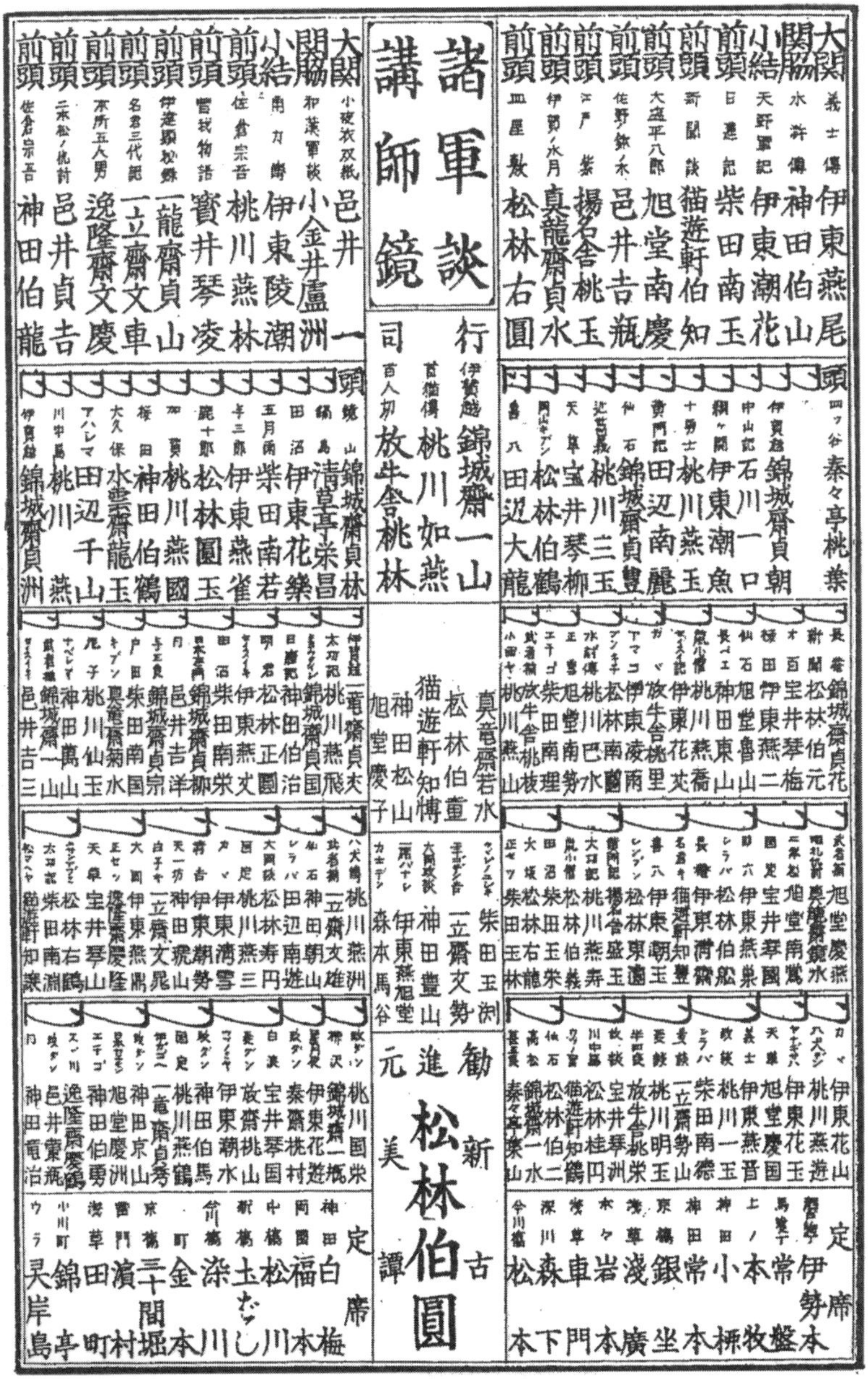

3　諸軍談講師鏡（『番附集』1889 年）

落語の中興の祖といわれている烏亭焉馬《うていえんば》が出現するに及んで、小噺の創作もさかんに行われた。一七九八（寛政一〇）年には江戸の岡本万作、初代三笑亭可楽、大坂では初代の桂文治が寄席興行を開始した。そのために噺の種類も演目も、たいへんに増えたのである。名人といわれる噺家も数多くでた。落語は天保の改革で弾圧されたために、一時かなり衰退した。権威や権力を笑い飛ばすという落語の本質がその理由であった。「風紀を乱す」艶笑落語といわれる噺も多いという側面もあったのだろう。

落語は、たんに噺《はなし》とか咄とも呼ばれることがある。日本独特の話芸である。手拭一本と扇子、といったわずかな小道具だけを持ち、座ったままで話術と身振り、表情だけで話をする。「まくら」といわれる導入部を持っていることでも有名である。歌舞伎役者などは大勢で演じるが、落語家はいつでも一人芸である。今日よく知られている「落語」の文字は、江戸時代中期の史料にも見えるが、当時は落とし噺の当て字として使用されていた。「らくご」と呼ぶようになったのは、明治時代の中期以後である。比較的新しい言葉なのである。

明治時代になると、政府は自分たちの政策を民衆に浸透させるために、芸能を利用した。ところが、落語は基本的に権威や権力を笑い飛ばす性格を持つ芸能だったから、政府お抱えの芸能集団にはなり損ねた。時流に乗ったのは講談と浪曲（図3・5）である。講談は、講釈ともいわれ、落語と同じで寄席芸能の一つである。軍談・世話物・仇討ち物などを得意とした。江戸時代末期から流行していたが、明治時代、政府の政策をわかり易く民衆に広めるという役割を担ったために、浪曲とともに飛躍的な隆盛をみた。とりわけ浪曲は、日露戦争以後に急速に台頭してきた国家主義的な風潮にも乗り、一大飛躍をみたのであった。

一八九七（明治三〇）年の統計によれば、東京には定席の寄席は一五三（『東京風俗志 下の巻』）あった。神田区の二二を最多として、芝区一七、日本橋区・浅草区・本所区にそれぞれ一五あった。当時の寄席は、三間以上の広さの通りに面して建物を建ててはいけないという規制を受けていた。芸能の持つ影響力を恐れていたから受けた規制であろう。なお、当時の木戸銭は八銭から一二銭の間（同前）だった。

4　大阪寄席幾代亭の図（『風俗画報』田口年信画）　大阪千船の小屋で行われた落語（いろもの）席の様子。桂文枝・古今亭真生・翁家さんばらが出演し、多くの観客を集めた。

5　浪花節（『風俗画報』）　浪曲は、節（物語の登場人物などの心境を歌う）と啖呵（せりふ）で構成される。

劣情記事で部数を拡大した明治の新聞

日本人は実に好奇心が旺盛な民族であると、明治時代の日本にやってきた外国人が、異口同音にそうした感想を書き残している。

村にやってくる越中の薬売りを始め、猿回しや獅子舞、三河万歳、大黒舞などのさまざまな大衆芸能の人たちや、魚や塩といった海産物などの行商人が歓迎され、珍重されたのは、珍しい話や唄、踊りといった、村にはないものをもたらしたからである。

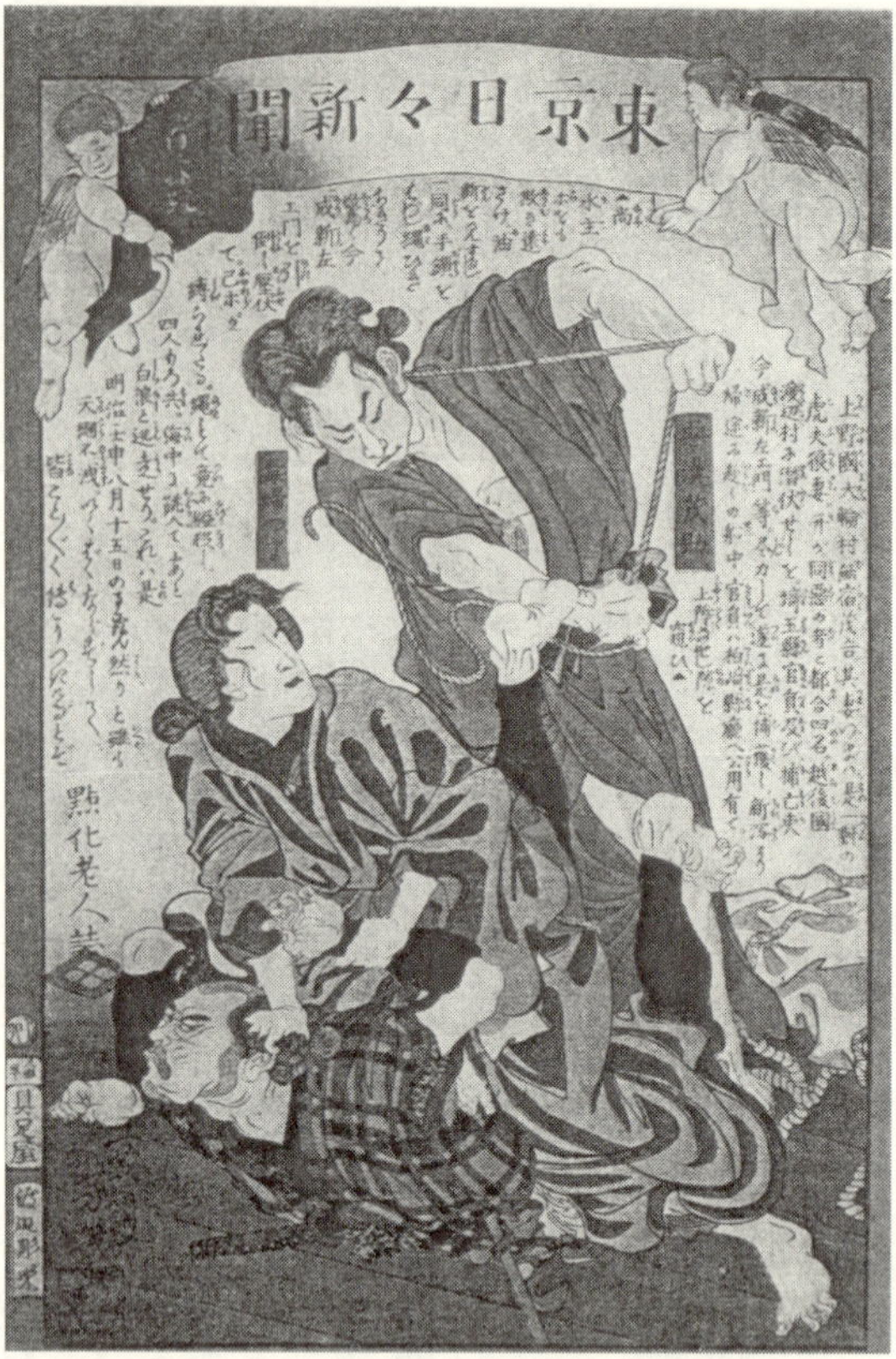

①

しかし、珍しい話といっても無尽蔵にあるわけではないから、そのような行商人や芸能者も、一箇所に数日もいれば話は尽きる。だから行商人や芸能者は、絶えず「珍しい話」を採集して記憶している必要があった。

実際に、昭和四〇年頃までの農山村では、外からやってくる人は限られていた。江戸時代には、村以外の所で生まれた者は、寺の住職くらいであった。僧侶は、

1・2　錦絵新聞（『東京日々新聞』一八七三年）　①には、上野国に住んでいた茂吉なる男性とその妻は、虎夫狼妻と呼ばれていた。この二人が、代官等とともに獰悪の輩を捕まえている様子が描かれている。②には、越後に住んでいた女が一青年との恋に破れ、橋から入水自殺を図ろうとして、道行く人に止められている図。

②

各地を移動しながら修行したからである。

さて、明治時代になるとさまざまな新聞が全国各地で発行されるようになる。新聞は町や村に起きた珍しい話、面白い話を数多く、毎日提供することで部数を拡大したのである（図1〜3）。

村や町に暮らす人たちにとっては、まれにやってくる行商人や芸能者に代わって、新聞が重要な位置を占めるようになったのだ。ただ、相変わらず行商人や芸能者のもたらす話にも耳を傾けた。新聞には載っていない話が聞きたかったのだろう。

明治時代に限らず戦前までに発行されていた新聞は、個人の人権とかプライバシーという考えはないから、子どもが物を盗んだとしたら、親の名前とともに、住所・氏名・年齢が詳細に書かれていた。七歳の子どもが起こした事件であってもだ。

子どもが肥溜めにはまって死んだとか、妻子がある身同士の○○と□□が手に手をとって駆け落ちしたとか、五〇歳を過ぎたらもう「棺おけに片足突っ込んだ爺」などと実名で書かれたら、その記事の末裔の人は何と思うか。事実なのかどうかわからないが、「さして美人といふにはあらざれども、色目を使って次々と男をくわえ込みたる□□」などという記事は、枚挙にいとまがない。

明治の新聞は、見てきたように人間の劣情に訴えかけて部数を拡大してきたのである。

3　錦絵新聞（『郵便報知新聞』一八七四年）　記事には、大阪府下新在家村に住んでいる武芸に優れた傳十郎・歓四郎親子が、賊四人相手に丁々発止と渡り合っているという。手前右が傳十郎、その右奥で槍を突いているのが歓四郎。

影響力の大きかった新聞の功罪とは

インターネットが普及したため、最近では新聞を購読する人たちが激減しているといわれている。ネットで新聞も読めるからだ。しかし図書館を利用する多くの人は、新聞を閲覧するそうだ。しかしそれを保存するとなると、じつに大変であるという。

明治時代に全国各地で刊行されていた新聞や雑誌を収拾整理した機関が東京大学（明治新聞雑誌文庫など）にある。全国各地を実際に歩いて、現物を収拾して歩いたのは、宮武外骨《みやたけがいこつ》（図2）である。外骨自身も明治時代には、さまざまな名称の新聞や雑誌を刊行していたことで有名である。発行部数が二〇〇〇部くらいの新聞でも、丹念に集めていたようだ。

明治時代は、全国を網羅した新聞だけでなく、一府県を読者対象とした新聞や、それよりもさらに狭い範囲の地域を読者対象としていた新聞もたくさん発行されていた。発行部数は少なかったようだ。それでも、当時の活字の力は、今日とは比較にならないほどはるかに大きかったのである。（図3）

新聞の発行者は、県会議員とか市町村長、中学校校長、各種団体の役員といった地域社会の顔役が、自分たちの意に沿わなかったり、自分たちが批判されると、新聞の一面を使って、その人物の批判をしたり、あることないことをでっち上げて詳細に報道したものである。狭い社会ではすぐに利害の対立が起きるからだ。

地域で出されていた明治時代後期頃の新聞を読んでいると、毎日のように「訂正記事」が掲載されている。中には、「〇月〇日の一面の記事は、すべて虚報につき訂正す」なんていう記事もある。書くときには大きく扱い、訂正するときはわずか二行程度なのだ。これではまったくの書かれ損である。現代では考えられない。

狭い地域社会では、新聞に批判記事を書かれただけで、書かれた人間は社会的な立場を失ってしまう。書かれた人

1　明治時代初めの報知新聞社（安藤徳兵衛画）

2　宮武外骨（みやたけがいこつ）一八六七（慶応三）年～一九五五（昭和三〇）年。対権力、対ジャーナリズムへの批判精神旺盛なジャーナリスト。「滑稽新聞」を発行したことで有名。

3　明治二〇年代の主要新聞の主筆（『各社毎夕評論初号付録』）　主な新聞の主筆名は次の通り。「都新聞　楠木正隆」「郵便報知新聞　箕浦勝人」「毎日新聞　島田三郎」「時事新報　福沢諭吉」「朝日新聞　村山龍平」「朝野新聞　波多野承五郎」「国民新聞　徳富猪一郎」「読売新聞　市島謙吉」「絵入自由新聞　渡邊義方」

から殺し屋を差し向けられて、数年間アメリカまで逃げていたという、埼玉日報の記者の例もある。

新聞が地域社会の隅々にまで行き渡るようになり、地域の細かい出来事の記事まで載せるようになると、江戸の昔に村の名主・庄屋といった顔役が書いていた「萬覚《よろずおぼえ》」という日記が、ほとんど書かれなくなってしまった。新聞がすべてを代行しているという感覚が広まってしまったからである。

だから、明治時代以降の村の様子は、今日ではわかるようでいて、実はよくわからなくなったのである。具体的に村の様子を知ろうとしたら、新聞記事を丹念に探すか、役所の行政文書に頼るしかないのである。

しかし、新聞が創刊号から休刊・廃刊号まですべて揃っている、などということはまずない。定期刊行物に欠号があるのは当たり前だし、一紙だけで、系統的に一つの問題の記事収拾は不可能である。

それでも、村や町の有力者のなかには几帳面に日記をつけている人もあった。ただ、そのような日記には個人のプライバシーに関わる部分も多々含まれているから、すべてを公開するというわけにはいかない。

新聞によって世の中が身近に感じられるようになったものの、それによって失われたものも多いのだ。

明治初めの本に定価はなかった？

書籍や雑誌には、当然、定価がついている。ただ、戦後初期には、交通事情が悪く輸送に時間やお金がかかったせいか、地方定価というものがあった。

さらに遡ること明治時代の初めの本には、定価というものがなかった。実際、奥付をみても印刷されていない（図1）。では、どうやって本の値段は決まったのかというと、本屋さんがお客の人相風体を観察して、それから本の値段を決めたという。

本屋さんに暗号表のようなものがあって、①ア、②キ、③ナ、④イ、⑤シ、⑥ヤ、⑦ワ、⑧セ、⑨吉といった内容であったようだ。たとえば「キシ」なら二十五銭、「イシ」なら四十五銭、「アイシ」なら一円四五銭といったように定価を決めたそうである。

妙な時代だが、現在の古本屋さんも同様な営業形態といえる。古本屋には定価というものはあってもなきがごとくで、同じ本が店によっては一〇〇円均一の棚に並んでいたりするが、別の店では数千円の定価がついているということは珍しくない。これは本の評価にも関係する。

本に定価がつけられるようになったのは、一八七五（明治八）年に制定された新聞紙条例・讒謗律の頃からであるらしい。反政府言論の取り締まりが強化されたときに、出版物に奥付が義務付けられるようになり、定価もつけられるようにな

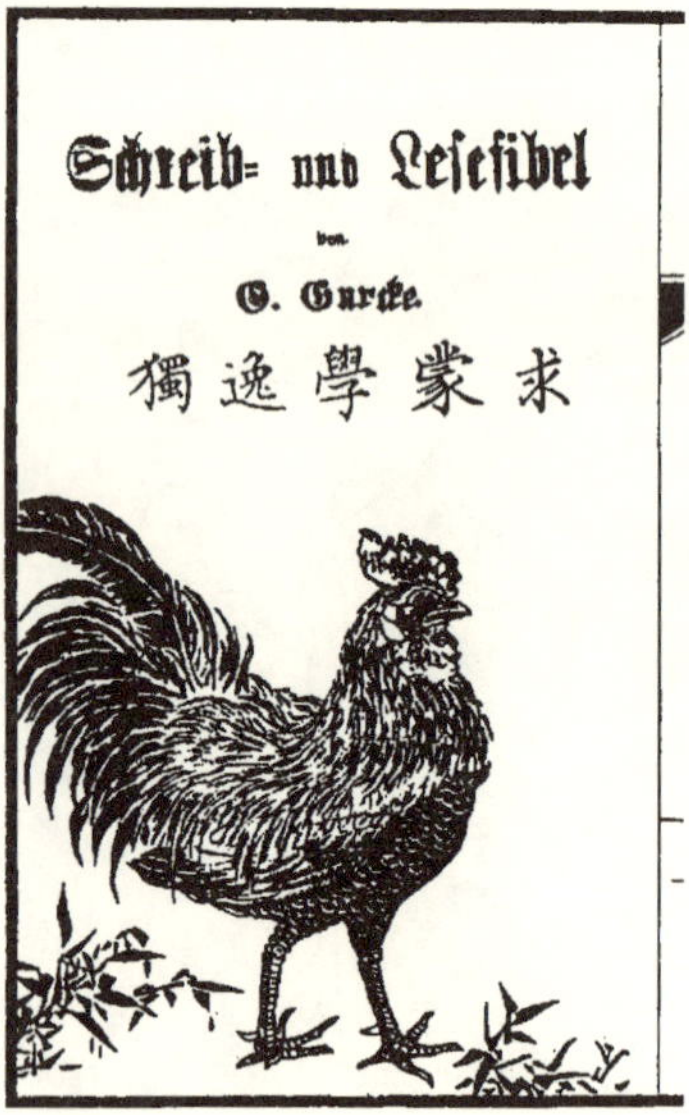

たようだ。

　ところが定価がつけられるようになると、今度は安売り合戦がさかんになった。本の廉価販売である。現在も新刊書籍や雑誌が二割引で売られたりしているが、本の安売り合戦は、明治期を通してさかんに行われていたから、定価販売というのは有名無実の状態だった。

　そのために、一九一九（大正八）年、東京書籍商組合が規約を改正して、定価販売を厳守させた頃から、やっと定価販売が実現したのであった。その規約というのは次のような内容である。

　「組合員出版及販売の図書は必ず奥付に其の定価を記載すべし」。

　「組合員は図書の定価を割引若くは景品を添付し、其の他割引に類する行為を為すことを得ず」。

　ところが、である。定価販売は実施されるようになったのだが、大正時代末期から雑誌の付録合戦が起きたのである。書籍商組合の規約では付録は景品ではない、と規定したからである。人間というのは、いろんな知恵を絞るものである。

　現在では、昭和三〇年代の雑誌や雑誌の付録は、大変に見つけにくい書籍である。

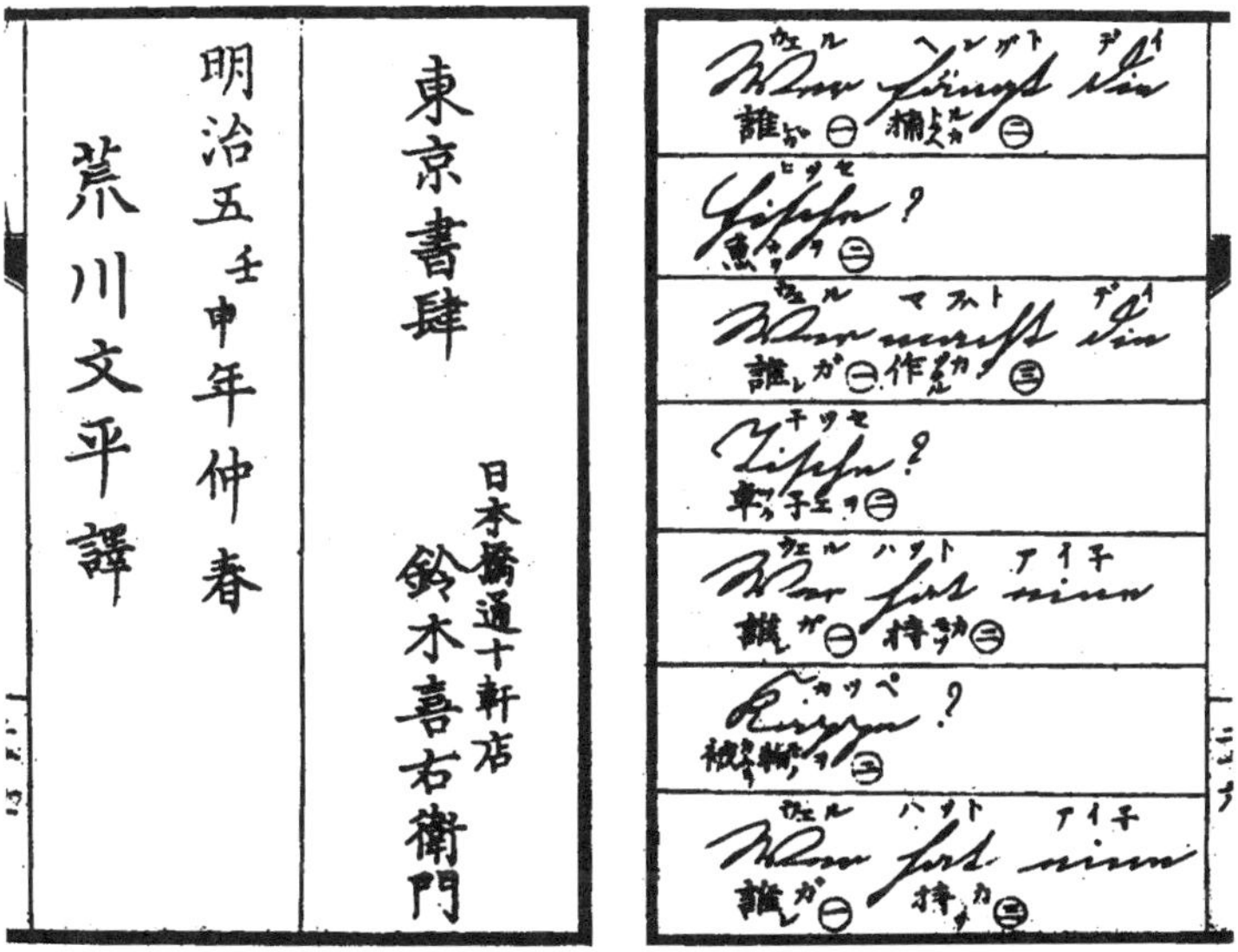

1　明治初期刊行の図書（『独逸学蒙求』一八七二年）ドイツ語の入門書である。奥付には出版社、刊行年、著者のみで、定価は表示されていない。

この時代の雑誌には、本誌よりも厚い付録が付いていたものである。たとえば一九三四(昭和九)年に発行された『主婦の友』は、七六六頁で一二〇万部売れたという。これの付録がすごいのである。『家庭作法辞典』五二〇頁、『ABC占い』一六頁、『やんぼうさん』三六頁などの一五種類が付いていた(『大日本印刷株式会社七十五年史』)。全体を山積みにしたら、富士山の三〇倍を超していたと推定されている。しかし、これなら売れるのも納得ができる。そういえば、最近のファッション雑誌も売り上げを伸ばすために、高額な付録をつけているという。本末転倒のような気がしないでもないが。

このような書籍を印刷するには、当然であるが、印刷所がいる。農商務省の調べによると、一八九九(明治三二)年には全国に印刷工場が一一九軒、男性労働者六六〇八人、女性労働者は七七七人であった。職人は仕事を教えてくれないので、小僧として工場に入ると、朝早く出社して準備を整え、職人がやってくると、その仕事ぶりを目をこらして見て、仕事を覚えたのである。

2 襷掛けに前掛けの女性(ビゴー画、一八九一年) これが、いわゆる行灯姿である。

ちなみに、京都では、女性の印刷労働者は、着物に赤い襷を掛け、前掛け姿で働いていた。あるいは「ひっぱり」という事務服にエプロンをしていた。これが俗にいう行灯《あんどん》スタイルである(**図2**)。

明治期の印刷と本造り——馬糞紙とは?

箱入りの本といえば、研究書や辞典類だが、箱入りの上製本の表紙の体裁などに利用されているボール紙は、明治時代末頃は「馬糞紙」と呼ばれていた。色が似ていたためであろう。一九〇七(明治四〇)年に刊行された『辞林』(金沢庄三郎編　三省堂)には、「馬糞紙」という項目が立てられていて、そこには次のように書かれている。「①下等な唐紙、②藁を原料としたる一種の紙、質粗造にして厚く黄色なり。書籍の表紙又は紙箱などの料に供せられる。ボール紙」とある。最近はダンボールという言葉が一般的だが、少し前までは板紙とか、ボール紙といわれていた。

そのボール紙だが、一八七七(明治一〇)年頃に製作され始めたといわれている。現在の大日本印刷の前身である秀英舎の当時の佐久間貞一舎長が東京板紙会社を設立して、ボール紙の製作に精進した。思うような板紙ができないために、秀英舎は、隣接している工場から「いきな紡績、こいきな羅紗場、つぶれかかりは板紙会社、羅紗場窓から板紙見れば、西洋乞食が紙を干す」とさんざんバカにされたそうである。最初に何か事を成そうとする者は、世間の嘲笑を浴びるものである。しかし、日清戦争の開始された頃にはちゃんとしたボール紙ができたらしい。すると今度は「羅紗場牡丹に紡績かきつ、なぜか板紙、ユリの花」と褒められるようになった。「かきつ」は「杜若《かきつばた》」のことであろう。成功すれば世間はこうもて囃《はや》すのである。

明治時代初期には、和本ばかりだったということもあり、本＝和本であった。しかし印刷技術の進展により、明治時代後期になると西洋本がかなり製作されるようになった。すると、製本職人の着ている物まで違いがでてきた。和本職人は袂の着物に角帯を締めて、襷掛けという格好で仕事にあたった。これに対して西洋本の職人は、三尺帯に筒袖、中には髭をはやしてハイカラを気取る者までいたという。西洋本の職人は「原書屋」とよばれた(『東京製本組合五〇年史』)。

明治時代初期の印刷方法は木版が主流だった。ところが日清戦争の頃になると、石版印刷が主役の座を占めるようになった。石版印刷の長所は、絵画（**図1**）や図の製作者の意図がそのまま印刷できた点にある。木版印刷の場合、木版に図像や絵画を掘り込む彫師が、原作者の真意を無視して、自分なりに解釈した内容を彫る例が多かったのである。石版印刷（**図2**）はしたがって、絵画や図像の芸術性も高めたのである。

秀英舎の佐久間舎長は、『印刷雑誌』を一八九一（明治二四）年から一九一〇（明治四三）年まで発行し続けた。この雑誌には、海外の印刷技術の紹介、経営論、印刷技術の歴史、印刷技術の文化的・芸術的意味などについての論説が掲載されている。

印刷技術は日清戦争頃に大きな転換点があったが、そこに働く労働者の運動にも、古くからの活動の歴史がある。一八八四（明治一七）年には最初の組織が生まれている。この時の指導者は、池田竹次郎という人である。池田は今の王子製紙の系列会社であった東京印刷の職長という立場の人だったらしい。

当時、印刷で使用する罫線や組版に使う技術が、池田の使っていた「竜頭観音」と称される技術に勝るものはなかったといわれる。そのうえ、池田は弁もたつし、筆も立つ。おまけに性格は温厚であったから、仲間うちからは「竹さん、竹さん」と呼ばれて慕われていた。その一面、僻《ひが》みからか「ホラ竹」という中傷もされていた。明治時代のように、労働者そのものが賤民と同じように見られていた時代には、抜きん出た技術とか知識を持った者が指導者にならないと、世間や会社に対抗できなかったのである。農民組合運動も同様で、当時の学士様ないしは高学歴者、村の中での金持ちとか没落した元地主などが組合長にならないと、要求運動も展開し難いという面があったのである。

東京印刷の当時の社長というのは、大の組合嫌いで有名な星野錫であった。星野は、一八九八（明治三一）年に結成された活版工組合を潰したことでも知られている。池田竹次郎とはかなり仲が悪く、そのために池田は後に秀英舎の活版部門の工場長として迎えられている。池田は、時代が大正に変わった頃に亡くなったが、葬儀には多くの印刷会社の経営者や労働者が参列したと伝えられている。

1　絵師（『やまと新聞』月岡芳年画、1887 年）

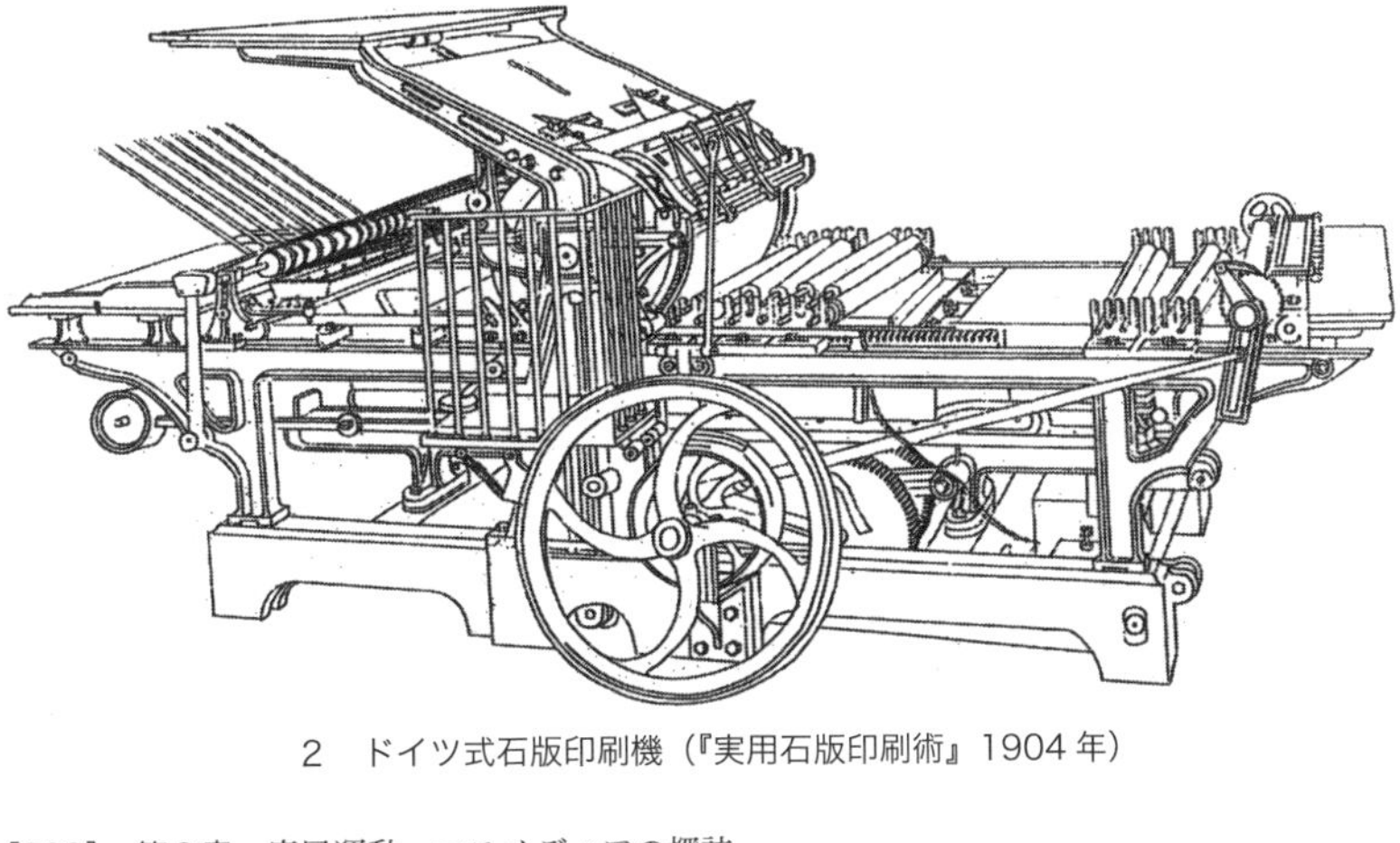

2　ドイツ式石版印刷機（『実用石版印刷術』1904 年）

第10章　軍隊と戦争の探訪

明治政府の意識改革をさせたアヘン戦争

よく知られているように、幕末の長州藩の奇兵隊は、身分にとらわれない軍隊組織の代表的な例である。武士身分の組織である藩の正規軍ではなく、農民や漁民などから成る民兵であるから、「奇兵隊」と名乗ったのである。

高杉晋作が意図したのは、武士や庶民の中の、個人の力量の優れたものを採用して、新たな軍隊をつくるということにあった。実際に奇兵隊は、倒幕の中心部隊となったのである。織田信長も、当時の農民や職人、小商人といった人たちの中から、力の強い者、走るのが速い者、各地の地理がよくわかっている者、腹のすわった死ぬことを恐れない剛の者などを見つけ出し、家臣団として採用しているのである。

幕末の時期、北からはロシアの艦隊が、南からはヨーロッパ各国やアメリカからの軍艦が押し寄せてくるようになった。ところが幕藩体制下の軍隊というのは、各藩の防衛のための軍事組織であった。しかも各藩の武力は、幕府打倒のために利用されないような程度に抑えられていた。国を守るための軍隊というわけではなかったのである。その意識を改めさせたのは、アヘン戦争である。アジアの大国である清国の軍隊が、一八四〇（天保一一）年からのアヘン戦争に、あっけなく敗れたのである。

外国船の頻繁な出没、アヘン戦争での清国の敗戦という現実から、「海防」という軍事力が幕府や藩を守るためというよりは、「国家・国民・国土」を守るためにあるのだという考え方が生まれたのである。つまり、四方を海に囲まれた自国を守るため

1　1863年の薩英戦争の様子（『ロンドンニューズ』1863年）

には、各藩がバラバラに軍隊を持っていたのでは効率が悪いし、有事の際には役に立たない可能性がある。こうして「海防」という考え方は、「国防」という意識を生んだのであった。これは大きな変化である。

実際、清国の敗戦は徳川幕府を恐怖に陥れたらしく、幕府の海防政策を大きく転換させた。まず、それまでの「異国船無二念打払令」（一八二五〔文政八〕年）という強硬策から、「天保薪水給与令」（一八四二〔天保一三〕年）へと変化したことによく現れている。

高島秋帆《しゅうはん》の西洋砲術の訓練が開始されたのは、一八四一（天保一二）年である。高島秋帆以前にも、歴史が教えるところでは林子平《しへい》が『開国兵談』という書物の中で、海防策を唱え「水戦の要は大銃」と論じていた。

とくに薩英戦争や下関戦争で実際に外国軍と戦った武士の間には、戦争に勝てる軍隊・軍事力を持たなくてはならない、という意識は強くあったのである（**図1・2**）。「武士は食わねど高楊枝」といった考え方では、実際の戦争には何の役にも立たないことは、わかりきっていたのである。このような考え方が生まれた結果、西洋式の軍隊組織論、軍事論や戦術論、兵器論が研究されなければならない、ということになる。たとえば織田信長は、鉄砲を合戦に巧みに利用したことでよく知られている。だが、鉄砲を何丁も持っていたとしても、それを扱う者の技術が下手であったら、鉄砲は無用の長物である。幕末になってこの点が再認識されることになった。

武士が役に立たないのならば、農民でも猟師でも、そのような人間を組織したほうがよいということになる。織田信長の時代にもよくみられたように、その人間の持っている技術、習得した技術というのは、個人の属している出身身分とは何も関係がないのである。

このように、近代の軍事問題は、江戸時代的な身分編成原理を根底から覆すきっかけとなったのである。

2　長州軍のイギリス艦隊攻撃の様子（『日本史談』1893年）

靖国神社の宮司の任命権を陸海軍が持っていた意味

各地の神社の境内や寺の片隅に、慰霊碑や忠魂碑をよく目にする。地域によっては、小学校の敷地に建てられた石碑もある。慰霊碑には、日清・日露戦争の戦死者から太平洋戦争までの戦死者の名前が刻まれている。まれに西南戦争の戦死者の名前が刻まれた石碑もある。

これらの石碑は戦後になって、軍国主義の象徴だからと、小学校の敷地から追い出され、次第に神社の境内や寺の片隅に移転したのである。小学校から姿を消したのは、二宮尊徳（図1）の石造も同様である。「自力更生・刻苦奮闘」の象徴の二宮尊徳像は、明治時代以後の小学校にはつき物の一つだった。

慰霊碑が、戦後になってあちこちで新しく建てられたり、作り直されたのは靖国神社の動向と深く結びついているのである。

1　二宮尊徳（金次郎）（『二宮尊徳翁』1891年）　庶民に自力更生・刻苦奮闘を強要する象徴として利用された。

東京にある靖国神社（一八七九（明治一二）年六月改称）は、東京招魂社といった（図2・3）。一般的に神社というのは、歴代天皇やその忠臣として知られた人物などが祭神として祀られているが、東京招魂社は、戊辰戦争や西南戦争に際しての、「官軍」戦死者を祀る官祭招魂社として設立されたという経緯がある。国の直接の保護・管理を受けた神社を代表する神社として設立され、近代の天皇制を創り出した祭神を祀る特別待遇を受けた。東京招魂社の設立には、明治天皇の「大御詔」に基づいているという点が強調された。「官軍」の戦死者を慰霊して、その事績を顕彰するというのであるから、維新政府から「賊軍」というレッテルを貼られて、負けた側は差別するぞ、と宣言した神社であった。

2 「東京九段坂上靖国神社真景」（探景画、1887年、扇子忠『錦絵が語る天皇の姿』より） 天皇は毎年参拝していたが、それがかなわないときは、侍従や女官たちが代拝していた。

一八七四（明治七）年から天皇が行幸しているが、沿道や石段には白い布が敷かれ、神殿の中には玉座が設けられたという。天皇は高い台に乗って参拝し、宮司は神前を離れて天皇を迎えるという形式が取られていた。

神社の経営は、一般的には独立採算が要求されたが、靖国神社と伊勢神宮は例外であった。靖国神社については「建築、修繕等及び一切の経理は、陸軍省の専任たるべし」（『靖国神社百年史』下巻）という扱いだった。とくに目を引くのは、神社の維持管理にあたったのが陸軍だったことである。この靖国神社のあり方は、その後も変化していない。

日清戦争後になると、日清・日露戦争の戦死者も靖国神社に合祀されるようになった。この戦争の後になると、靖国神社には国を守るために亡くなった尊い御霊が主に合祀されていくのである。このような合祀が国民の間に浸透していく過程は、対外戦争を勝ち抜こうという侵略思想が国民の中にも増幅されていった過程、といったらいいか。

石碑が建てられたのは、先にも書いたように主に町や村の小学校の敷地内である。これらの石碑は、靖国神社の末社の役割を果たしたのである。だから、明治時代末頃の各地で撮影された写真を見ると、青年団や子供会の人たちが神社を清掃している時の物がやたらと多くなるのである。戦争の度に戦死者は増えていったのであるから、町や村に暮らす人たちには、靖国神社につながる御霊を慰める行為だったと考えられていたのだろう。

靖国神社の宮司は、一八八七（明治二〇）年から陸海軍省が任命権を持っ

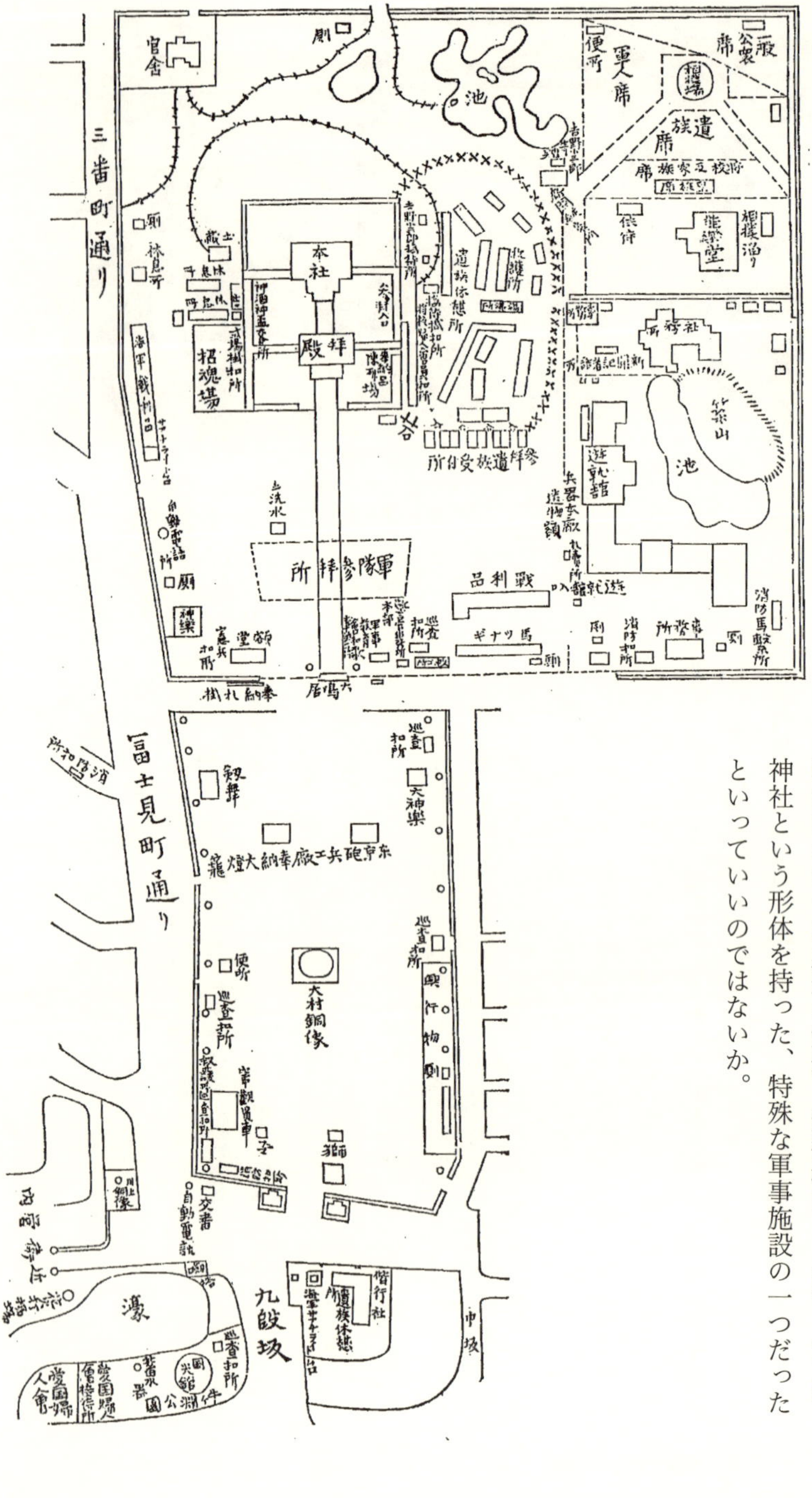

3　靖国神社参拝案内図（『東京朝日新聞』一九〇七年）　拝殿の前の通路に点線で軍隊参拝所が記され、その右と拝殿の左側には戦利品の陳列所が記されている。戦没者を合祀する官祭招魂社のため、軍人関係の施設名が多かった。

ていた。こういう事実をみると、靖国神社というのは、戦前においては基地や軍港、飛行場などと同じように、神社という形体を持った、特殊な軍事施設の一つだったといっていいのではないか。

兵営は総合大学という幻想

戦前、高等教育を諦めなければならない若者に対して、軍隊は、「兵営こそ、各種大学を総合したところの、唯一の実際大学」「兵営は総合大学」（『新時代卓上演説集』『雄弁』一九三七年新年特大号付録に掲載）と称して、勉学の機会を与える所であるという幻想をふりまき、軍隊に対する悪評を少しでも緩和しようとしたのである。演説しているのは陸軍中将堀内信水である。日清・日露の両大戦を経験した軍部では、たとえば鉄砲の手入れとか大砲や信号電報、機器の取り扱い一つとっても（図2）、文字が書けない、読めない兵士では使い物にならない、ないしは近代戦には対応できないとして、危機感をもっていたらしい。そうした事情は、日清戦争以後に産業革命が起こった産業界でも抱えていた。そのために、小学校への就学率をあげようと文部省も苦心したのであった。

ここに掲げたのは「青山練兵場入営者集合の図」である（図1）。旗ざおが林立している様子がよくわかる。出征兵士は本人にとっても地域社会にとっても「名誉」であった。

入営する人の家の前には、絵にあるような「〇〇君入営」などと大書した紙を掲げたり、文字を染め抜いた旗などを立てたらしい。この旗や紙が掲げられるのは、徴兵に当選したことを意味する。実はこの徴兵の選に漏れた若者もたくさんいたので、やはり徴兵されたものは「名誉」だったのである。

入営式の日は、さながらお祭りのようであったらしい。東京では、午前四時ころから集合場所である青山練兵場、靖国神社、馬場先門、和田蔵門内まで入営兵士の家族や親戚、友人・知人などが続々と押しかけてきたのである。入営にあたっては、次のような演説がされていた。前掲の『雄弁』の陸軍中将堀内信水の弁に耳を傾けてみよう。

「諸君は吾が帝国の厳粛なる壮丁試験に美事に合格された、誠に幸福なる青年であります。（中略）私はかねがね、現代に於ては兵営こそ、各種大学を総合したところの、唯一の実際大学であると信ずるものであります。（中略）年々

1　新兵の入営を見送る（『風俗画報』黒崎修斎画）　出征兵士を送る行事が盛大に行われるようになったのは、日清戦争の頃からである。

この総合大学を卒業される幾千万の諸君が、精神的に一致団結し、国家の為に或は軍艦となり、飛行機となり、或は戦車となり銃砲となって、吾が帝国の国威を全世界に輝かし、（中略）そこに最高の幸福と最善の生活を築き上げられるであろうことを、私は此の席に於て希望し、期待するものであります（以下略）」。

都市・農村を問わず、戦前には中学校へ行ける者もごく限られていた時代に、このような演説を聞けば、軍隊内教育に幻想を持つ者がいても、不思議ではない。農民が自らを「青空大学出身」と紹介していたのは、つい最近までのことである。

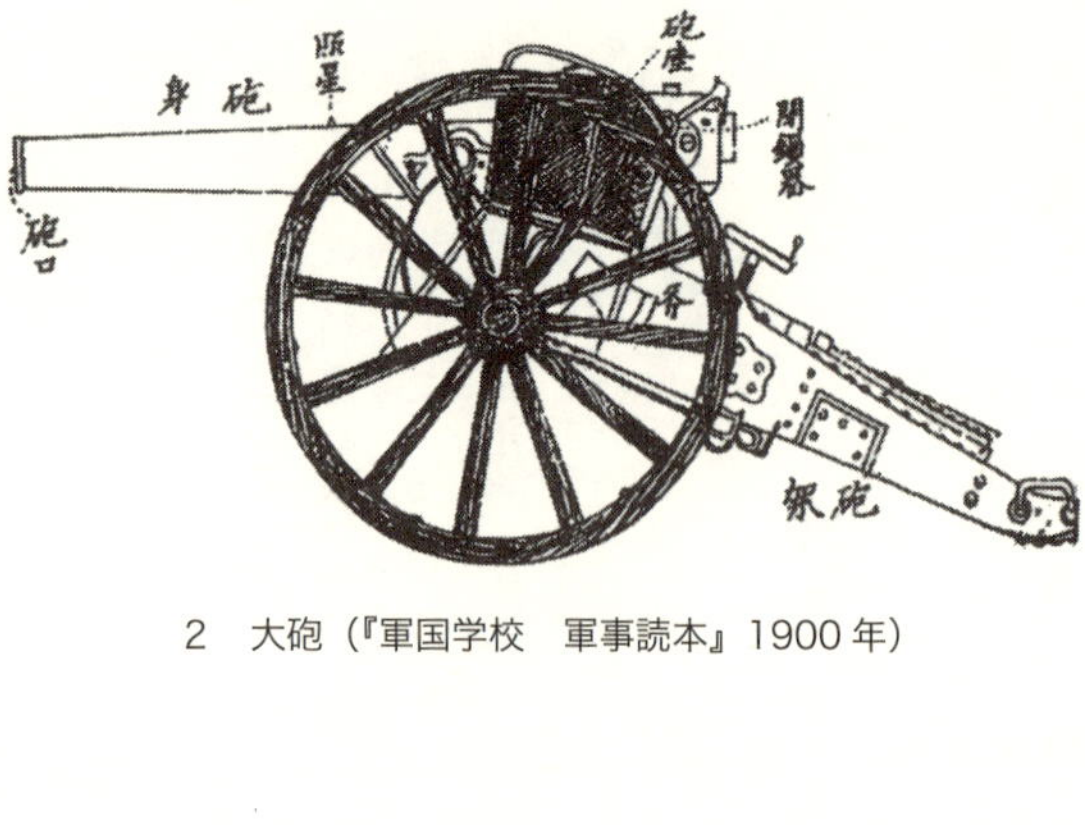

2　大砲（『軍国学校　軍事読本』1900 年）

軍歌を替え歌にした民衆の知力

太平洋戦争が始まった頃、軍隊では日露戦争当時の装備がそのまま利用されていたらしい。三八式歩兵銃はその一つで、重いばかりであまり役には立たなかったようである。日清戦争の当時は、村田銃が使用されていた（図1）。装備だけでなく、「軍人勅諭」は明治に制定された代物である。真珠湾の奇襲作戦に始まる太平洋戦争においても、日露戦争時に成功したものだから、夢よもう一度、と採用されたのはよく知られている通りである。

軍歌にしても、日露戦争当時に歌われていた唄が、太平洋戦争当時でもそのまま歌われていた。パチンコ屋で流れていた「軍艦マーチ」は、瀬戸口藤吉が作曲する以前に、鳥山啓という人が「軍艦」という詩を一九〇一（明治三四）年に作っていた。「天に代りて不義をうつ」で始まる出征兵士を送る唄は、一九〇四（明治三七）年に大和田建樹《たてき》という人が作った「陸軍」という歌である。「ここはお国を何百里」で始まる「戦友」という軍歌は、一九〇五年に真下《ましも》飛泉《ひせん》が作詞したものが、ずっと歌われ続けているのである。ちなみに、NHKの「のど自慢」では、軍歌での応募は断っているそうである。

このような軍歌を、軍隊や民衆は様々な歌詞に替えて歌い継いだ。いわゆる「替え歌」である。替え歌には特定の作詞者はいない。いろいろな人たちが歌い継ぐ過程で内容もできあがっていったものである。それらのいくつかをみていく。「敵は幾万」という軍歌は、一八九一（明治二四）年に山田美妙《びみょう》斎がつくった。歌詞は「敵は幾万ありとても／すべて烏合の勢なるぞ／烏合の勢にあらずとも／味方に正しき道理あり／邪はそれ正に勝ちがたく／直は曲にぞ勝栗の堅き心の一徹は／石に矢の立つためしあり／石に矢の立つためしあり／などて恐るることやある／などてたゆとうことやある」。これは、軍歌のなかではかなりわかりやすい内容といわれている。たいていの軍歌は、かなり難しい内容だった。漢学の素養のある人たちが、漢詩をそのまま直訳したような内容の歌に作ったからである。この軍歌には、後に大正時代になってからレコードに吹き込まれた替え歌がある。

「お菓子は幾万ありとても／すべて砂糖の故なるぞ／砂糖の故にあらずとも／とにかく甘いはベリマッチ／饅頭は羊羹《ようかん》に勝ち難く／マカロンケーキは／ビスケットに勝栗の／食いたい心の一徹に／銭箱さがす事もある／さがしてどんつかれる事もある／などて食えない事やある／などてぱくつけない事やある」。

「陸軍」にも、替え歌がある。元歌は以下のような内容である。「天に代りて不義をうつ／忠勇無双のわが兵は／歓呼の声に送られて／いまぞいでたつ父母の国／勝たずば生きて帰らじと／誓う心の勇ましさ」。

この軍歌の替え歌は、次のような内容である。数多い替え歌の中の一つである。「夫に代りて上になり／元気無双のわが妻は／歓呼の声をあげながら／初夜で示したその強さ／女の立場守るわと／誓う心の勇ましさ／一晩三度は要求し／帰る夫をひるませる／いやがる夫をひきずって／雑誌で覚えたその体位／無理に試した若妻の／声は天地に轟けり」。

「戦友」は、「ここはお国を何百里／離れて遠き満州の／赤い夕日に照らされて／友は野末の石の下」という歌詞が元歌である。これにもいくつか替え歌がある。「ここはお江戸を何百里／はなれて遠き南国の／赤いライトに照らされて／女は男の腹の下／思えばうれし去年まで／かたいといわれた人妻が／どうしてこうもかんたんに／我に抱かれて眠れるか」。「戦友」は、内容は反戦歌ないしは厭戦歌といってもよい内容とみられなくもない。しかし民衆は、ありとあらゆる知識を動員して、誰にでもわかるような歌に改作してしまうのである。最近は、このような知が衰退しているような気がする。

ちなみに、前述した替え歌ほどの民衆の生活感はないが、日清・日露戦争に勝利したときには多くの替え歌が巷に流布された。その例を次に掲げてみる。

清への開戦を批判した往時の外国新聞への揶揄の替え歌である。列強各国はすでに清に進出していたため、その既得権を確保するため、日本の大陸進出に警戒感を強めていた。次の「外国新聞」と題する歌は伊予節の替え歌であ

1　日清戦争時の兵士（ビゴー画）　右図の兵士は、白いゲートルをつけ、村田銃を持っている。左図の兵士の腰には、日本刀ある。

る。「どうせしまいはこん負けさ／鰕《えび》と鯨のあらそひよ／なぞと悪口最初に云ふた／赤髯奴《あかひげやつこ》の新聞紙／支那のころころ負けを見て／この手《て》柏《かしは》の裏表／打《うつ》て変はりて日本《につぽん》を／賞《ほめ》めて書き立て／じょさいなし」（『日清事件大流行新歌百種』一八九四年）。

次の歌は、日露戦争時の「とんやれ節」の替え歌である。「みなさん　みなさん　じんせん（仁川）　おーきに　たったる　あーれは　にほんの　ぐんかんに　うたれて　しづんだ　ほばしら　なんじゃい　な　トコトントンヤレ　コレーツ　しらないか　トコトンヤレ　トンシャレナ」（『手風琴独案内』一九〇四年）。

これらの替え歌には、欧米列強の植民地政策に対抗し、近代化と軍備増強を推し進める明治政府の政策と、それに同調する民衆の思いがみてとれる。この二つの戦争の危うい勝利が、やがて昭和の大戦への引き金となっていくのである。

徴兵逃れの秘策とは

よく知られているように、「富国強兵」と「殖産興業」は明治維新を象徴する精神であった。年表を見ていると、明治時代の初めにはさまざまな改革令が矢継ぎ早に出されていることがわかる。江戸時代、兵制は武士以外には関係のない出来事だった。ところが、一八七〇（明治三）年一一月に出された徴兵規則では、「士族・卒・庶人」から兵士の徴募を行うと宣言され、農民を主体とした徴兵反対の動きが各地で起こった。ちなみに「卒」とは、中間や足軽などの下級武士のことで、士族から区分した身分としたもの。一八七二（明治五）年に廃止され、禄高のある者は士族に、ないものは平民となった。

当初は役人らしい風体の人間が村の中に入ってくるのを見つけると、村を挙げて役人に暴行を加えて撃退するという抵抗運動だった。この頃の村は、今日の大字《おおあざ》にあたり、村全体が何らかの形で親戚という血縁関係にあり、村の結束力はかなり強かった。一人の利害は村全体の利害でもあったのだ。このような村のあり方が、時間をかけて壊されて、個人個人にバラバラにされてきたのが今日の「近代社会」である。「無縁社会」はこの近代社会の帰結であるといってよい。

個人個人が創意工夫をこらして徴兵逃れをしていた例もある。太平洋戦争当時でも、しょう油を一升飲んでレントゲンを撮ると、結核のような影が出るとして、実際にしょう油を飲んで見事に徴兵逃れに成功したという人の話も伝わっている。ただし、徴兵をする側では、「あの家は結核の家筋ではないのにおかしい」という話から、その多くをすぐに見破ったという。

個人による徴兵逃れの手口は、一八七七（明治一〇）年当時の資料によると、自分の身体に傷をつけて「障害者」になったり、漁師や炭鉱夫などの職業に就いていることを理由に逃亡したりしたのである。逃亡者は、一八八〇（明治一三）

年には一万三六〇人もいた。また、五〇歳以上の養子は兵役免除となるために、養父の実年齢を養子になる人よりも嵩上げして、戸籍の年齢を訂正したりした。養子よりも養父の年齢が低かったら問題とされるからである。戸長が親戚だったりすれば、このような工作も可能だったのである。このような例は、一八八一（明治一四）年には前の年よりも一万一〇〇〇人も増加したといわれる（『近代日本軍事史概説』）。長崎市では、このような徴兵逃れの方法で、一八八一年には一人の徴兵募集者も出なかったという（同前）。

1　戦場へ赴くため、家族と別れる兵士（ビゴー画、1895 年）　図の左上には「陸軍将校妻別」と書かれている。日清戦争の従軍時の様子。

2　徴兵される庶民の様子（ビゴー画、1899 年）　外套を着ている者や、袴姿の者、帽子をかぶった洋装の者など、さまざまな職業の人たちがいる。

軍演習に出発する 15 連隊の様子。図中の右上には浅間山があり、その左辺りは練兵場となっている。中央には兵舎が並び、その左上には衛戍病院（国立高崎病院）などが配されている。

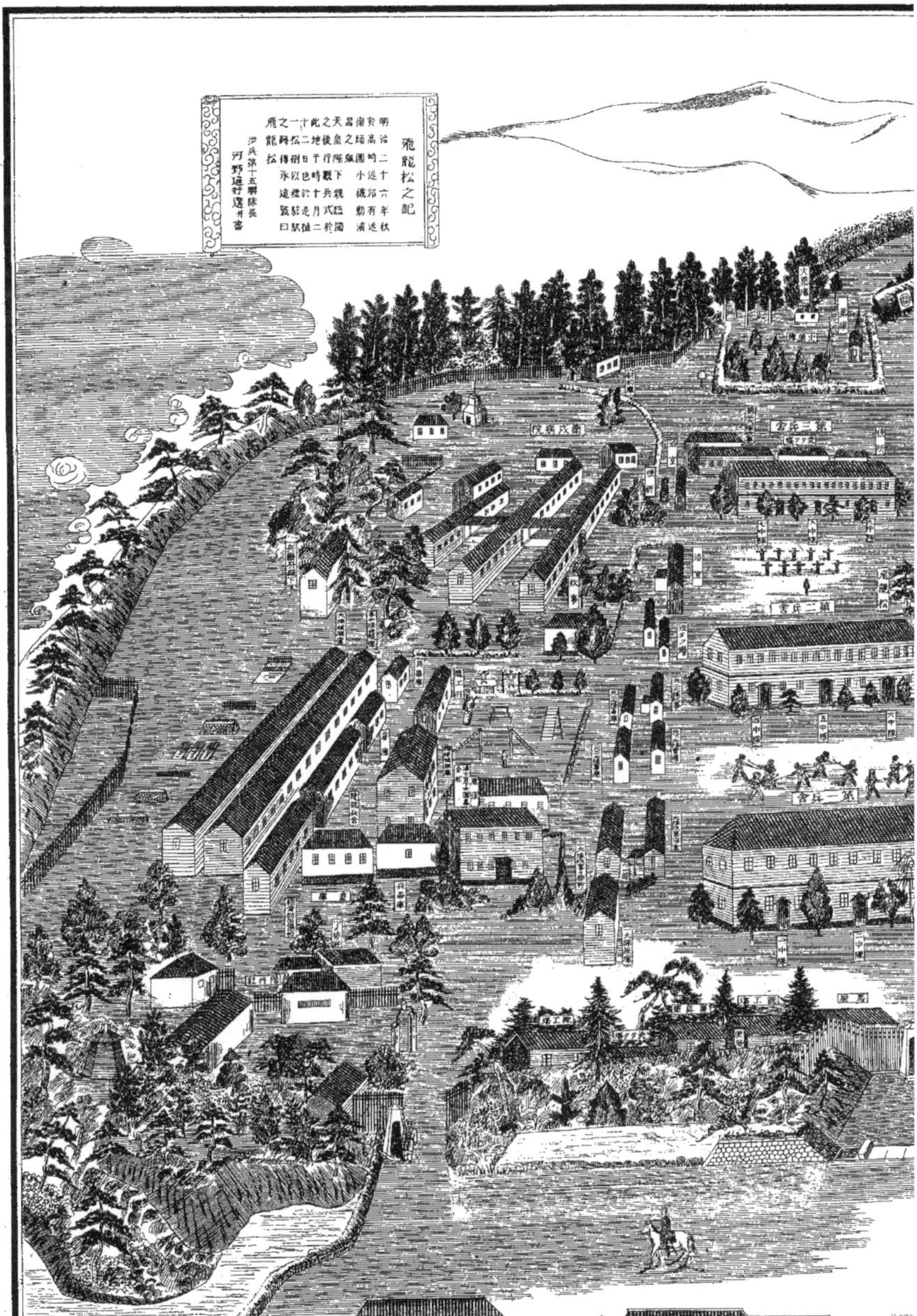

3　歩兵第15連隊兵営銅板画（『高崎市史　資料編』1900年）　図中の左上には、「飛龍松之記」という見出しのあと、「明治二十六年秋　於高崎近郊有近衛師団小機動演習之挙……」の説明が続く。行

民衆が徴兵を拒否をした大きな理由は、戦争になれば死ぬ確率が高いことと、朝鮮や台湾といった外国に出兵されるからという点にあった（図1）。

一八七三（明治六）年一月に布告された徴兵令は、四民平等を謳いながら、官吏の師弟や学校の生徒、留学生は徴兵募集から除外されていた。それに一家の主人、長男、家を継承する資格のある孫、養子、現に徴兵されている者の兄弟は徴兵が免除されたのである。このような不平等な規定に、民衆は不満を持ったのである。

一八八二（明治一五）年当時の徴兵人員は、全国で一万人であったが、実際には、民衆のあの手この手の徴兵逃れで達成できなかったのである。そこで政府は、一八八九（明治二二）年に徴兵令を改正し、一家の主人とか長男、養子などの家の存続に必要な存在の者は徴兵免除するという例外規定を全廃したのである。こうして日清戦争の前までには、一応「国民皆兵」という建前が完成した。

この絵（図2）は、徴兵された人たちである。軍人から点呼を受けているところらしい。しかし集まった人たちの服装はマチマチである。左端の二人は職人らしいが、裸足のようだ。真ん中に描かれている壮士風の男は、下駄を履いているらしい。洋装の者たちも描かれている。それでも、太平洋戦争時の徴兵検査のときのように、軍人が威張り腐っているふうには見えない。まだ少しは長閑な時代だったということか。

徴兵されても、軍事教練を嫌って兵営から逃亡したりする者もかなりあったらしい。そのために、兵営の周囲に監獄のような高い塀を巡らしたりしたところもある（図3）。もともとが好き好んで軍隊に入ったわけではないから、逃亡する者がいても不思議ではない。

また、徴兵制が生んだ副産物として、巡査に対する兵士の暴力事件が年を追うごとに増加した。明治時代の巡査といえば、たいていが士族出身であったはずである。地方の村や町の中で威張っていたのは、巡査であった。兵士になると、その巡査と対等に、あるいはそれ以上に権威を振り回せるという事実は、虐げられていた者にとっては、この上もない快感になったのである。

タバコ専売制は戦費調達のためだった

タバコを吸わない人も吸う人も、よくご存知のタバコであるゴールデンバットは、現在でも売られている。しんせい、という銘柄もまだあるそうだ。小生、タバコは吸わないからよく知らないが、つい最近、ゴールデンバットを見かけたような気がする。学生時代には、値段が安いこともあり、何人もが吸っているのをよく見かけた。

タバコといえば、かなり確実な財源として知られている。諸外国では日本円に換算すると一箱七〇〇円くらいする国もあるそうだ。日本のように一箱四〇〇円くらいで買える国というのは、かなり珍しいらしい。タバコは常習性があるから、ニコチン中毒になる。肺がんになる可能性もかなり高い。病院や、医学雑誌で肺がん患者のレントゲン写真を何度かみたことがあるが、肺がん患者の肺は、真っ黒になっている。

最近では、受動喫煙の影響から、タバコ吸いの人には大変に厳しい環境になってきている。JRや他の鉄道会社では、ほとんどが全駅禁煙という。公共機関では、建物の外に灰皿を設けているところばかりだ。

鉄道がまだ禁煙になっていなかった一九七〇年代は、電車内が煙でかすんで車両内の前から後ろが見えない、なんていう時代があった。皆さんすることがないから、さかんにタバコを吸うのである。新聞や雑誌を読んでいる人はあまりいなかった。そういう時代が長くあった。

だが、すでに一九〇四（明治三七）年二月一八日には、東京電車鉄道が車内禁煙を実施している。車内禁煙の歴史は長いのである。その一年前の一一月には、新橋駅に女性の出札掛も登場している。

タバコというのは江戸の昔から、幕府が禁煙令を何度出しても守られた形跡がない。タバコには常習性があるから、人々はなんと言われても吸うのをやめなかったのである。そういう常習性に目をつけた明治政府は、日露戦争の戦費調達のために、長く民間業者が製造販売していたタバコの専売制に踏み切った（**図1〜4**）。一九〇三（明治三六）年一二月八日付けの東京日々新聞をみると、「煙草製造専売法案の不当を鳴し敢て帝国議会の正論に訴ふ」という「煙草製造官業反対聯合同盟会」という団体の意見広告が出ている。「吾人は十九世紀已来《いらい》の世界史上に於て未だ曾て一国の政府が如何なる国家の必要の為にも、一部民衆の私権を蹂躙《じゅうりん》して、猥《みだ》りに其営業を掠奪略せんとするに類したるの暴動を敢てせるを聞かず」という書き出しの、大変に重要な内容である。

よく明治・大正・昭和の戦前までの新聞は、言論表現に対して政府の検閲や厳しい規制があったから、真実は書かれていない、記事はあてにならない、と近現代史の世界ではいわれていた。だが、筆者は明治・大正・昭和戦前期の新聞もかなり信用できる、と考えている。真相を伝えようと努力していた記事がよくあるのを目にするのである。地方版の記事は、実態を検証できるだろうと調べてみたところ、新聞記事はかなり信用できるという結論を得たのである。

この意見広告では、「国家は国民の国家にして政府の国家に非ず。国家全局の必要の為めに、故なくして一部民生の利害を犠牲に供するが如きは決して正当の法策と云ふべからず」と政府批判をしている。もうこの頃には主な鉄道や製糸、酒造業が政府管理になっていた。

ところで、日本人が臭覚に鈍感になったのは、この喫煙が影響しているらしい、と柳田国男は言っている。煙草は煙をノドから吸い込んで鼻から吹き出す。この行為を長年続けていると、匂いに鈍感になるのである。わが国で香水が発達しなかったのも、このような喫煙の習慣があったからだともいわれている。

農村社会では、明治になっても風呂を沸かすのは一週間に二度くらい。それは燃料である薪の節約と、毎日風呂を沸かすだけの時間的な余裕がなかったからである。清潔好きな国民といわれても、農村社会では風呂に毎日入るようになったのは、まだここ四〇年くらい前からの習慣である。水道の普及と、燃料がガスや石油になったからである。長塚節《ながつかたかし》の小説『土』にも出てくるが、明治から昭和の戦前くらいの間は、風呂は隣近所で貰い湯をしていた。今日はAさんの家、明後日はBさんの家、というように回り持ちだった。それに、何人もの人が入るから、最後に風呂に

1　専売制が実施され、発売されたタバコ銘柄（出典不明）

1列「きざみタバコ」

2列「口付タバコ」

3列「両切タバコ」

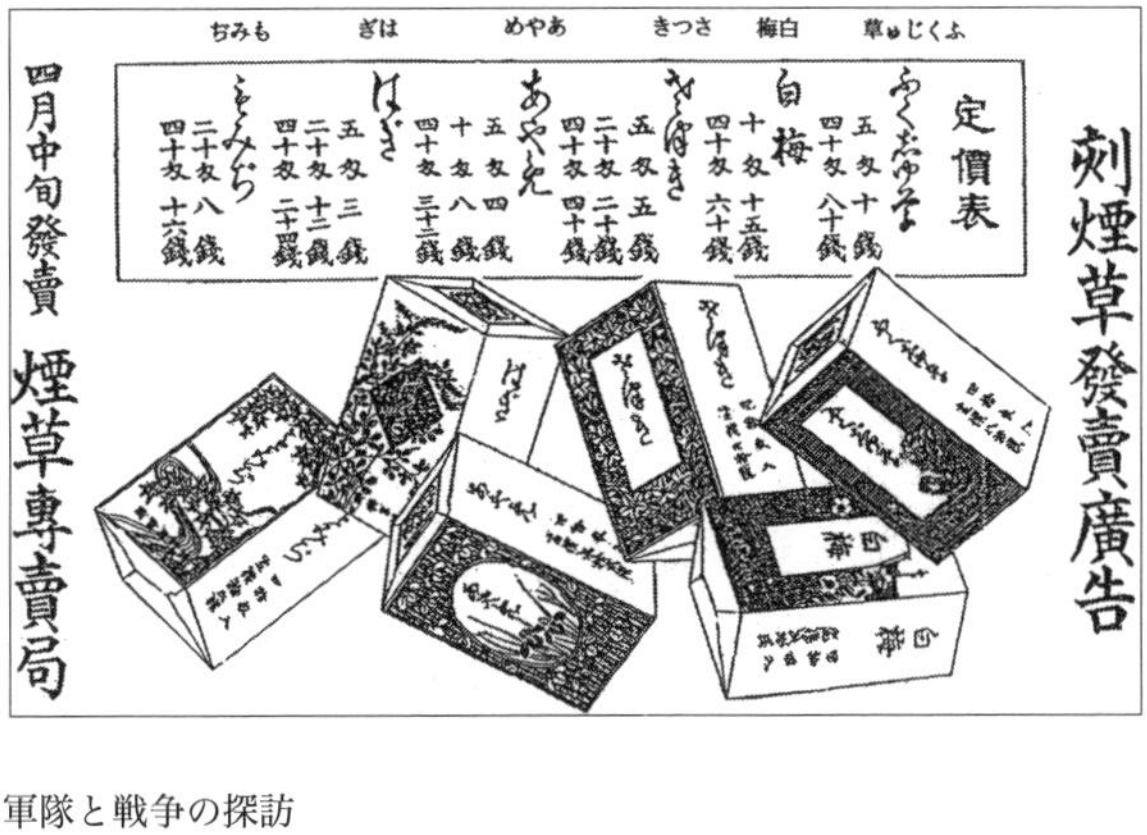

2　専売局から発売されたタバコの広告（『東京日々新聞』）定価表には、各銘柄の値段が記されている。現在の一円が一〇〇銭くらいに相当する。

3 タバコ広告一覧

② 紙巻タバコの広告（『滑稽新聞』1901 年）

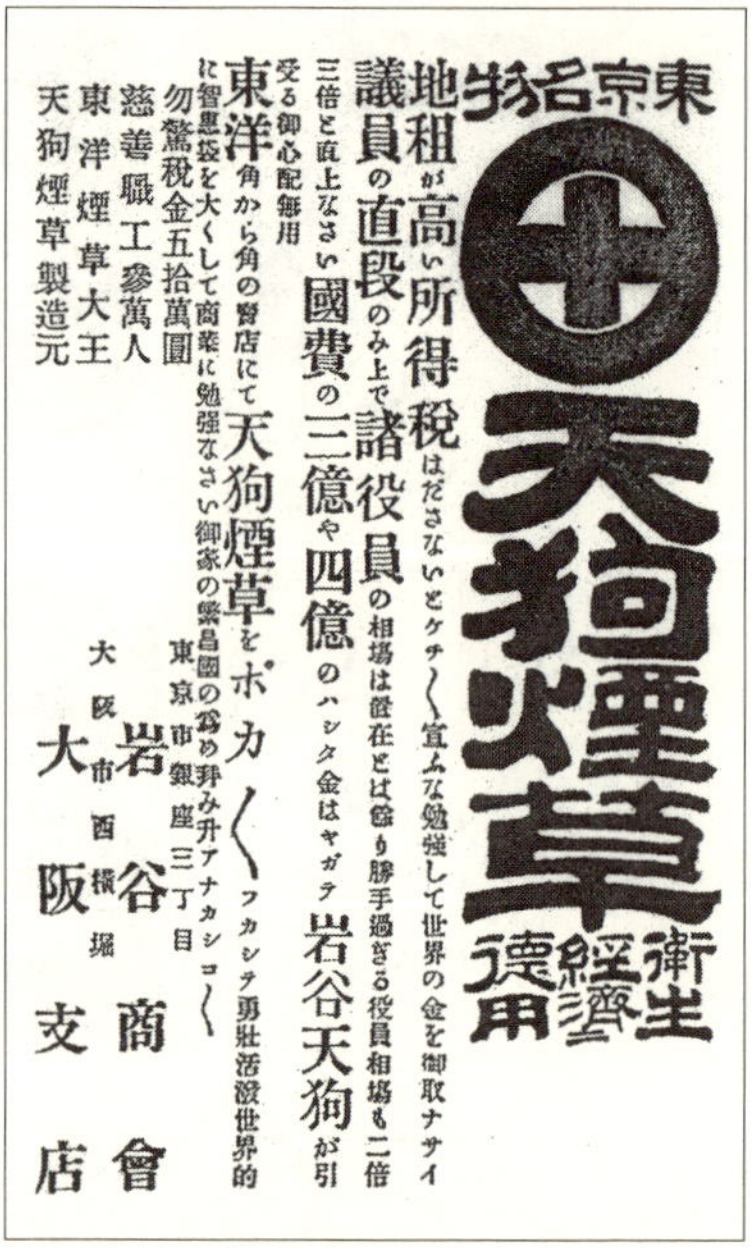

① 『東京日々新聞』（1899 年）

③ 右上には「米国産」の、左中には「日本産純粋」の銘柄が並ぶ（『東京朝日新聞』1903 年）

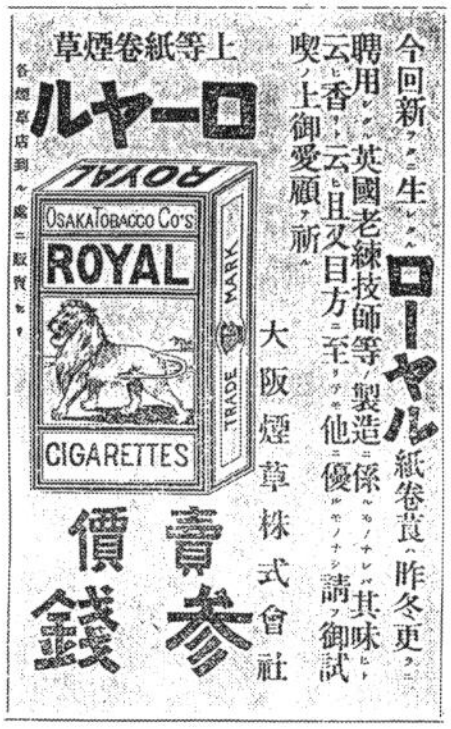

④『滑稽新聞』（1901 年）

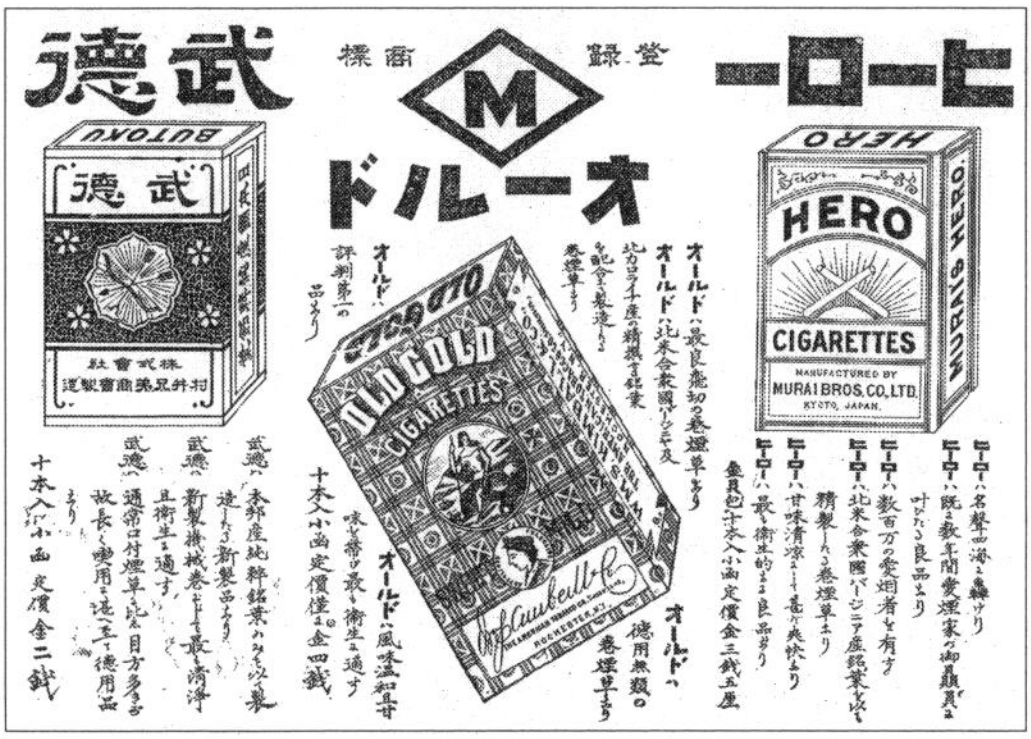

⑤ 広告では「ヒーローは名聲四海ニ轟けり」など各銘柄の特徴が説明されている（『東京朝日新聞』1903 年）

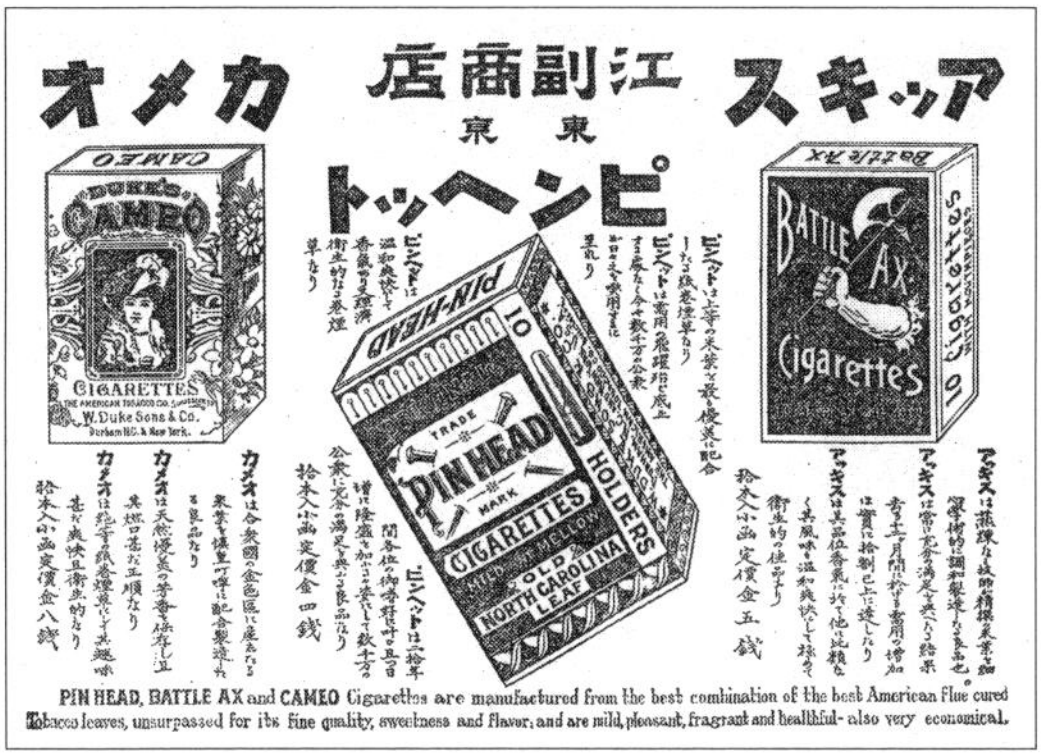

⑥「アッキスは熟練なる技師が精撰の米葉を細心學術的に調和製造したる良品也」などの銘柄の説明が書かれている（『東京朝日新聞』一九〇三年）

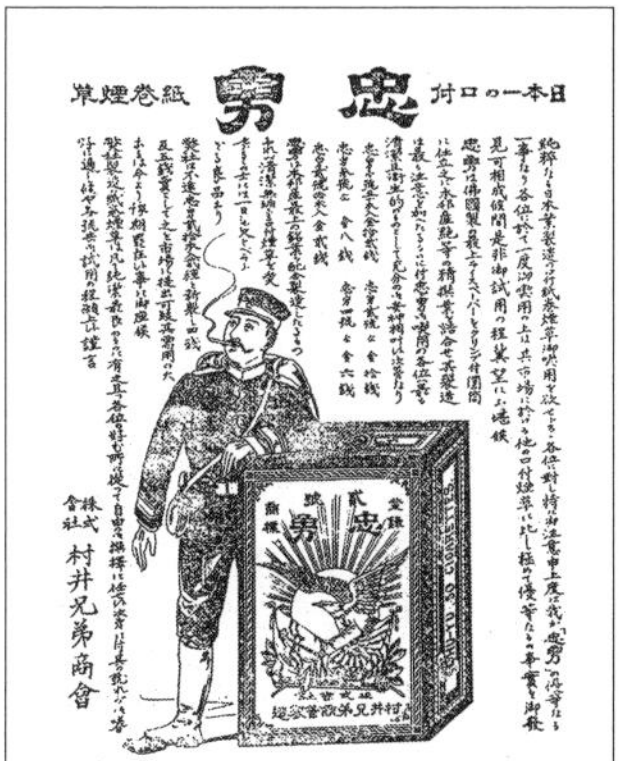

⑦村井兄弟商会の国産タバコ「忠勇」（『滑稽新聞』一九〇二年）

⑧「火なしタバコ」の広告。「未曾有の大發明便利煙草」とある（『滑稽新聞』一九〇三年）

入ると、垢と埃でドロドロの泥水のようになっていたという。フランスでは現在でも、毎日風呂に入るという習慣のある者は、ごく限られた存在である。そのために、体臭をかくすために香水が発達した。

　それはさておき、タバコの影響はまだある。何よりタバコを吸っている本人が肺がんや心筋梗塞になりやすい。それに、タバコからたちのぼる煙は、周囲の人々がぜんそくや化学物質過敏症、発ガン、心筋梗塞になるという危険性も指摘されている。現在、日本人の死亡原因の第一位は、ガンである。その中で一番多いのが肺がんで、年間七万人近くが亡くなっている。このうちの七割が喫煙者である。肺がんの最大の原因はタバコを吸うことだから、肺がんで死にたくなければタバコを吸うことをやめればよい。

　一九七〇（昭和四五）年頃までの農村では、人が亡くなる病気といえば脳溢血と心臓麻痺の二つだった。ほとんどの死亡者がこの病名で処理された。だが、その中の何人もが次第にやせ衰えていって、半年後くらいに亡くなっているところから考えると、ガンであった可能性が高いのではないだろうか。

　「痩せガエル　負けるな一茶　ここにあり」という俳句を詠んだ小林一茶は、五二歳になってから近隣の村から最初のお嫁さんを迎えた。このお嫁さんのきくさんとはかなり仲のよい夫婦だったらしいが、この人は腹にシコリができる病気で亡くなっている。たぶんガンだったのではないか。ガンという病気はかなり以前からあったが、ガンという病名が一般的に知られるようになるのは、地方農村の場合には、一九七〇年代になってからである。

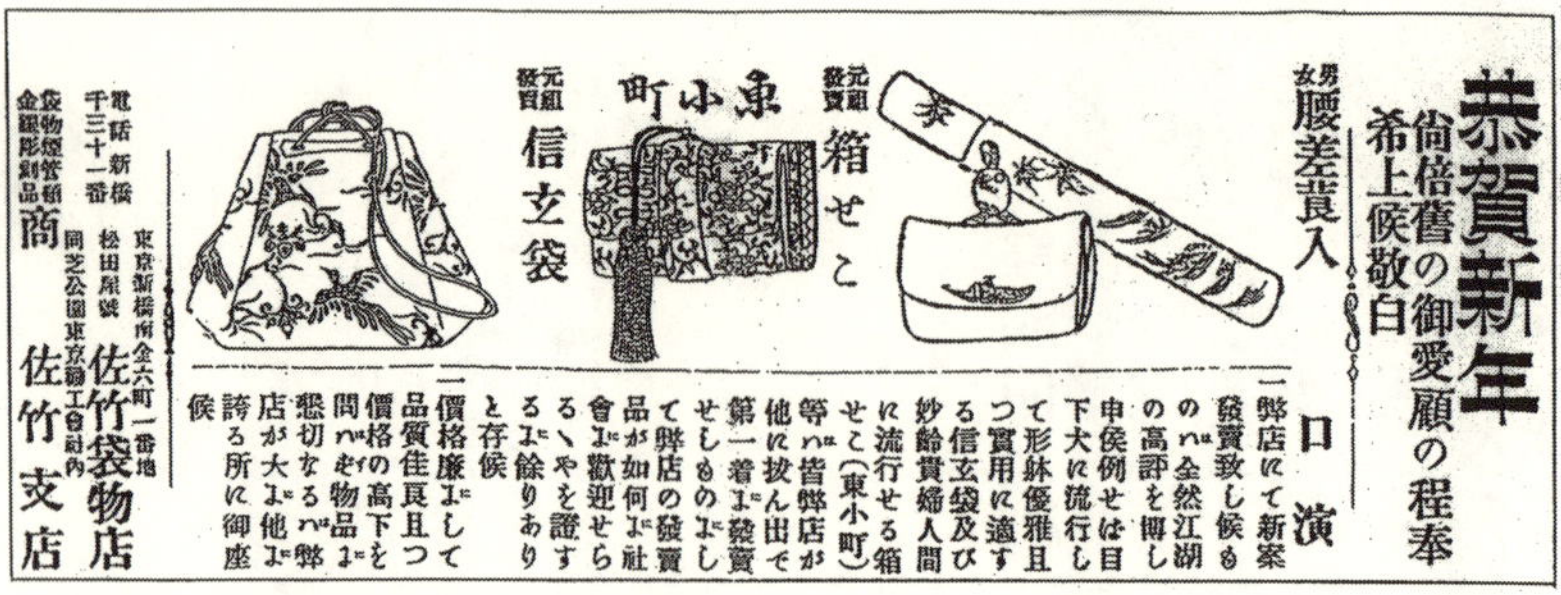

4　1月1日に出された広告（『東京日々新聞』1899年）　右の絵は「男女　腰差莨入」とあり、タバコを入れる携帯用の容器である。

軍靴の大量需要が靴産業を発展させた

会社の一〇〇年史とか五〇年史という文献は、読んでもあまり面白い内容のものではない。偉いさんのあいさつが何ページにもわたって掲載されていたり、機構の変遷が述べられている年表が付いていたりする。いってみれば、たいていの社史は、創業者のヨイショなのである。

しかし、靴業界では有名な『大塚製靴百年史』は、かなり内容が変わっている。会社の創業者がからんだ贈収賄事件についても記述されているのである。この贈収賄事件は一九〇一(明治三四)年に起きた。自分の会社の労働条件をめぐる労使紛争についても触れている。このような社史は実に珍しい。それに、いろいろな史料がそのまま掲載されていて、実にありがたい社史である。この社史は、その内容が維新以後の靴産業発達史といっていい内容なのである。

明治時代になると、戦争の時には靴を履いて戦場に赴いたと考えられがちであるが、実際には違っていた。西南戦争(一八七七年)のときには、政府軍の兵士は草鞋《わらじ》であった。戦場に送られた政府軍兵士には、三日分の米や塩、草鞋六足(三日分)と足袋一足が支給されている。政府軍兵士といっても各地の名主《なぬし》・庄屋クラスの農民兵である。靴に馴染みがあるはずがなかった。軍事訓練には、バカでかい軍靴を履いて訓練したらしいが、戦場ではバカでかい靴では役には立たない。政府軍兵士は、草鞋だけではなく、裸足で戦争していたというのである。こういう兵士を見て、戦争のプロである西郷軍は、政府軍をバカにしたらしい。西郷軍の構成員の多くは痩せても枯れても旧士族だったからである。

太平洋戦争では、兵士は支給された軍靴を履いていたが、日清戦争のときには草鞋だった。よく日清戦争のときの写真や絵では、兵士は靴を履いているが、実際には違っていたのである。生活習慣を変革するのはなかなか難しかったということか。

東京日々新聞には、次のような記事がある。

「戦場にては、その地利により時候によりては、履を脱で草鞋を用ふるの太だ便なることあり。是も西南の役にては大に経験ありしとかや。去れば其辺よりして陸軍に於ては、草鞋を廃せらるるに非ず。既に東京鎮台第三連隊第三大隊にては、草鞋を造ることを心得たるもの三十名を選抜して、布草鞋を造らしめらるると聞く。用意のほど至れりと云ふべし」（一八八〇年一月一三日付）。

江戸時代の後期、武蔵国箕田村という長吏《ちょうり》村では、この布草鞋を製作していた。値段も安くしかも丈夫だからと、旅人に大変に喜ばれたという記録がある。政府軍は、この記事にみられるように、江戸の昔と変わらない、布草鞋も軍事品として利用していたのである。

こうした江戸時代以来の生活習慣は、日露戦争の頃になっても一向に変わらなかったらしい。日露戦争のときの従軍記録には、防寒靴ではなく「藁靴」の支給がさも重大事項だったかのように書かれている。日露戦争になると、軍の上層部には「兵士の命は鴻毛のごとし」という人命軽視の思想があった。兵士たちは「補充兵は消耗兵なり。進撃喇叭《らっぱ》は冥土の鐘なり」と慰めあっていたのであった。

しかし戦争という大事は、軍靴の需要を飛躍的に高めた。『大塚製靴百年史』には、「軍靴（陸軍ならびに海軍の）という巨大な消耗品の大量安全な市場の上からの創出が、『靴の大塚』の躍進の基盤であった。（略）靴製造の躍進の背景は、単に消費財の一つとしての靴の生産と販売にあつたのではなく、『不生産的消費』の一類型にほかならない軍靴の大量需要（略）、日本の軍国主義の発展は日本の製靴企業発展の跳躍台であり、大塚商店＝大塚製靴はその代表選手であった」と書いている。ここにいう軍靴とは、当時の陸軍の靴であろう。

日露戦争が始まると、軍靴の大量注文で、夏など仕事がなかった靴職人（**図1**）は、収入が増え、遊郭から工場に通えるような状態になった。

1　「靴製造場之図」(『諸工職業競』)　1880（明治 13）年の靴製造の様子。一つ一つの靴が、手作りなのがよくわかる。値が張るのも無理はない。

幕末・明治という時代を知るキーワード索引

か

さ

た

な

は

ま

や

ら

わ

本田　豊（ほんだ・ゆたか）

1952年、埼玉県生まれ。部落問題論・被差別社会史論専攻。30年間余をかけて日本国内の部落といわれている地域を約4000カ所、またインド各地のスラムを歩き、その実態を調査。

【主著書】『江戸の非人』（三一書房）、『江戸の部落』（三一書房）、『被差別部落の民俗と伝承』（三一書房）、『新版　部落史を歩く』（亜紀書房）、『部落史から見た東京』（亜紀書房）、『白山神社と被差別部落』（明石書店）、シリーズ『絵が語る　知らなかった江戸のくらし（全４巻）１〈庶民の巻〉２〈武士の巻〉３〈農山漁民の巻〉４〈諸国街道の巻』（遊子館）、『被差別部落の形成伝承』（現代書館）など。

【編著】『差別史史料集成（近現代編１・２）』（科学書院）、『差別史史料集成（現代編）』（科学書院）、『差別史史料集成（前近代編１）』（科学書院）、『近世絵図地図史料集成』（科学書院）など。

遊子館 歴史図像シリーズ6

絵が語る
知らなかった幕末明治のくらし事典

2012年3月23日　第1刷発行

編著者　　本田　豊
発行者　　遠藤　茂
発行所　　株式会社 遊子館
　　　　　107-0052　東京都港区赤坂7-2-17 赤坂中央マンション304
　　　　　電話 03-3408-2286　FAX 03-3408-2180
編集協力　有限会社 言海書房
印刷・製本　平河工業株式会社
装　幀　　中村豪志
定　価　　カバー表示

ISBN978-4-86361-022-4 C1521

絵が語る 知らなかった 江戸のくらし〈庶民の巻〉

混浴は常識だった？
江戸のトイレ事情とは？
３０７点に描かれた庶民たちの生活を探る。

ISBN978-4-946525-90-2

絵が語る 知らなかった 江戸のくらし〈武士の巻〉

江戸の旗本はフヌケだった！
浪人の生業とは？
２８７点に描かれた意外な武士の素顔。

ISBN978-4-946525-93-3

本田豊著　〔絵が語る知らなかった江戸のくらしシリーズ〕　各巻B6判・定価（本体1,800円＋税）

絵が語る 知らなかった 江戸のくらし〈農山漁民の巻〉

麦は多彩な食文化を生んだ！
蛸は漁師の魔除け！
２９６点に描かれた自給自足の主役たち。

ISBN978-4-946525-99-5

絵が語る 知らなかった 江戸のくらし〈諸国街道の巻〉

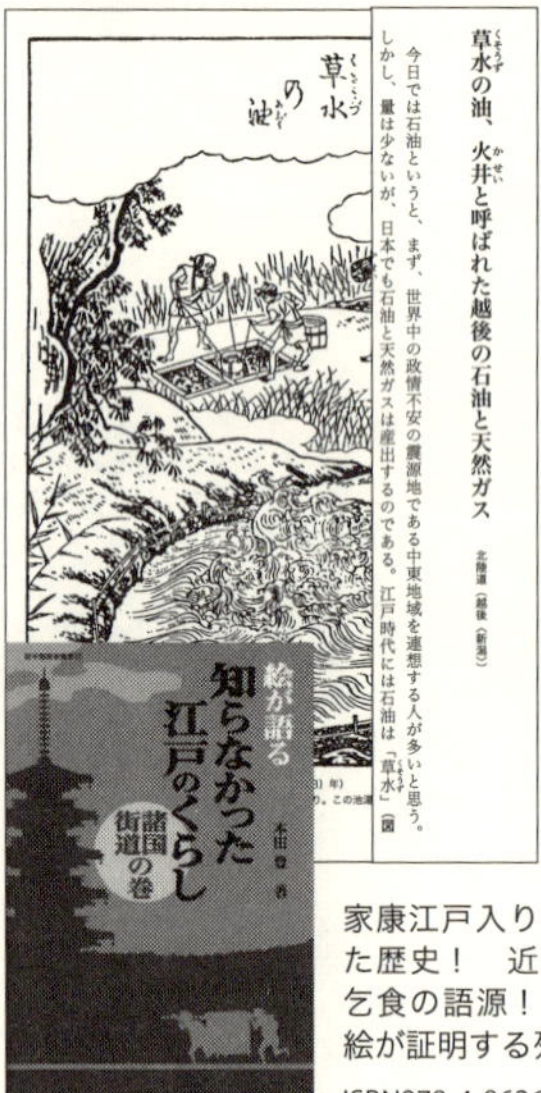

家康江戸入りで改ざんされた歴史！　近江泥棒、伊勢乞食の語源！　２７８点の絵が証明する列島紀行。

ISBN978-4-86361-002-6